ΣBEST シグマベスト

JN056375

大学入試 柳生好之の

現代文

CROSS LECTURE

クロスレクチャー 読解編

柳生好之

文英堂

はじめに

数ある現代文の参考書の中から本書を手に取ってくださった皆さん、ありがとうございます。

ぼくは現代文講師の柳生好之といいます。

これまで、さまざまな塾や予備校で現代文を教えてきました。現在は、日本最大級のオンライン学習システム「スタディサプリ」で全国の皆さんに授業を届けています。

大学入試の現代文の試験では、ある程度まとまった字数の文章を読んでいく必要がありますが、現代文が苦手な人にとっては、そこに並んだ文字がまるで高い壁のように目の前に立ちはだかります。頑張って文章を読んでも内容がまったく頭に入ってこない、試験時間だけが過ぎていく、ようやく選んだ答えはことごとく不正解……。そんなことがあって、「現代文で点数を取るのはあきらめた」「どうせ現代文はできるようにならないんだ」と考えてしまった人もいるかもしれません。何を隠そう、ぼく自身もそういう人間の一人でした。

では、**現代文が「できる」人と「できない」人の違いは、どこにあるのでしょうか**？

よく「現代文はセンスの科目だ」などと言われますが、ぼくは、本書の中でこれを明確に否定しています。どんなに現代文が「できる」人でも、文章を読まずに内容が理解できるわけではないですし、何もせずに正解がわかるわけではないのです。現代文が「できる」人も「できない」人も、文章を一行目から読み、一つずつ問題に答えるという点では、何も違いはありません。

しかし、現代文が「できる」人は、長い文章の中で**「目をつけるべきポイント」**を知っています。そして、それぞれの問題タイプごとに**「確実に正解するための手順」**を知っているのです。

ですから、現代文を「できる」ようにするためには、「目をつけるべきポイント」と「確実に正解するための手順」を知り、「できる」人と同じような**「目の動かし方」**と**「手の動かし方」**ができるようになればよいのです。塾や予備校では、皆さんがそのようになることを目指して授業が行われています。

ぼくはさまざまな塾や予備校で現代文の授業をしてきたと言いましたが、その中で、授業の形態によって、この「目の動かし方」と「手の動かし方」の定着度合いが異なることがわかってきました。

教室で多くの生徒に対して黒板を使って授業を行う、いわゆる「生授業」には、生徒一人ひとりの反応を見ながら授業を展開していけるというよさはもちろんあるのですが、ぼくは現代文の生授業に一つの課題を感じていました。それは、現代文の文章を読んで問題を解くときの「目の動かし方」と「手の動かし方」をダイレクトに伝えられないということです。現代文の文章は長いので、英語や古文や漢文のように、黒板に文章を書いて、それをもとに解説するということができません。ですから、重要なポイントだけを黒板に書き、口頭で解説をするという形で授業を進めていたのですが、ぼくが文章を読んでいるときの「目の動かし方」と「手の動かし方」をもっとリアルに見てもらうことはできないものかと、模索は続きました。

そして、**映像授業をすることになったときに、ぼくの中で「革命」が起きました。**文章を映し出して、そこに書き込みをしながら解説することができるようになったのです。現代文が「できる」人がどのように文章を読み、線を引いているのか、そして、どのような手順で問題を解いているのか、「手元」を映して解説しているので、「目の動かし方」も「手の動かし方」もまさに一目瞭然です。生徒のほうも、自分自身で正しい読み方と解き方を再現しやすくなりました。

もちろん、これまでの授業でも「わかった」ということは十分に達成できていたと思いますが、実際の「手元」を見せられるようになったことで「わかった」だけでなく「できた」まで確実に導くことができるようになりました。その経験は、現在の「スタディサプリ」でも存分に発揮されており、全国の受講生から、とても高い満足度評価をいただいています。

しかし、今回は、もう一つの**「革命」**が起こります。

本書は、**「映像授業」つきの現代文「参考書」**です。このような本を世に出すのには意味があります。「映像授業」では、ぼくが実際に文章を読んで問題を解きながら解説をしていきますので、**読み方と解き方のプロセスをリアルに体験できます**。「映像授業」を通して、正しい「目の動かし方」と「手の動かし方」を効率的に身につけられるようになっています。

一方で、これが「参考書」であることにも大きな意味があります。本書では、現代文の読解をする際に必ず知っておいてほしいことを、［第1講］から［第8講］に分け、体系立てて学べるように構成しています。特に重要なポイントは TIPS として示し、さらに、各講義の最後で要点をまとめています。「映像授業」の弱点をあえて挙げるならば、復習したい箇所にすばやくアクセスしづらいということがありますが、**本書では、重要なポイントを「参考書」としてまとめているので、必要なときにいつでも参照することができます**。「映像授業」で学んだことを確実に定着させるために、存分に活用してください。

「映像授業」で
読み方と解き方のプロセスをつかむ

×

「参考書」で
重要なポイントを確実に定着させる

「映像授業」と「参考書」。これらのいいとこ取りをした最先端の講義という意味を込めて、本書のタイトルを**「クロスレクチャー」**としました。

「レクチャー」の語源は、ラテン語の「Lectio（レクティオ）」＝「読む」で、「読み聞かせる」ということから「講義」という意味になりました。つまり、「レクチャー」とは「本を読む」ことであり、また「講義を聞く」ことでもあったのです。

本書は「レクチャー」の本来の姿を実現し、最先端の形に仕上げたものになりました。**まだ誰も体験したことのない新しい「レクチャー」を、最高に楽しんでください。**

本書の構成と効果的な使い方

本書は、**「映像授業」**×**「参考書」**の相乗効果により、最も効率よく現代文の力がつけられるようになっています。

別冊 大学入試問題をベースにした「問題」を収録しています［全8問］

本冊 映像授業を含む講義（別冊の問題の読み方と解き方）を収録しています［全8講］

INTRODUCTION

本冊 「読み方の大前提」を確認する

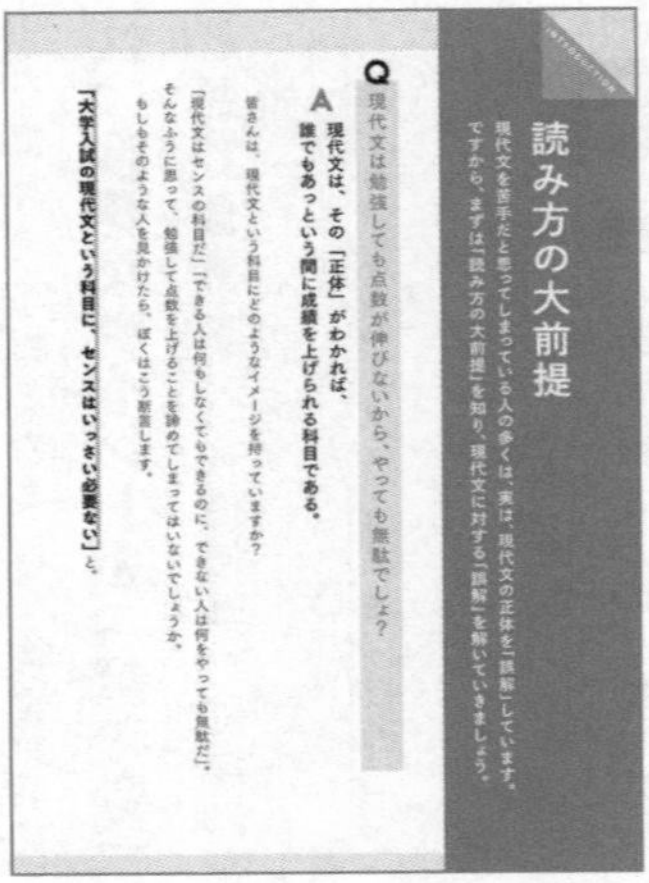
INTRODUCTION

読み方の大前提

現代文を苦手だと思ってしまっている人の多くは、実は、現代文の正体を「誤解」しています。ですから、まずは「読み方の大前提」を知り、現代文に対する「誤解」を解いていきましょう。

Q 現代文は勉強しても点数が伸びないから、やっても無駄でしょ？

A **現代文は、その「正体」がわかれば、誰でもあっという間に成績を上げられる科目である。**

皆さんは、現代文という科目にどのようなイメージを持っていますか？

「現代文はセンスの科目だ」「できる人は何もしなくてもできるのに、できない人は何をやっても無駄だ」。そんなふうに思って、勉強して点数を上げることを諦めてしまってはいないでしょうか。

もしもそのような人を見かけたら、ぼくはこう断言します。

「大学入試の現代文という科目に、センスはいっさい必要ない」と。

現代文の読み方を学ぶ前に必ず知っておいてほしいことを、Q&Aの形でまとめました。

この大前提を知っているのと知らないのとでは学習効果が大きく変わってくるので、学習を始める前に確認しておきましょう。

1 本冊 ダイジェスト・レクチャーで「講義の概要」をつかむ

第1講
客観的に読む
評論文①
サクッとわかる!
ダイジェスト・レクチャー
重要ポイントをギュッと凝縮した講義動画にアクセス!
MOVIE
D1-01

各講義の冒頭には、「ダイジェスト・レクチャー」という、その講義の重要なポイントをギュッと凝縮した講義動画を用意しています。まずはこれを視聴して、講義の概要をつかみましょう。

2 別冊 「問題」を解く

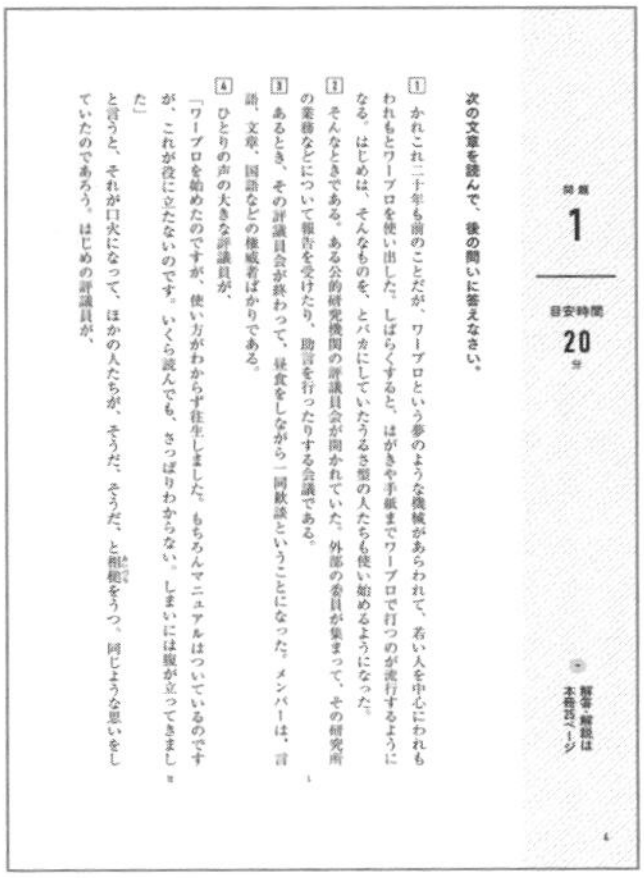
問題 1

目安時間 20分

解答・解説は本冊25ページ

次の文章を読んで、後の問いに答えなさい。

[1] かれこれ二十年も前のことだが、ワープロという夢のような機械があらわれて、若い人を中心にわれもわれもとワープロを使い出した。しばらくすると、はがきや手紙までワープロで打つのが流行するようになる。はじめは、そんなものを、とバカにしていたうるさ型の人たちも使い始めるようになった。

[2] そんなときである。ある公的研究機関の評議員会が開かれていた。外部の委員が集まって、その研究所の業務などについて報告を受けたり、助言を行ったりする会議である。

[3] あるとき、その評議員会が終わって、昼食をしながら一同歓談ということになった。メンバーは、言語、文章、国語などの権威者ばかりである。

[4] ひとりの声の大きな評議員が、

「ワープロを始めたのですが、使い方がわからず往生しました。もちろんマニュアルはついているのですが、これが役に立たないのです。いくら読んでも、さっぱりわからない。しまいには腹が立ってきました」

と言うと、それが口火になって、ほかの人たちが、そうだ、そうだ、と相槌をうつ。同じような思いをしていたのであろう。はじめの評議員が、

別冊の「問題」は、大学入試問題を効率よく学習できるように編集しています。問題を解く際には、目安時間を意識しながら取り組みましょう。

現代文が得意な場合や、実力試しをしたい場合には、「ダイジェスト・レクチャー」の動画を視聴する前に別冊の「問題」に取り組んでもかまいません。

3 本冊 講義動画と詳しい解説で「読み方」と「解き方」を学ぶ

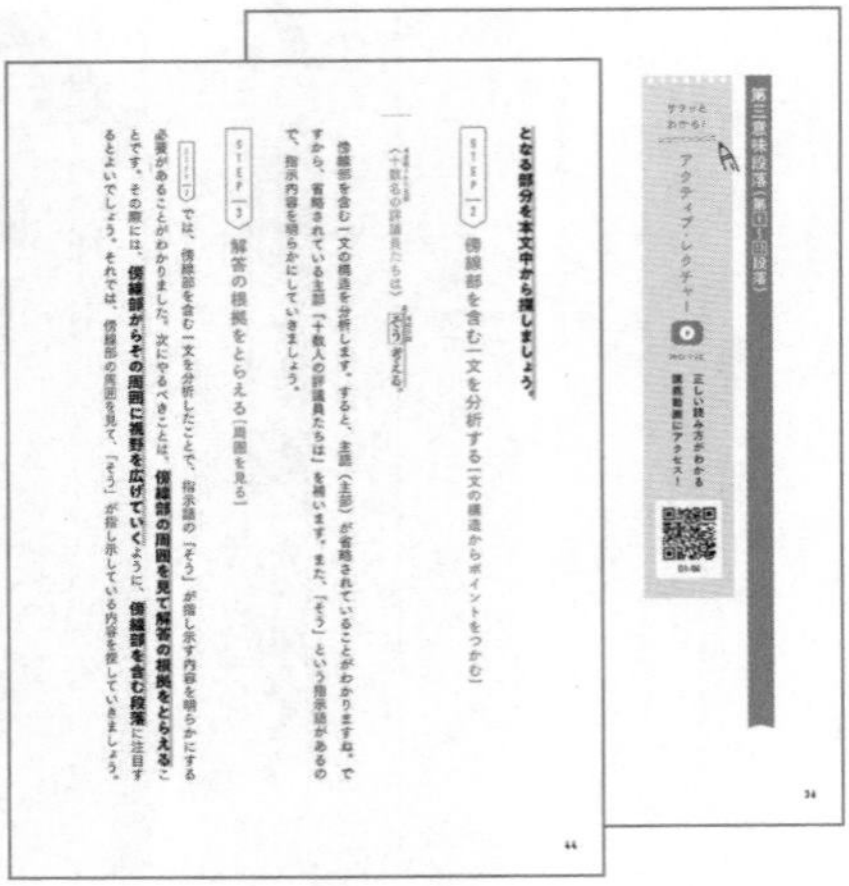
第三意味段落（第□～□段落）

サラッとわかる! アクティブ・レクチャー

MOVIE 正しい読み方がわかる講義動画にアクセス！

34

となる部分を本文中から探しましょう。

STEP 2 傍線部を含む一文を分析する［文の構造からポイントをつかむ］

傍線部を含む一文の構造を分析します。すると、主語（主部）が省略されていることがわかりますね。ですから、省略されている主部「十数人の評議員たちは」を補います。また、「そう」という指示語があるので、指示内容を明らかにしていきましょう。

〈十数名の評議員たちは〉 そう 考える。

STEP 3 解答の根拠をとらえる［周囲を見る］

STEP 2 では、傍線部を含む一文を分析したことで、指示語の「そう」が指し示す内容を明らかにする必要があることがわかりました。次にやるべきことは、**傍線部の周囲を見て解答の根拠をとらえること**です。その際には、**傍線部からその周囲に視野を広げていく**ように、**傍線部を含む段落**に注目するとよいでしょう。それでは、傍線部の周囲を見て、「そう」が指し示している内容を探していきましょう。

44

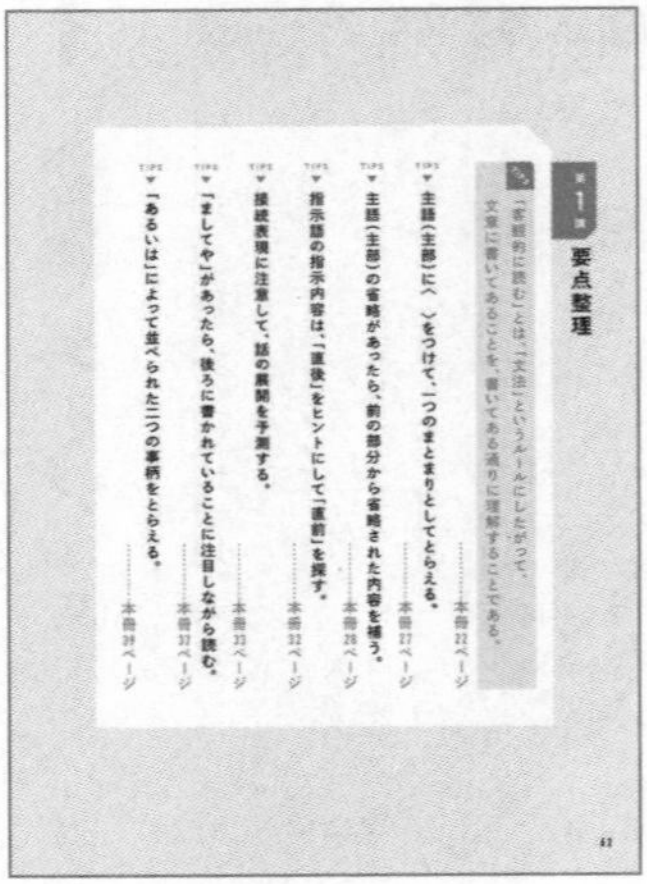
第1講 要点整理

「客観的に読む」とは、「文法」というルールにしたがって、文章に書いてあることを、書いてある通りに理解することである。

TIPS ▼ 主語（主部）に〈　〉をつけて、一つのまとまりとしてとらえる。……本冊22ページ

TIPS ▼ 主語（主部）の省略があったら、前の部分から省略された内容を補う。……本冊27ページ

TIPS ▼ 指示語の指示内容は、「直後」をヒントにして「直前」を探す。……本冊28ページ

TIPS ▼ 接続表現に注意して、話の展開を予測する。……本冊32ページ

TIPS ▼ 「ましてや」があったら、後ろに書かれていることに注目しながら読む。……本冊33ページ

TIPS ▼ 「あるいは」によって並べられた二つの事柄をとらえる。……本冊37ページ

62

文章の「読み方」と問題の「解き方」を、講義動画と詳しい解説で学ぶことができるようになっています。読み方は意味段落ごとに、解き方は設問ごとに、講義動画がついています。5分程度の動画なので、隙間時間にも手軽に視聴することができます。また、問題文の中の重要な部分に印をつけながら解説しているので、ポイントが一目でわかります。解説中に用いられている主な記号は次の通りです。

- ［網掛け］…筆者の主張や人物の心情などの最も重要な部分
- 〈　〉…主語（主部）
- ［四角囲み］…指示語・接続表現など

講義の最後にある「要点整理」には、その回の講義で学んだ重要なポイントを一覧にしてまとめています。解説が掲載されているページもわかるので、復習と定着に役立ちます。

動画の視聴方法

MOVIE

本書は、すべての問題を動画で解説しています。

スマートフォン・タブレットをお使いの方

QRコードを読み込み、講義動画にアクセスしてください。

パソコンをお使いの方

文英堂のウェブサイト

https://www.bun-eido.co.jp

にアクセスしてください。

『柳生好之の 現代文クロスレクチャー 読解編』の特集ページを開き、動画リストからご覧になりたい動画の番号をクリックしてください。特集ページにアクセスする際には、以下のパスワードが必要になります。

yycrossd

ご注意

- 動画は無料でご視聴いただけますが、通信料金はお客様のご負担となります。
- すべての機器での動作を保証するものではありません。
- やむを得ずサービス内容に変更が生じる場合があります。

※QRコードは（株）デンソーウェーブの登録商標です。

CONTENTS

はじめに……2
本書の構成と効果的な使い方……6
動画の視聴方法……9
読み方の大前提……12
第1講 客観的に読む 評論文①……21
第2講 筆者の主張を読む 評論文②……63
第3講 具体と抽象を読む 評論文③……107
第4講 差異を読む 評論文④……155

第5講 類似を読む 評論文⑤ …… 197
第6講 論証を読む 評論文⑥ …… 235
第7講 エピソードを読む 随筆文 …… 277
第8講 人物の心情を読む 小説文 …… 317
巻末付録1「文の成分」 …… 363
巻末付録2「指示語」「接続表現」 …… 364
巻末付録3「レトリック」 …… 365
おわりに …… 366
出典一覧 …… 367

シリーズ『柳生好之の 現代文クロスレクチャー 解法編』の内容

第1講 傍線部の「内容」を説明する問題
第2講 傍線部の「理由」を説明する問題
第3講 人物の「心情」を説明する問題
第4講 文章の内容に合致するものを選ぶ問題
第5講 空所に適切な語句を入れる問題
第6講 文を正しく並べ替える問題
第7講 文章の中から答えを抜き出す問題
第8講 答えを記述する問題

読み方の大前提

現代文を苦手だと思ってしまっている人の多くは、実は、現代文の正体を「誤解」しています。
ですから、まずは「読み方の大前提」を知り、現代文に対する「誤解」を解いていきましょう。

Q 現代文は勉強しても点数が伸びないから、やっても無駄でしょ？

A 現代文は、その「正体」がわかれば、誰でもあっという間に成績を上げられる科目である。

皆さんは、現代文という科目にどのようなイメージを持っていますか？

「現代文はセンスの科目だ」「できる人は何もしなくてもできるのに、できない人は何をやっても無駄だ」。
そんなふうに思って、勉強して点数を上げることを諦めてしまってはいないでしょうか。

もしもそのような人を見かけたら、ぼくはこう断言します。

「大学入試の現代文という科目に、センスはいっさい必要ない」と。

実はぼく自身、「センスがまったくない」人間でした。

文章を読んで自分が一番しっくりくる答えを選んだのに、正解できないことがたくさんありました。小学生のときも中学生のときも、ずっと点数は安定しないままでした。

それは、大学受験のために現代文を勉強することになっても同じでした。国語の点数が思うように取れないことが続き、「どうせ自分は現代文ができるようにならないんだ」と投げやりな気持ちになっていました。

当時のぼくを振り返ってみれば、現代文ができなかった理由は明らかです。

それは、大学入試の現代文という科目の「正体」をまったく知らずに、ただやみくもに問題を解いていただけだったからです。

しかし、**現代文という科目の「正体」がわかり、国語にも明確な「ルール」があるということを知ったら、現代文の点数は一気に伸びていきました。**ルールを知る前には、現代文の偏差値が38でしたが、たった二か月で、偏差値は72になったのです。大学入試の現代文にセンスなどまったく必要ありませんでした。むしろ、センスという思い込みを取り払ったことで、成績を飛躍的に向上させることができたのです。

ですから、皆さんも、まずは現代文という科目の「正体」を知ることから始めましょう。

現代文という科目の「正体」を知ったうえで正しく勉強を進めていけば、誰でも必ず現代文

の成績を上げることができます。ぼく自身の体験を踏まえて、ここにそれを約束します。

Q 大学入試の現代文の試験では、どんな力が試されるの？

A 大学入試の現代文の試験では、「文章に書いてある通りに理解する力」が試されている。

そもそも、大学入試の現代文の試験では、受験生のどのような力を試したいのでしょうか？

さまざまな本を読んでいて奥深い知識を身につけていることを試したいのでしょうか？　それとも、文学作品を愛する心を持っていることを試したいのでしょうか？　あるいは、道徳的に正しい人間であることを試したいのでしょうか？

答えはすべて「ノー」です。大学入試の現代文の試験では、そのようなことは一切試されていません。

大学入試の現代文の試験で試そうとしているのはどのような力なのか？　その答えは、現代文の問題の冒頭に必ず書かれている一文からわかります。

次の文章を読んで、後の問いに答えなさい。

この一文は、「文章」に書かれていることをもとにして「問い」に答えることを求めているのだということを表しています。これが大学入試の現代文の試験の大前提です。

逆に言えば、**「文章」の中でどのように書かれているか**ということしか聞かれておらず、それ以外は正解にならないのだということになります。

つまり、大学入試の現代文では、**「文章に書いてある通りに理解する力」が試されているのです。**

大学入試の現代文でこのような力が試されるのはなぜなのかを、少し考えてみましょう。

実は、人間の脳は、言葉や文章を見たときに「勝手に」内容を予測したり、見落としたりするのです。そのような頭の働きを**「先入観」**や**「先入見」**と言います。人間の脳は省エネが大好きです。知っている言葉や、知っているテーマについて書かれている文章を読むときには、脳が勝手に先を予測して楽をしようとするのです。また、興味や関心がある内容は記憶に残り、興味や関心がない内容は見落とすことも多々あります。ですから、子供の頃に読んでとても面白いと思った本でも、大人になって興味や関心が変わったことでつまらないと感じるようになるということもよくあります。そのような「脳」の働きが**「誤読」**を生み出すのです。

誤読や誤解は、コミュニケーションを阻害する一番の要因になります。「きちんと伝えたつもりでも、相手に伝わっていない」ということがあると、大きな問題が起こってしまいますよね。皆さんも思い出してみてください。ケンカの最大の原因は、「こちらの言いたいことを相手がわかってくれない」というものではありませんでしたか？

大学の学問では、たくさんの本や論文を読んで先人の研究を知る必要があります。その際に、著者が言おうとしていることを正しく理解できなければ、学問をそこから先に進めることができません。大学で扱う文章は高度で専門的な内容のものが多いのですが、だからこそ、書かれていることを正確に理解する力が求められます。

そのために、入試で「文章に書いてある通りに理解する力」が身についているかどうかを試すのです。

「文章に書いてある通りに理解する力」は、受験に合格するためにも必要なのですが、それ以上に、大学で学ぶために欠かすことのできないものなのです。もちろん、社会に出てからも必須の能力であることは、言うまでもありません。

Q 大学入試の現代文には、「自分の意見」は必要ないの？

A 大学入試の現代文では、自分の意見や感想を答えてはいけない。

高校の現代文の授業では、「文章を読んで自分なりに考えたことを発表してみましょう」という時間を取ることもあります。その際に先生が、「いい意見ですね」と評価してくれることもあるでしょう。

しかし、**大学入試の現代文では、「自分の意見」は一切聞かれません。**ここが高校の授業の現代文と大学入試の現代文の大きな違いです。

大学入試では、皆さんの「意見」は「小論文」という科目で問うことになっているのです。言ってみれば、高校の国語の授業では、「現代文」と「小論文」が混ざっていることがあるのですが、大学入試では「現代文」と「小論文」は明確に役割が違っています。これを知らずに大学入試の現代文を解いてしまうと、ずれが生じて、うまく点数が取れない可能性があるのです。

まとめておきましょう。

大学入試の現代文では、**文章に対する自分の意見や感想は求められていません。**先ほども説明したように、大学入試の現代文では、「文章に書いてある通りに理解する力」が試されているのです。ですから、「こっちのほうが道徳的でよい答えだな」とか「私だったらこんな気持ちになるな」というような自分の意見や感想をもとに答えを出してはいけません。

すべての判断基準は、**「文章の中に書いてあるかどうか」**です。

Q 初めて見る文章では、点数が安定しないのはなぜ？

A 「知っている内容だからできる」という対策をしていたら、初めて見る文章で点数が取れるようにならない。

学校の定期テストでは、授業で習った文章が出題されますね。問われるポイントも授業内で先生が説明してくれているので、先生の説明をノートに写してテストの前に覚えておけば点数がもらえるでしょう。

しかし、**大学入試や模擬試験では、初めて見る文章が出題されます**。授業で習ったことのある文章はうまく読めるという人でも、初めて見る文章はうまく読めないこともあります。そのため、「文章とフィーリングが合えば高得点が取れるけれど、フィーリングが合わなければ点数が取れない」と思われがちで、これが「現代文は勉強しても点数が安定しない科目だ」と考えられる原因の一つになっています。

しかし、思い出してください。

大学入試の現代文では、「文章」の中でどのように書かれているかということだけが問われています。決して、授業中に先生がどのように説明していたかを聞いているわけではないのです。「知っている内容だからできる」という定期テストと同じ対策をしていたら、模擬試験の点数にムラが出てしまうのは当然です。

もちろん、たまたま読んだことのある文章が出題されたら、「この文章は、読んだことがある」と安心しますし、それによって高得点が取れることもあるでしょう。しかし、そのようなケースはごくまれですし、読んだことのある文章であっても、設問で問われていることが定期テストとは大きく異なるということもよくあります。

やはり、大学入試の現代文では、「初めて見る文章でも点数が取れる」ように準備しておくことが必要なのです。

では、「初めて見る文章でも点数が取れる」ようにするには、どうすればよいのでしょうか?

ここまでに何度も述べてきたように、大学入試では「文章に書いてある通りに理解する力」が試されているのですから、**「文章に書いてある通りに読み、文章に書いてある通りに答える」**力を徹底して鍛えていくこと、これしかありません。

さらに言えば、もし知っている文章が出題されたとしても、「文章に書いてある通りに読み、文章に書いてある通りに答える」以外の方法で解いてはいけません。

つまり、大学入試の現代文の試験では、知っている文章であっても知らない文章であっても、**「文章に書いてあることをもとにして解答する」**ことだけが、確実に正解するための方法なのです。

ですから、**「知らない」ということを恐れる必要は、まったくありません**。

本書で「文章に書いてある通りに読み、文章に書いてある通りに答える」方法を正しく学び、初めて見る文章でも点数が取れるように力をつけていきましょう。

以上を踏まえて、［読解編］である本書では、まず、「文章の中でどのように書かれているか」を正しくつかむ方法を丁寧に説明します。そして、文章に書かれている内容を整理して、最後にその内容をもとにして設問に答えていくという手順で解説していきます。

ここでは、**問題に正解できたかどうかよりも、文章に書かれている通りに正しく読めたかどうかを重視してください**。「なんとなく正解できた」という状態では、初めて見る文章で点数が取れるようにならないので、「文章の中でどのように書かれているか」をとことん追究していくようにしましょう。

第1講

客観的に読む

評論文①

サクッとわかる!

ダイジェスト・レクチャー

MOVIE

重要ポイントをギュッと凝縮した講義動画にアクセス!

D1-01

LECTURE

「客観的に読む」って、どういうこと？

TIPS

「客観的に読む」とは、「文法」というルールにしたがって、文章に書いてあることを、書いてある通りに理解することである。

それでは、現代文の講義を始めましょう。

今回は、**「客観的に読む」**ということについて学びます。

講義の前の［読み方の大前提］のところで、人間の脳は「先入観」を持って文章を読んでしまうとお話ししました。それが「誤読」のもとになるのでしたね。では、その「先入観」を持つことなく、「文章に書いてあることを、書いてある通りに理解する」ためには、どんなことに注意したらよいのでしょうか。

そのためには、まず、**「文法」というルールにしたがって読む**ということを意識する必要があります。

次の例文をもとに説明していきましょう。

例　Aさんは振り返ってBさんに話しかけた。

この文を、想像力を働かせながら読んだら、どのようになるでしょう。「Aさんは何か思い出したことがあったのかな」と思った人もいるかもしれませんし、「Aさんは意を決してBさんに話しかけたんだろうな」と想像した人もいるかもしれません。通常の読書であれば、このように各自が自由な読み方をすることができ、読む人の数だけ読み方があります。

しかし、**大学入試の現代文では、答えが一つに決まらなくてはいけません**。問題として問われている以上は、正解と不正解があります。ですから、誰もが納得できる正解の基準が必要です。

先ほどの文について、「振り返ったのは誰か」と問われたとしましょう。「文法」というルールにしたがって読めば、正解は「Aさん」だとわかります。なぜなら、「振り返る」という述語に対応する主語は「Aさん」だからです。この場合、「Aさん」以外が主語になることは絶対にないので、**誰が読んでも同じ結果になります**。このように、**誰もが納得できる正解の基準は、「文法」によって決まるのです**。

そして、これこそがまさに**客観的な読み方**なのです。大学入試の現代文には、「想像」や「空想」は必要ありません。「文法」というルールにしたがって、**文章に書いてある通りに理解することだけが求められているのです**。

文法の大切さを理解してもらうために、もう一つ例を挙げておきます。先ほどの例文が次のようになったらどうでしょうか。

例 Aさんは振り返ったBさんに話しかけた。

先ほどと同じように「振り返ったのは誰か」と問われたら、今回の正解は「Bさん」です。なぜなら、「振り返った」という修飾語が「Bさん」を修飾しているからです。「て」が「た」に変わるだけで、文の意味がガラッと変わるのです。

「客観的に読む」ためには、このように、**「主語―述語」**の関係や**「修飾―被修飾」**の関係などに注意して文の内容を整理していく必要があります。

このことを、［問題1］を通して、具体的に確認していきましょう。

問題

1

解答・解説

問題は別冊4ページ

読み方

文法というルールにしたがって客観的に読むということを、さっそく実践してみたいと思います。

今回の文章では、全体を大きく三つの意味のまとまり（意味段落）に分けて、重要なポイントを解説していきます。

第一意味段落（第1〜4段落）

サクッとわかる！

アクティブ・レクチャー

MOVIE

正しい読み方がわかる講義動画にアクセス！

D1-02

冒頭の第[1]段落から確認していきましょう。

[1] かれこれ二十年も前のことだが、〈ワープロという夢のような機械が〉あらわれて、若い人を中心にわれもわれもとワープロを使い出した。しばらくすると、〈はがきや手紙までワープロで打つのが〉流行するようになる。〈はじめは、そんなものを、とバカにしていたうるさ型の人たちも〉使い始めるようになった。

ここでは、「ワープロ」という機械が登場し、多くの人たちが使い始めたことが説明されています。
もしも「読みにくいな」と思ったところがあれば、主語（主部）に〈　〉をつけてみるとよいでしょう。

〈ワープロという夢のような機械が〉↓　あらわれて
〈はがきや手紙までワープロで打つのが〉↓　流行するようになる
〈はじめは、そんなものを、とバカにしていたうるさ型の人たちも〉↓　使い始めるようになった

このようにしていくと、主語（主部）を一つのまとまりとしてとらえやすくなります。特に、「はじめは、そんなものを、とバカにしていたうるさ型の人たちも」という主部はかなり長いので、読みにくく感じた人もいるかもしれませんね。**主部を一つのまとまりとして意識する**だけでも、だいぶ読みやすくなるはずです。「誰が」「誰は」にあたる主部を意識していくようにすると、誤読を防ぐことができます。

TIPS　主語（主部）に〈　〉をつけて、一つのまとまりとしてとらえる。

続いて、第[2]段落を見ていきましょう。

[2] そんなときである。▲主部〈ある公的研究機関の評議員会が〉開かれていた。▲省略された主部〈公的研究機関の評議員会とは〉外部の委員が集まって、その研究所の業務などについて報告を受けたり、助言を行ったりする会議である。

二文目は、先ほどと同じく、「〈ある公的研究機関の評議員会が〉→開かれていた」というように、主部を一つのまとまりとしてとらえることができますね。

さらに、三文目の「外部の委員が集まって、その研究所の業務などについて報告を受けたり、助言を行ったりする会議である」という文に注目しましょう。じつはこの文では、**主語（主部）が省略されている**のです。主語（主部）が省略されている場合には、述語（述部）に注目するようにします。この文の述語は「会議である」なので、「公的研究機関の評議員会とは」という主部を補うことができるとわかります。

〈公的研究機関の評議員会とは〉→ 会議である

主語（主部）を一つのまとまりとしてとらえられるようになってきたら、省略された主語（主部）にも気をつけるようにしましょう。**前の部分に注意して省略された内容を補っていけば、さらに正確に読むことができるようになりますよ。**

TIPS 主語（主部）の省略があったら、前の部分から省略された内容を補う。

続く、第3段落を見ていきましょう。

---

3 あるとき、〈その評議員会が〉▲主部 終わって、昼食をしながら一同歓談ということになった。〈メンバーは〉▲主語、言語、文章、国語などの権威者ばかりである。

この段落では、前の文で省略されていた「評議員会が」という主語が出てきましたね。段落が変わっているので、ここでも主語を省略すると読みにくくなってしまうからでしょう。

さらに、「〈メンバーは〉↓ 言語、文章、国語などの権威者ばかりである」の部分から、評議員会のメンバーが言語、文章、国語などの権威者だということがわかりました。

続いて、第4段落に進みます。

4

◀主部〈ひとりの声の大きな評議員が〉、「ワープロを始めたのですが、使い方がわからず往生しました。もちろんマニュアルはついているのですが、これが役に立たないのです。いくら読んでも、さっぱりわからない。しまいには腹が立ってきました」と言うと、それが口火になって、◀主部〈ほかの人たちが〉、そうだ、そうだ、と相槌《あいづち》をうつ。◀省略された主部〈ほかの人たちも〉同じような思いをしていたのであろう。◀主部〈はじめの評議員が〉、「技術者は技術にはもちろん詳しいでしょうが、文章の書き方を知らないのです。自分たちにわかっているから、一応のことを説明すればわかると思っているのでしょう。正しく、わかるように書くことを教えないといけません。ああいうマニュアルは欠陥品です」とやる。それにつづいて、理科系の人がいかにことばを粗末にするか、文章の書けないのが多いか、などがこもごも話し合われ、ついには国語教育の不備というところに落ち着いた。

これまでと同様に、主語（主部）に注目しながら、読んでいきます。もちろん、省略された主語（主部）にも注意しましょう。すると、次のようになりますね。

〈ひとりの声の大きな評議員が〉↓ 言う
〈ほかの人たちが〉↓ 相槌をうつ
〈ほかの人たちも〉↓ 同じような思いをしていた
〈はじめの評議員が〉↓ やる

ひとりの声の大きな評議員もほかの人たちも、マニュアルに対して「書き方が悪い」という不満を持っているということが読み取れます。

ここまで読んできた第1段落から第4段落を、第一意味段落としてまとめることができます。この第一意味段落には、「かれこれ二十年も前」の昔のエピソードが具体的に書かれていましたね。

第一意味段落をまとめると、次のようになります。

第一意味段落（第1〜4段落）まとめ

エピソード（二十年前）
ワープロという機械が流行し、多くの人が使い始めた
←
言語、文章、国語などの権威者たちが、ワープロのマニュアルに対して「書き方が悪い」と文句を言った

このように**具体的なエピソードが語られている場合には、これより後の部分で筆者がこのエピソードを通してどのようなことを伝えようとしているのかを考えながら読む**とよいでしょう。

続いて、第二意味段落を読んでいきましょう。

第二意味段落（第5〜8段落）

サクッとわかる！
アクティブ・レクチャー
MOVIE
正しい読み方がわかる講義動画にアクセス！
D1-03

第5段落を確認します。

5 十数名の評議員のだれひとり、◀主部〈マニュアルがわからないのは、読む側に読む力がないからである、と言った人は〉いない。◀主語〈みんな〉、マニュアルを書いた技術者の悪文、不親切な表現のせいにしたのである。◀省略された主部〈十数名の評議員たちは〉ことばについて一家言どころか、専門家としての見識と教養をもっているひとたちである。◀省略された主部〈十数名の評議員たちは〉まさか、自分たちに読めない文章があるとは思わない。読めなければ、書いた方が悪い。文章が文章でないからだ。◀省略された主部〈十数名の評議員たちは〉A ◀指示語 そう考える。

「主部の省略」がたくさんあるので、しっかり補いながら読んでいきましょう。

また、**「指示語」**も使われています。指示語があったら、その指示語が指し示している内容を押さえながら読んでいくようにします。特に、傍線部や傍線部を含む一文の中に指示語がある場合には、設問にも関わってくるので、ていねいに確認します。指示語が指し示している内容は、基本的には指示語の直前にあります。ですので、指示語の**「直前」**を確認していけばよいのですが、内容のヒントは**「直後」**にあります。ここでは、「そう」という指示語の直後にある「考える」という言葉をヒントにして、直前から、考えていることにあたる部分を探します。このように、**指示語の指示内容は、「直後」をヒントにして「直前」を探すという流れで確認する**のです。

> TIPS
> 指示語の指示内容は、「直後」をヒントにして「直前」を探す。

第6段落に進みます。

6 〈マニュアルは〉商品についているいわば売りものである。わけのわからぬものを作って客に読ませるわけがない。書き方は上手でないかもしれないが、ワープロを動かすことのできる情報は伝えているはずで、そうでなければ、メーカーの内部でもチェックされるに違いない。実際、〈大多数の使用者は〉、そのマニュアルで何とか操作を覚えて使っている。〈その人たちは〉、わかりにくい、とは思ったかもしれないが、文章が書けない人が作ったとは考えない。〈その人たちは〉わからないところがあれば何度も読みかえし、実地に機械をうごかしてみて、動かすことができるようになる。

（主語：マニュアルは／主部：大多数の使用者は、その人たちは／省略された主部：その人たちは）

ここでも「主部の省略」を補い、「指示語」の指示内容を確認しながら、ていねいに読んでいきましょう。

この段落では、「ことばの専門家」ではなく、「大多数の使用者」のことが説明されています。この「大多数の使用者」は、「ことばの専門家」とは違い、マニュアルを読んでワープロを使っている人たちですね。

続いて、第7段落です。

---

7 ところが、◀主部〈ことばの専門家で、もちろん読書力にも自信をもっている研究所評議員たちは〉、自分たちに読めないものはない、というB根拠のない自負をもっている。◀省略された主部〈研究所評議員たちは〉われわれに読めないのなら、文章がいけない、と勝手にきめてしまう。◀省略された主部〈研究所評議員たちは〉自分たちの読み方が足りないのではないかと反省するだけの謙虚さに欠ける。

先ほどの第6段落では「大多数の使用者」の話をしていましたが、この第7段落の冒頭には**「ところが」**という**「接続表現」**があります。この「ところが」という接続表現があることによって、再び「ことばの専門家」の話になるのだという予測ができます。実際に確かめてみると、「研究所評議員」つまり「ことばの専門家」の話に転換していますね。このように、**接続表現に注意することによって、話の展開を予測しながら読むことができます**。

TIPS 接続表現に注意して、話の展開を予測する。

第8段落を見ていきましょう。

8 〈文学作品や評論のようなものを読んで、文章が読める、というのは〉、いわば、錯覚である。〈研究所評議員たちは〉科学、技術などの文章はほとんど読んだことがないから、詩を読むようなつもりで、マニュアルを読むという誤りをおかして平気でいられる。マニュアルを読むには、小説を読むのと違った頭のはたらきが必要である。それを〈ことばの専門家でもご存じないらしいことを暴露したのが〉、さきの評議員会の雑談である。〈その雑談は〉学者、評論家といわれる人たちのことばの教養を疑わしめる、情けないエピソードである。

ここで、第一意味段落に出てきた「エピソード」の意味がわかってきます。「マニュアルを読むには、小説を読むのと違った頭のはたらきが必要である」のに「ことばの専門家」でもそれを知らないのは「情けない」ということを述べるために、冒頭のエピソードがあったのですね。

このように、具体的なエピソードは、必ず「筆者の主張」を述べるために挙げられます。**具体的なエピソードが書かれていたら、「筆者の主張」とのつながりを確認するようにしましょう。**

以上をふまえて、第二意味段落をまとめてみましょう。

第二意味段落（第5～8段落）まとめ

ことばの専門家の主張

マニュアルがわからないのは、マニュアルの文章が悪いからだ

↔

筆者の主張

マニュアルがわからないのは、読む側に読む力がないからだ

「ことばの専門家の主張」と「筆者の主張」が対立していることがわかりますね。これを確認したうえで、次の第三意味段落に進みましょう。

サクッとわかる！

アクティブ・レクチャー

MOVIE

正しい読み方がわかる講義動画にアクセス！

D1-04

9 〈未知のこと、ほぼ完全に未経験なことがらをのべた文章というものは〉、読み手にとって暗号のようなものである。ざっと一読してわかるように考えたら大違いである。〈想像力をはたらかせ、筋道を見つけ、意味を判断するという高度の知的作業が〉求められる。〈昔の人は〉、そういうとき「読書百遍、意おのずからあらわる」と言ったが、〈百遍くりかえしてもわからないものはわからない、ということが〉すくなくない。ましてや、〈自分の教養、知識を鼻にかけて、読んでわからないと、文章が悪いからだと言うのは〉、思い上がりである。

主部が長い部分があるので、注意しながら読んでいきましょう。

また、**「ましてや」**という接続表現があります。「ましてや」は、二つの例を挙げて比較し、後に挙げた例をより強調する働きをします。**後ろに書かれている内容に重点が置かれていると考えて読んでいくとよいでしょう。**

TIPS

「ましてや」があったら、後ろに書かれていることに注目しながら読む。

続いて、第10段落です。

10 もともと、わかり切ったことなど、読んでも役に立たない。〈わかっているものを読んでおもしろいのは〉別の頭のはたらきである。

ここは特に問題ないでしょう。「わかっているもの」を読むということに対して、筆者が批判的な意見を持っていることがわかりますね。

第11段落を確認します。

11 未知のものを読んでわかってこそ、はじめて、ものを読む甲斐《かい》があるというものであるが、本当は、〈わからないことを書いてある文章を読んで、わかるというのは〉大変困難で、わかれば幸運といったくらいのものである。〈そういうことを一度も考えずに、自分はものが読めるように考えるのは〉誤っているが、それに気づかない。

指示語に注意して読んでいきましょう。

「そういう」という指示語は、その前の文全体を指し示しています。また、「それ」は「誤っている（こと）」を指していますね。

先ほどの10段落とつなげて考えると、筆者は、「わかっているもの」を読むことではなく、「未知のもの」を読むことを重視しているのだとわかります。

いよいよ最後の12段落に進みます。

12 〈われわれは〉、すこし間違った、あるいは、おくれた読み方を身につけてしまっているのかもしれない。〈真に文章、ことばを読むということは〉、どういうことか。どうすれば、そういう読み方ができるようになるか。〈われわれは〉、一度も真剣に考えたことがない。一度もいわゆる読書ということに疑問をいだかない教育をうけて、知識人、ホモサピエンスのように考えているとしたら、すこし滑稽《こっけい》ではないか。

まずは、「あるいは」という接続表現に注目しましょう。「あるいは」は、同類のものを並べる際に使います。**「あるいは」の前と後には同じような事柄が並ぶので、二つを合わせてとらえるとよいでしょう。**

ここでは、次のようになっています。

TIPS 「あるいは」によって並べられた二つの事柄をとらえる。

すこし間違った（読み方）、あるいは、おくれた読み方

ここでいう「すこし間違った読み方」や「おくれた読み方」というのは、もちろん、第10段落で示されていた「わかっているもの」を読むときの読み方のことです。

さらに、52行目に「そういう」という指示語があります。「そういう」の後ろには「読み方」とあるので、これをヒントにして前の部分を探すと、「真に文章、ことばを読む」と書かれていました。筆者は、「真に文章、ことばを読む」という読み方ができるようになる必要があると考えていますが、「われわれ」つまり一般的な人たちは、そのことを一度も真剣に考えたことがありません。それなのに知識人ぶっているのは「滑稽」だと、筆者は述べているのです。

以上を踏まえて、第三意味段落をまとめていきます。

第三意味段落（第9～12段落）まとめ

筆者の主張

「真に文章、ことばを読む」というのは、「わかり切ったことを読む」ことではなく、「未知のものを読んでわかる」ことである

この文章は、「未知のものを読んでわかる」ということについて、その難しさを説明していました。文章中の例にあったように、「ことばの専門家」ですら、間違った読み方をしていては、「未知のものを読んでわかる」ことはできないのですね。

続いて、文章全体の流れを確認します。

文章の全体像

第一意味段落（第1～4段落）……エピソード

エピソード（二十年前）

ワープロという機械が流行し、多くの人が使い始めた

↓

言語、文章、国語などの権威者たちが、ワープロのマニュアルに対して「書き方が悪い」と文句を言った

第二意味段落（第5～8段落）……筆者の主張

ことばの専門家の主張

マニュアルがわからないのは、マニュアルの文章が悪いからだ

↔

筆者の主張

マニュアルがわからないのは、読む側に読む力がないからだ

第三意味段落（第9～12段落）……筆者の主張の展開

筆者の主張

「真に文章、ことばを読む」というのは、「わかり切ったことを読む」ことではなく、

「未知のものを読んでわかる」ことである

解き方

文章を読んだら、それぞれの設問に答えていきます。

設問に答える際には、いきなり選択肢の中から答えを決めるのではなく、次のように**一つひとつ手順（ステップ）を踏んで考えていく必要があります。**

STEP 1 設問を確認する
STEP 2 傍線部を含む一文を分析する［文の構造からポイントをつかむ］
STEP 3 解答の根拠をとらえる［周囲を見る］
STEP 4 解答の根拠をまとめる
STEP 5 解答する

そして、この手順は、いつでも、どのような問題でも、同じように使うことができます。逆に言うと、「この問題、難しいな……」と思ったときこそ、焦《あせ》らずにいつも通りの手順を踏むことで、正解への道筋が見えてくるのです。

本書では、解き方の手順をこの五つのステップに分けて、一つずつ詳しく説明していきます。自分も同じように解けたかどうかを振り返るようにしましょう。
それでは、さっそく、**問1**から確認していきます。

問1

サクッとわかる！
アクティブ・レクチャー
MOVIE
正しい解き方がわかる講義動画にアクセス！
D1-06

STEP 1 設問を確認する

傍線部Ａ「そう考える」とあるが、その具体的な内容を説明したものとして、最も適当なものを、次の中から一つ選びなさい。

この問題は、**傍線部の「内容」を説明する問題**です。このような問題では、傍線部だけに注目していては、大事なヒントを見逃してしまいます。**傍線部が含まれている一文をよく見て、解答の根拠**

となる部分を本文中から探しましょう。

STEP 2 傍線部を含む一文を分析する［文の構造からポイントをつかむ］

◀省略された主部
〈十数名の評議員たちは〉 ◀指示語 A そう 考える。

傍線部を含む一文の構造を分析します。すると、主語（主部）が省略されていることがわかりますね。ですから、省略されている主部「十数人の評議員たちは」を補います。また、「そう」という指示語があるので、指示内容を明らかにしていきましょう。

STEP 3 解答の根拠をとらえる［周囲を見る］

STEP 2 では、傍線部を含む一文を分析したことで、指示語の「そう」が指し示す内容を明らかにする必要があることがわかりました。次にやるべきことは、**傍線部の周囲を見て解答の根拠をとらえる**ことです。その際には、**傍線部からその周囲に視野を広げていく**ように、**傍線部を含む段落**に注目するとよいでしょう。それでは、傍線部の周囲を見て、「そう」が指し示している内容を探していきましょう。

5 十数名の評議員のだれひとり、▼主部〈マニュアルがわからないのは、読む側に読む力がないからである、と言った人は〉いない。▼主語〈みんな〉、マニュアルを書いた技術者の悪文、不親切な表現のせいにしたのである。▼省略された主部〈十数名の評議員は〉ことばについて一家言どころか、専門家としての見識と教養をもっているひとたちである。▼省略された主部〈十数名の評議員たちは〉まさか、自分たちに読めない文章があるとは思わない。読めなければ、書いた方が悪い。文章が文章でないからだ。▼省略された主部〈十数名の評議員たちは〉A ▼指示語 そう考える。

まずは、傍線部の直前の部分を確認しましょう。ここには、省略された主部である「十数名の評議員たちは」を補う必要があります。これにより、「そう考え」ているのは、「十数名の評議員たち」であることがわかりました。ちなみに、さらに前の内容から、この「十数名の評議員たち」は「ことばについて一家言どころか、専門家としての見識と教養をもっているひとたち」であることもわかります。

次に、傍線部の「そう」が指し示している内容を探します。これは、第一意味段落を読んだ際にも確認しましたね。「そう」の直後の「考える」という言葉をヒントにして、直前から「考える」にあたる内容を探します。すると、「読めなければ、書いた方が悪い。文章が文章でないからだ」という部分を指していることがわかります。

これらを整理すると、以下のようになります。

ことばについて一家言どころか、専門家としての見識と教養をもっているひとたちは、自分たちに読めない文章があれば、「書いた方が悪い。文章が文章でないからだ」と考える

傍線部を含む一文と、その周囲を確認したことで、重要なポイントが見えてきましたね。

STEP 4 解答の根拠をまとめる

重要なポイントがつかめてきたら、**解答の根拠（「正解」の選択肢だと判断するために注目すべきポイント）をまとめましょう。**

先ほどの STEP 3 でとらえた解答の根拠は、以下の二つになります。

【A】ことばについて一家言どころか、専門家としての見識と教養をもっているひとたちは
【B】読めない文章があれば、「書いた方が悪い」「文章が文章でないからだ」と考える

ここまで整理できたら、選択肢の中から【A】と【B】の二つのポイントを満たしているものを選んでいけばよいだけです。

STEP 5 解答する

正解は、④の「ことばの専門家たちは、自分たちに読めない文章があれば、それは書いた方が悪いと考えること」です。【A】のポイントは「ことばの専門家たち」という部分に、【B】のポイントは「自分たちに読めない文章があれば、それは書いた方が悪いと考える」という部分に入っていますね。そして、この【A】と【B】の二つのポイントが正しく説明されている選択肢は、これしかありません。

他の選択肢も検討してみましょう。

①は、【A】については「ことばの専門家たち」とあるため合っていますが、「マニュアルがわからないのは読む側に読む力がないからだ」という部分が【B】の説明として誤りです。「そう」という指示語が指し示していたのは、「読めなければ、書いた方が悪い。文章が文章でないからだ」という部分でしたね。指示内容の説明が違っていることがわかります。

次に、②の「マニュアルがわかりづらいのは理科系の人の表現力が乏しく、国語教育の不備だと考えること」を見てみましょう。主部にあたる【A】の説明がないため、誰がこのように考えているのかがわかりません。また、「そう」という指示語が指し示している内容も違っているため、【B】のポイントも誤っています。

③は、「ワープロの使用者は」とありますが、これは【A】の内容と異なっているので誤りですね。省略された主語（主部）を正しくとらえるようにしましょう。

⑤も、②と同様に【A】の説明がなく、主部が不明確ですね。また、「読む側に立った文章を書く必要がある」とありますが、本文にはそのようなことは書かれていないので、「そう」が指し示す内容の説明である【B】とも合っていないことがわかります。

以上のように、**現代文という科目では、文章に書いてある内容を、書いてある通りに正しくと**

らえることが求められているのです。

問2以降も、同じように、しっかりと手順を踏みながら考えていきましょう。

問2

サクッとわかる!
アクティブ・レクチャー
MOVIE
正しい解き方がわかる講義動画にアクセス!
D1-07

STEP 1 設問を確認する

傍線部B「根拠のない自負」とあるが、具体的にどのような自負なのか、最も適当なものを、次の中から一つ選びなさい。

この問題も、**傍線部の「内容」を説明する問題**です。傍線部のある一文をよく分析して、本文で解答の根拠となる箇所を探しましょう。

STEP 2 傍線部を含む一文を分析する［文の構造からポイントをつかむ］

ところが、〈ことばの専門家で、もちろん読書力にも自信をもっている研究所評議員たちは〉、自分たちに読めないものはない、という根拠のない自負をもっている。

まず、傍線部を含む一文を分析しましょう。この一文の主部は「ことばの専門家で、もちろん読書力にも自信をもっている研究所評議員たちは」ですね。ここから、傍線部Bの「根拠のない自負」をもっているのは「研究所評議員たち」であることがわかります。

そして、この傍線部Bの「根拠のない自負」という表現は、**筆者が特殊な意味を込めて使っている言葉です**。このように、文脈がないとその意味がわからない言葉のことを**「個人言語」**と言います。この「個人言語」には「筆者の主張」が強く示されるため、傍線部の「内容」を説明する問題としてよく問われます。筆者がその言葉をどのような意図で使っているのかを確認しながら読んでいくようにしましょう。

それでは、**傍線部の周囲を見て、解答の根拠をとらえていきます**。

STEP 3 解答の根拠をとらえる［周囲を見る］

7 ところが、〈ことばの専門家で、もちろん読書力にも自信をもっている研究所評議員たちは〉、自分たちに読めないものはない、という根拠のない自負をもっている。〈研究所評議員たちは〉われわれに読めないのなら、文章がいけない、と勝手にきめてしまう。〈研究所評議員たちは〉自分たちの読み方が足りないのではないかと反省するだけの謙虚さに欠ける。

傍線部Bの直前にある「自分たちに読めないものはない、という」の部分を**修飾部**と言います。「修飾」とは「詳しく説明する」ことで、ここでは「根拠のない自負」を詳しく説明しています。「述語（述部）」は「主語（主部）」を説明する働きをします。そして、「修飾語（修飾部）」は「被修飾語（被修飾部）」を説明する働きをします。これは文法のルールとして決まっていることなので、客観的に読めば、解答の根拠を見つけることができますね。

ということで、「自分たちに読めないものはない、という」が、傍線部Bの説明になっていることがわかりました。

STEP 4 解答の根拠をまとめる

これまでに確認したことを踏まえ、**主部と修飾部に注意して、解答の根拠をまとめます。**

【A】ことばの専門家で、もちろん読書力にも自信をもっている研究所評議員たちがもっている

【B】自分たちに読めないものはないという自負

主部と修飾部を明らかにしたことで、解答のポイントが見えてきましたね。

STEP 5 解答する

正解は、⑤の「研究所評議員たちのもっている、自分たちに読めないいものはないと考えている自負」となります。【A】と【B】の二つのポイントを含んでいる選択肢はこれしかありません。

他の選択肢も検討してみましょう。

①は、「研究所評議員たちのもっている」は【A】の説明として正しいのですが、「マニュアルが読めないのは文章が悪いと考える」という部分が【B】の説明と違っているため、誤りです。

②には、「研究所評議員たちが」という主語にあたる【A】の内容がないため、この時点で誤りです。さらに、「自分たちに読めない文章が書かれるのは、国語教育の不備が原因だと考える」という部分も【B】のポイントとずれていますね。

③は、「研究所評議員たちの」は【A】の説明としてよいのですが、「文学作品や評論などが読めれば、文章を読む力があると考える」という部分が「根拠のない自負」の説明として十分ではありません。もう一度、本文を確認してみましょう。研究所評議員たちは読書力にも自信をもっているので、「自分たちに読めないものはない」という自負をもっていたのですね。これが【B】のポイントでした。ですから、「自分たちに読めないものはない」というところまで説明しないと、正解にはならないのです。

④は、「ことばの専門家たちの」は【A】の説明としてよいのですが、「ワープロのマニュアルなどは読め

なくともよいと考える自負」は、本文に書かれておらず、**【B】**の説明と異なるため、誤りです。

続いて、問3を見てみましょう。

問3

サクッとわかる！
アクティブ・レクチャー
MOVIE
正しい解き方がわかる講義動画にアクセス！
D1-08

STEP 1 設問を確認する

傍線部C「学者、評論家といわれる人たちのことばの教養を疑わしめる、情けないエピソードである」とあるが、どのような点で「情けない」のか、最も適当なものを、次の中から一つ選びなさい。

この問題も、問1・問2と同様に、**傍線部の「内容」を説明する問題**ですね。「どのような点で『情けない』のか」と問われているので、筆者の考えを詳しく確認していく必要があります。

ちなみに、「疑わしめる」の「しめる」は、「使役」の意味の助動詞です。ですから、「疑わしめる」は、「疑わせる」という意味になります。

STEP 2 傍線部を含む一文を分析する［文の構造からポイントをつかむ］

◀省略された主部
〈その雑談は〉学者、評論家といわれる人たちのことばの教養を疑わしめる、情けないエピソードである。C

傍線部を含む一文の構造を分析します。第二意味段落を読んだ際にも確認したように、この一文では、「その雑談は」という主部が省略されているのでした。「〈その雑談は〉↓情けないエピソードである」という主部と述部の形から、「その雑談」の内容が解答の根拠になるということがわかります。

また、「情けないエピソード」は、筆者が特殊な意味を込めて使っている**「個人言語」**です。筆者の主張に注意しながら、「その雑談」の内容をつかんでいきましょう。

STEP 3 解答の根拠をとらえる［周囲を見る］

8 文学作品や評論のようなものを読んで、文章が読める、というのは、いわば、錯覚である。〈研究所評議員たちは〉（◀省略された主部）科学、技術などの文章はほとんど読んだことがないから、詩を読むようなつもりで、マニュアルを読むという誤りをおかして平気でいられる。マニュアルを読むには、小説を読むのと違った頭のはたらきが必要である。それを〈ことばの専門家でもご存じないらしいことを暴露したのが〉、さきの評議員会の雑談である。〈その雑談は〉学者、評論家といわれる人たちのことばの教養を疑わしめる、情けないエピソードである。

「その雑談」は、直前の一文の「さきの評議員会の雑談」を指します。さらに、この「さきの評議員会の雑談」については、「それをことばの専門家でもご存じないらしいことを暴露したのが」という修飾部で説明されています。

そして、この修飾部には「それ」という指示語がありますね。**指示語が指し示す先にまた指示語があるというパターン**です。もちろん、この「それ」の内容も確認します。「それ」が指し示しているのは、「マニュアルを読むには、小説を読むのと違った頭のはたらきが必要である」です。これらを合わせると、さきの評議員会の雑談で「マニュアルを読むには、小説を読むのと違った頭のはたらきが必要であるということを、ことばの専門家でもご存じないらしい」ことが明らかになり、筆者はこれを「情けない」と考えているのだということがわかります。

以上を踏まえて、解答の根拠をまとめましょう。

STEP 4 解答の根拠をまとめる

【A】マニュアルを読むには、小説を読むのと違った頭のはたらきが必要であることを
【B】（ことばの専門家が）知らないらしい

「それ」という指示語が指し示している内容が【A】にあたり、それをことばの専門家が知らないらしいという内容が【B】にあたります。

STEP 5 解答する

正解は、①「科学、技術などの文章を読むには、文学作品を読むのとは違った頭のはたらきが必要であることに気づかない点」ですね。選択肢の前半の「科学、技術などの文章を読むには、文学作品を読むのとは違った頭のはたらきが必要であることに」は、【A】のポイントに対応しています。そして、選択肢の後半の「気づかない」は、【B】のポイントに対応しています。

その他の選択肢も見ていきましょう。

②は、「実地に機械を動かしてみることが必要である」という部分が、【A】の内容とずれているため、誤りです。

③の「何回も読み返せば理解できる」というのは、第9段落に書かれている内容ですが、傍線部Cの主部「その雑談は」の「その」の内容と異なっており、【A】のポイントと違っているため、不正解です。

④には「文章を書くには、読む側の立場に立って、わかりやすく書く必要がある」とありますが、傍線部Cでは文章を書くことについては一切言及していないので、【A】のポイントと照らし合わせてみると、説明の方向性そのものが間違っていることがわかりますね。

⑤は、少し迷った人もいたでしょうか。「学者、評論家といわれる人たち」は「マニュアルを読むには、小説を読むのと違った頭のはたらきが必要であることを知らない」のでした。ですから、選択肢⑤の「ことばの教養というものは、文学作品のみならず、理系の文章も理解する能力が求められていることに気づかない」という部分は、【A】のポイントと違っているため、誤りです。このように、一見正しそうなことが書かれていて迷ってしまうような場合にも、ポイントと照らし合わせることで、正誤が判断できるのです。

それでは、最後に問4を確認しましょう。

問4

サクッとわかる!
アクティブ・レクチャー
MOVIE
正しい解き方がわかる講義動画にアクセス!
D1-09

STEP 1 設問を確認する

傍線部D「そういう読み方」とあるが、具体的にどのような読み方か、最も適当なものを、次の中から一つ選びなさい。

この問題も、これまでの問題と同様に、**傍線部の「内容」を説明する問題**ですね。さっそく傍線部を含む一文を分析するところから始めましょう。

STEP 2 傍線部を含む一文を分析する［文の構造からポイントをつかむ］

どうすれば、D［そういう］◀指示語 読み方ができるようになるか。

傍線部Dに「そういう」という指示語が含まれていますね。直後にある「読み方」という言葉をヒントにして、直前の部分から「そういう」という指示語が指し示している内容を探しましょう。

STEP 3 解答の根拠をとらえる［周囲を見る］

12 〈われわれは〉◀主語、すこし間違った、［あるいは］、おくれた読み方を身につけてしまっているのかもしれない。

〈真に文章、ことばを読むということは〉、どういうことか。どうすれば、そういう読み方ができるようになるか。〈われわれは〉、一度も真剣に考えたことがない。一度もいわゆる読書ということに疑問をいだかない教育をうけて、知識人、ホモサピエンスのように考えているとしたら、すこし滑稽《こっけい》ではないか。

傍線部Dの「そういう」の指示内容は、「真に文章、ことばを読むという」です。ただし、「真に文章、ことばを読む」だけでは何のことかわからないので、筆者がどういう読み方をすべきだと考えているのかをとらえる必要があります。ここでさらに前の第11段落に視野を広げます。

11 未知のものを読んでわかってこそ、はじめて、ものを読む甲斐《かい》があるというものであるが、本当は、〈わからないことを書いてある文章を読んで、わかるというのは〉大変困難で、わかれば幸運といったくらいのものである。〈そういう〉ことを一度も考えずに、自分はものが読めるように考えるのは〉誤っているが、それに気づかない。

12 〈われわれは〉、すこし間違った、あるいは、おくれた読み方を身につけてしまっているのかもしれない。〈真に文章、ことばを読むということは〉、どういうことか。どうすれば、そういう読み方ができるようになるか。〈われわれは〉、一度も真剣に考えたことがない。一度もいわゆる読書ということに疑問をいだかない教育をうけて、知識人、ホモサピエンスのように考えているとしたら、すこし滑稽《こっけい》ではないか。

第11段落の冒頭に、「未知のものを読んでわかってこそ、はじめて、ものを読む甲斐があるる」とあります。「ものを読む甲斐がある」と表現されていることから、筆者が「未知のものを読んでわかる」ことを肯定しているのだとわかりますね。これが、筆者の考える「真に文章、ことばを読む」ということなのです。

STEP 4 解答の根拠をまとめる

ここまで確認できたら、解答の根拠となるのは次の一点であるとわかります。

未知のものを読んでわかってこそ、はじめて、ものを読む甲斐がある

これを踏まえて、選択肢を検討していきましょう。

STEP 5 解答する

正解は、④の「未知のものを読んでも理解することができるような読み方」です。先ほどまとめた解答の根拠と同様の内容ですね。

他の選択肢も検討していきましょう。

①の「わかり切ったことを読んでも役に立たないと気づくような読み方」について。たしかに筆者は「わかり切ったことなど、読んでも役に立たない」と述べていましたが、この選択肢の表現では、実際にどのよ

うに読むべきなのかがわかりません。「未知のものを読んで理解する」というところに踏み込めておらず、説明が不十分であるため、正解にならないのです。

②には、「真に知識人、ホモサピエンスになるために必要なものを選ぶ」とあり、たしかに、本文53～54行目に「一度もいわゆる読書ということに疑問をいだかない教育をうけて、知識人、ホモサピエンスのように考えているとしたら、すこし滑稽ではないか」と書かれている部分と一致するように思えます。しかし、これは傍線部Dの「そういう」が指し示している内容とは異なるので、②は誤りです。

③にある、「ことばを読むとはどういうことか」は、傍線部Dの直前の一文に書かれていますが、「そういう」が指し示しているのは「真に文章、ことばを読むという」であり、「どういうことか」の箇所は指示内容に含まれていません。したがって、指示内容を正確に表していないため、不正解です。

⑤は、具体的ではありますが、筆者の考える「真に文章、ことばを読む」という読み方の内容とずれてしまっています。筆者は「未知のものを読んでわかる読み方」が必要であると考えているのでしたね。⑤の選択肢の「日ごろ手にしないものを意識的に読む」というのは、単に、触れる機会の少ない文章を積極的に読んでいくということで、未知のものを理解するというところまでは説明できていません。つまり、筆者の主張を正しく説明できていないため、正解にならないのです。

問1から**問4**までの解き方の解説の通り、すべての問題が同じ手順で解けることをわかっていただけたでしょうか？

「設問を確認する」→**「傍線部を含む一文を分析する」**→**「解答の根拠をとらえる」**→**「解答の根拠をまとめる」**→**「解答する」**という一連の流れを崩さないようにすることが、安定して高得点を取るためのコツなのです。

問題 1 解答

問1 ④
問2 ⑤
問3 ①
問4 ④

第1講

要点整理

TIPS
「客観的に読む」とは、「文法」というルールにしたがって、文章に書いてあることを、書いてある通りに理解することである。 ……本冊22ページ

TIPS
▼主語(主部)に〈　〉をつけて、一つのまとまりとしてとらえる。 ……本冊27ページ

TIPS
▼主語(主部)の省略があったら、前の部分から省略された内容を補う。 ……本冊28ページ

TIPS
▼指示語の指示内容は、「直後」をヒントにして「直前」を探す。 ……本冊32ページ

TIPS
▼接続表現に注意して、話の展開を予測する。 ……本冊33ページ

TIPS
▼「ましてや」があったら、後ろに書かれていることに注目しながら読む。 ……本冊37ページ

TIPS
▼「あるいは」によって並べられた二つの事柄をとらえる。 ……本冊39ページ

第2講

筆者の主張を読む

評論文②

サクッとわかる!

ダイジェスト・レクチャー

MOVIE

重要ポイントを
ギュッと凝縮した
講義動画にアクセス!

D2-01

LECTURE

「筆者の主張」をとらえるには、どうすればいいの？

TIPS

「レトリック（説得術）」を見抜ければ、筆者の主張がはっきりとわかるようになる。

評論文や説明文といった論理的文章の筆者は、世の中の人たちに対してどうしても伝えたいことがあって、文章を書きます。その「世の中の人たちに対して伝えたいこと」を**「筆者の主張」**と言います。

ところで、みなさんの場合はどうでしょうか？　きっと、親や親しい友達や先生に対して言いたいことがあるはずです。しかし、「どうせ言っても伝わらないし……」「相手にもいろいろと考え方はあるだろうから……」と、伝える前にあきらめてしまうこともあるかもしれません。あるいは、言いたいことをお互いに言い合って、ケンカになってしまった経験から、自分の言いたいことを強く主張しないようにしているという人もいるかもしれません。

もちろん、良好な人間関係を保つことは、社会で生きるうえでは大切なことです。無用な争いをしたい人はいないはずですから、争いの原因になるようなことはしたくないと考えるでしょう。しかし、そのために人と意見を合わせてばかりでは窮屈《きゅうくつ》ですし、世の中をよくしたいと思ったとしても、言いたいことも言えないような世の中では、よくしようもありません。やはり、自分の言いたいことを言うのは必要なことなのです。

ただし、先ほども話したように、誰でも無用な争いは避けたいと考えています。ですから、**「自分の言いたいことを他人にうまく伝えるための方法」**があるといいですよね。この「自分の言いたいことを他人にうまく伝えるための方法」のことを**「レトリック（説得術）」**と呼びます。

話をもとに戻しましょう。論理的文章の筆者は、異なる考え方を持つ他者（読者）に対して、自分の考え（主張）を伝えたいと思っているのでした。そのため、論理的文章の中には、じつはさまざまな「レトリック」が登場します。ですから、その文章を読む私たちの方も、「レトリック」の知識を身につけておけば、「筆者の主張」をうまくとらえられるようになるのです。

いきなり「レトリック」などと言われて、難しく感じた人もいるでしょうか？　でも、私たちは普段の生活のあらゆる場面で「レトリック」を使っています。

たとえば、先ほどの、

もちろん、良好な人間関係を保つことは、社会で生きるうえでは大切なことです。無用な争いをしたい人はいないはずですから、争いの原因になるようなことはしたくないと考えるでしょう。しかし、そのために人と意見を合わせてばかりでは窮屈ですし、世の中をよくしたいと思ったとしても、言いたいことも言えないような世の中では、よくしようもありません。やはり、自分の言いたいことを言うのは必要なことなのです。

という部分で、ぼくはレトリックを使っていました。（気づきましたか？）

これは、**「譲歩」**と呼ばれるレトリックで、**「もちろん」**の後に一般的に正しいと思われている事柄を挙げ、その後の「しかし」に続く部分で自分の言いたいことを述べています。いきなり自分の意見を主張するのではなく、他の意見に一歩譲るのです。**あえて一歩譲り、その後に自分の意見を述べることで説得力が増す**ので、論理的文章でよく使われる手法です。

レトリックには、「譲歩」のほかにも、**「具体例（体験談）」「比喩」「論証」「引用」**などがあります。皆さんも意識しないうちに使っているものばかりですから、難しく考える必要はありません。一緒に文章を読みながらチェックしていきましょう。

問題

2

解答・解説

問題は別冊10ページ

読み方

それでは、レトリックに注目しながら、文章を読んでいきます。

今回の文章では、第1～2段落を「第一意味段落」、第3～6段落を「第二意味段落」、最後の第7段落を「第三意味段落」としています。

第一意味段落（第1～2段落）

サクッとわかる!
アクティブ・レクチャー
MOVIE
正しい読み方がわかる
講義動画にアクセス!
D2-02

さっそく、第1段落から見ていきましょう。

---

1 （▼引用 夏目漱石《そうせき》の『吾輩《わがはい》は猫である』の書き出しの部分には、有名な「吾輩は猫である。名前はまだない」という一節があるが）、ネコの世界には、名前がないのである。ネコは、環境の一部に、（▼具体例 たとえば イワシだのカツオだのという）名前をつけているわけではない。（▼譲歩 ネコは、その嗅覚だの視覚だのによって、食べものの存在を、実在として識別できるとし）ても、ネコにとって、環境とは、無言の実在世界そのものなのだ。ましてや、みずからに名前をつけることなど、ネコには、できた相談でない。（▼譲歩 ミケとかタマとか、人間が勝手につけた名前を、ひとつの信号音としてききとることはできるだろう）けれども、それがじぶんの名前である、などとネコが自覚しているわけではないのである。

第1段落は、夏目漱石の『吾輩は猫である』の一節から始まっています。

このように、他者の言葉や文章を自分の文章の中に入れ込むことを**「引用」**と言います。自分の意見の裏づけになることが他の（有名な）本や文章に書かれているので、**他者の意見を自分の文章の中に持ってくることで、説得力を持たせる**というレトリックです。筆者は自分と同じ意見を引用したり、また、逆に自分とは反対の意見を引用したりします。ですから、「引用」を見つけたら、筆者がどのような意図でその文章を引用したのかを確認するようにしましょう。「引用」と「筆者の主張」は、必ずセットで登場するので、**「引用」があったら「筆者の主張」を探し、筆者が他者の文章を引用した意図をつかみます**。

ここでは、筆者は「ネコの世界には、名前がないのである」ということを言いたくて、夏目漱石の『吾輩は猫である』の一節を「引用」しているのです。

TIPS 「引用」があったら「筆者の主張」を探し、引用の意図をつかむ。

続いて、本文の2行目に注目しましょう。すると、**「たとえば」**という接続表現があることがわかります。これは**「具体例」**が始まる目印です。筆者は、ここでいう「名前」が「イワシ」や「カツオ」などのような「ものの名前」のことであるということを読んでいる人にわかってもらいたくて「具体例」を挙げているのです。

「具体例」とは、「大きなグループの中にある、小さなグループ」だと考えてもらうとわかりやすくなります。たとえば、「絶滅の危機にある野生動物」という大きなグループの中に「アフリカゾウ」「クロサイ」といった小さなグループがあるというイメージです。「アフリカゾウ」や「クロサイ」という具体的なものを挙げることで、「絶滅の危機にある野生動物」についてよりわかりやすく説明することができます。

また、「具体例」は筆者が何かをわかりやすく説明するために用いるものなので、「具体例」そのものはあまり重要ではありません。**「具体例」があったら、それを通して示される「筆者の主張」をとらえるようにしましょう。**

TIPS 「具体例」を通して示される「筆者の主張」をとらえる。

ここでは、「ネコの世界には、名前がない」ということがわかれば、「筆者の主張」をとらえられたことになります。

さらに読み進めると、**「譲歩」**のレトリックが続いていることがわかります。

「けれども」の前後に注目してみましょう。もしかしたら、皆さんの中には、「いや、うちのネコは名前を呼んだらちゃんと反応する。うちのネコの世界には『名前』があるはずだ」と思った人もいるのではないでしょうか。筆者は、そのような読者の意見に一歩譲って、「人間がつけた名前をききとることはできる」ということを認めています。そのうえで、「けれども」という逆接でひっくり返すことにより、自らの主張を展開していきます。このように書かれると、読者としても、「うーん。そうなのか」と認めざるを得なくなりますね。

> **譲歩**　**ネコは人間がつけた名前をききとることはできる**
>
> **けれども**（逆接）
>
> **主張**　**それがじぶんの名前であるとネコが自覚しているわけではない**

筆者の意見は逆接の後に書かれますので、**逆接を手がかりにして「筆者の主張」をつかみましょう。**

TIPS　「譲歩」のレトリックでは、逆接の後に「筆者の主張」が書かれる。

続いて、第2段落を見ていきましょう。

2 人間は、まさしく、ことばを獲得することによって、実在世界から離脱したのである。(具体例 われわれは、たとえば、山をみたり、花をたのしんだり、というときには、「もの」の世界とかかわりあっているのだ、と主観的にはかんがえる。しかし、山には、すでに山という名前をあたえられている以上、もはや、素朴な実在ではない。人間は、たしかに山をみる。だが、それは、人間のあたまのなかにある「山」というシンボルをいったん通過したうえでの行動なのである。野に咲く一輪の花をみても、われわれは、それをタンポポだ、と識別する。われわれの精神のなかには、タンポポだとか、スミレだとか、かぎりなくたくさんの「名前」が、「概念」として蓄積されており、その概念を経由してでなければ外界の事物の認識ができないのだ。われわれは、タンポポという名で呼ばれる花をみるのであって、虚心にその植物じたいをみるのではない。よしんば、タンポポという名前は知らなくても、それを、「花」の一種としてみてしまうのである。)名前も、観念もない、無心なすがたで人間が物理的な実在としての環境に向きあうことができるのは、おさない子どものころ以外にない。

第2段落の冒頭に、「人間は」とあることからわかるように、第2段落は「人間」の話になります。第1段落では、「名前がない」「無言の実在世界そのもの」である「ネコ」の世界の話をしていましたが、ここからは「ことばを獲得することによって、実在世界から離脱した」人間の世界の話になったのです。このように「反対」のものを持ち出して比較する方法を**「差異（対比）」**と言います。これは［第4講］で詳しく説明しますので、今は簡単に内容を整理しておくだけで大丈夫です。

ここで考えたいのは、8行目の「人間は、まさしく、ことばを獲得することによって、実在世界から離脱したのである」が「筆者の主張」なのかどうかということです。じつは、**この一文を見ただけではわからない**のです。「筆者の主張」が書かれているのかもしれませんが、もしかしたら「譲歩」の形で一歩譲っているだけなのかもしれません。

このように、現代文では、その場ではすぐにわからない表現が登場することがあります。そういう場合には、わからない箇所で立ち止まって考えるのではなく、**「次の文を読み進める」**ということを意識してください。後の部分を読むうちに、さっきはわからなかった箇所の意味や役割がわかってきます。文章を読んでいると、「前↓後」という順番以外にも「後↓前」という順番で理解できることがあります。そのためにも、勇気をもって次の文を読み進めていきましょう。

TIPS その場ではすぐにわからない表現が出てきたら、次の文を読み進める。

ここでは、8行目の「われわれは」以降に注目しましょう。ここには、**「たとえば」**という**「具体例」**が始まる目印があります。「山」をみたり「花」をたのしんだりする「具体例」を挙げることで、直前の「人間は、まさしく、ことばを獲得することによって、実在世界から離脱した」という主張をわかりやすく説明しているのですね。これによって、「人間は、まさしく、ことばを獲得することによって、実在世界から離脱したのである」という部分が「筆者の主張」であることがわかりました。この具体例は、17行目まで続き、第2段落の最後では「名前も、観念もない、無心なすがたで人間が物理的な実在としての環境に向きあうことができるのは、おさない子どものころ以外にない」と、再び「筆者の主張」が述べられます。この部分は、第2段落冒頭の「人間は、まさしく、ことばを獲得することによって、実在世界から離脱したのである」を言い換えています。人間はことばを獲得することで実在世界から離脱したので、実在世界にいられるのはことばを獲得する以前のおさない子どものころしかないのです。以下に、「具体例」の前後に書かれていた「筆者の主張」をまとめてみます。

主　張　**人間は、まさしく、ことばを獲得することによって、実在世界から離脱したのである**
具体例　**「山」をみたり「花」をたのしんだりする**
主　張　**人間が実在としての環境に向きあうことができるのは、おさない子どものころ以外にない**

このように、**「筆者の主張」は言い換えられながら何度も繰り返されることがある**ので、「繰り返し」に注意することも、「筆者の主張」を見抜くうえでは重要です。

ちなみに、この段落の「具体例」の中には、**「譲歩」**のレトリックが使われていたので、逆接の後に書かれている「山には、すでに山という名前をあたえられている以上、もはや、素朴な実在ではない」や「それは、人間のあたまのなかにある『山』というシンボルをいったん通過したうえでの行動なのである」「その概念を経由してでなければ外界の事物の認識ができないのだ」という部分を踏まえていけば、**「筆者の主**

張」をよりしっかりとつかむことができたはずです。

ここまでが第一意味段落でした。まとめると、次のようになります。

第一意味段落（第1〜2段落）まとめ

ネコの世界
「ことば（名前）」がない、実在の世界
↔
人間の世界
「ことば」によって、実在世界から離脱した世界

このように、第一意味段落では、ネコの世界と人間の世界の違いが述べられていました。この「差異（対比）」を意識しながら、第二意味段落に進みましょう。

第二意味段落（第3～6段落）

サクッとわかる！
アクティブ・レクチャー
MOVIE
正しい読み方がわかる講義動画にアクセス！
D2-03

3 とにかく、これまで一万年ほどの人類の歴史のなかで、われわれは、環境のすべての部分に名前をつけ、概念化を進行させてしまったのである。（▼比喩 ラフカディオ・ハーンの『怪談』に登場する「耳なし芳一」は、悪霊から身をまもるために、からだの隅々まで呪文をいれずみのように書きこんだが、）われわれをとりまく環境のすべては、いま、ぎっしりとことばで埋めつくされているかのようにもみえる。（▼具体例 空にかがやく無数の星は、天文学の発達によって、順々に記録され、特定の固有名詞だの番号だのによって呼ばれるようになった。いま、人間によって名前をつけられていない星は、ひとつもない。もちろん、すべての星が発見されているわけではなく、毎年、いくつかのあたらしい星が見つけられている。しかし、見つけられたとたんに、人間はその所在を記録し、名前をつけてしまう。文学的ないいかたをするなら、いまや天上には、いささかのすきまもなく、ことばが書きこまれ、われわれをとりまく巨大な環境としての宇宙すらもが、完全に概念化されてしまっているのである。）

第3段落の冒頭では、「これまで一万年ほどの人類の歴史のなかで、われわれは、環境のすべての部分に名前をつけ、概念化を進行させてしまったのである」と、今までの主張を繰り返しています。

そして、続く20～21行目の部分には、「耳なし芳一」が悪霊から身をまもるために、からだの隅々まで呪文を書きこんだ話が登場します。これは、「われわれ」が「環境のすべての部分に名前をつけ、概念化を進行させてしまった」ということを読んでいる人にイメージしてもらうための**「比喩」**です。「比喩」とは、**イメージしやすくするために似たようなものを使ってたとえる**というレトリックです。ここでは「ぎっしりとことばで埋めつくされている」という点に着目して、すべてのものに名前をつける人間の姿を「耳なし芳一」にたとえているのです。

また、「比喩」も「筆者の主張」とセットで使われます。**比喩表現との共通点を意識しながら「筆者の主張」をとらえましょう。**

TIPS

「比喩」があったら、共通点を意識して「筆者の主張」をとらえる。

その後、22行目からは「空にかがやく無数の星」の話が始まります。これは、「われわれ」が自らをとりまく「環境のすべて」に名前をつけて「概念化を進行させてしまった」ことの**「具体例」**ですね。

ということは、第3段落は、その大半が「比喩」と「具体例」であることがわかります。「これまで一万年ほどの人類の歴史のなかで、われわれは、環境のすべての部分に名前をつけ、概念化を進行させてしまったのである」ということを主張するために、筆者はこれらの「比喩」と「具体例」を用いたのです。

続いて、第4段落を見ていきましょう。

---

4 ◀具体例（地球そのものも、ことばによって塗りつぶされた。一五世紀以来の「発見の時代」は、まず第一に、地球がまるいことを発見し、つぎつぎに大陸や島を発見した。手あたりしだいに名前がついた。太平洋にちらばる無数の島は海図に記載され、アフリカや南アメリカの内陸部ふかくにはいりこんだ探検家や地理学者は、それまで空白だった地図のうえに、いろんなことを書きこんだ。いまや地球上のすべての場所は、それぞれに名前をもたされてしまったのである。名前のないものは、いまわれわれの環境のなかにはひとつもない。ひとつひとつのものやできごとに、われわれは丹念にことばのレッテルを、びっしりと貼りつけてしまったのである。）◀比喩（地球ぜんたいが、巨大な「耳なし芳一」なのだ。）いや、「耳なし芳一」は、耳だけに呪文を書き忘れたために、耳がなくなってしまったのだが、◀具体例（地球の表面には、もはや書き忘れられた部分は、なにものこっていないようにみえる。）

第4段落は、「地球そのものも、ことばによって塗りつぶされた」で始まっています。「も」という同類を示す表現からもわかるように、これは第3段落で確認した「これまで一万年ほどの人類の歴史のなかで、われわれは、環境のすべての部分に名前をつけ、概念化を進行させてしまったのである」という「筆者の主張」をさらに詳しく説明するための**「具体例」**です。第3段落では、人間が名前をつけているものの「具体例」として「宇宙」の話が登場していました。第4段落では、「宇宙」に加えて「地球そのもの」も、人間が名前をつけて概念化を進行させてしまったものの「具体例」として挙げられているのです。

そして、「地球ぜんたいが、巨大な『耳なし芳一』なのだ」とあり、第3段落で挙げた「耳なし芳一」の**［比喩］**が再び登場します。

「比喩」は、あるものとあるものの共通点を利用してたとえる手法ですが、ものごとには、「似ている」部分もあれば「違う」部分もあります。今回は、『耳なし芳一』は、耳だけに呪文を書き忘れたために、耳がなくなってしまったのだが、地球の表面には、もはや書き忘れられた部分は、なにものこっていないようにみえる」と説明することで、「書き忘れられた部分があった芳一」と「書き忘れられた部分がのこっていない地球」の違いがはっきりとわかり、「地球」がいかに「ことば」で埋め尽くされているかをイメージさせることができるのです。

これで、第3段落に続き、第4段落もそのほとんどが「具体例」と「比喩」であったことがわかりました。

---

5 （B比喩 シンボルの世界は、実在の世界のうえにかぶさった密度の高い皮膜のようなものなのだ、といってもよい。）そして、（比喩 その皮膜は、それじしんの運動法則を獲得した。）いっさいの実在に、いっこうにかかわりあうことなく、シンボルの世界は自由にその独自の運動をはじめる。（譲歩 ひとつの花にタンポポと名前をつける、といったようなばあいには、実在と名前ないしシンボルとのあいだに対応関係がある）けれども、同時に人間は、非実在的な概念をも続々とつくりはじめた。（具体例 たとえば、「神」の概念などがそのいい例だ。われわれは、神というものを実在として知覚し、あるいは認識することはできない。神というのは、人間の頭脳がつくりだした抽象的で超越的な概念だ。それは、実在の世界から完全に離脱してしまっている。しかし、それにもかかわらず、われわれは神についてかんがえ、神についての理論体系をつくる

こともできる。）

冒頭の「シンボルの世界は、実在の世界のうえにかぶさった密度の高い皮膜のようなものなのだ」という部分は、またしても**「比喩」**ですね。

ところで、「比喩」には大きく分けると二つの種類があります。「ようだ」「みたいだ」などの言葉を使ってたとえる**「直喩（明喩）」**と、「ようだ」「みたいだ」などの言葉を使わないでたとえる**「隠喩（暗喩）」**です。今回の「実在の世界のうえにかぶさった密度の高い皮膜のようなものなのだ」のように、「ような」という言葉があれば、「直喩」であることがはっきりしているので、すぐに比喩表現を見抜くことができますね。一方、先ほどの第4段落にあった「地球ぜんたいが、巨大な『耳なし芳一』なのだ」という表現は「隠喩」です。主語（主部）と述語（述部）の係り受けをとらえたときに「あり得ない組み合わせ」になっていたら、「隠喩」なのではないかと考えることができます。**「直喩」と「隠喩」の特徴を覚えておいて、「比喩」を見逃さないようにしましょう。**

さて、この「シンボルの世界は、実在の世界のうえにかぶさった密度の高い皮膜のようなものなのだ」という比喩表現を用いることによって、筆者はどのようなことを伝えようとしているのでしょうか？　19〜20行目の「われわれは、環境のすべての部分に名前をつけ、概念化を進行させてしまった」という部分が筆者の伝えたいことです。なぜここまで戻るのかというと、第3段落も第4段落も、「具体例」と「比喩」が多用されており、第5段落の冒頭も「比喩」です。この文章では、これらの「具体例」や「比喩」よりも前の箇所までさかのぼったところに「筆者の主張」が書かれているのです。

ちなみに、この文章では、「シンボル」は「名前」を意味しているので、「実在の世界のうえにかぶさった密度の高い皮膜」というのは、名前が「実在の世界を覆い尽くした」ことを表しています。

次に、「そして」という接続表現の後に、「皮膜（＝シンボルの世界）」に関する説明が追加されます。「その皮膜は、それじしんの運動法則を獲得した」というのも**「比喩」**ですが、これがどういうことかは、直後の「いっさいの実在に、いっこうにかかわりあうことなく、シンボルの世界は自由にその独自の運動をはじめる」で明らかにされています。

ここで、「その独自の運動」という表現がよくわからないと感じた人もいるでしょう。大丈夫です。わからないときは、「次の文を読み進める」のでしたね。すると、40〜42行目に、「その独自の運動」の説明が書かれていることがわかります。「ひとつの花にタンポポと名前をつける、といったようなばあいには、実在と名前ないしシンボルとのあいだに対応関係があるけれども、同時に人間は、非実在的な概念をも続々とつくりはじめた」という部分をていねいに確認しましょう。これまでは「実在」と対応している「ことば（＝名前ないしシンボル）」の説明をしていましたが、ここでは「非実在的な概念」というものも「つくりはじめた」ことを説明しています。これは、「実在」がないのに「ことば（＝名前ないしシンボル）」だけがあるものを「つくりはじめた」ということです。

これで「筆者の主張」がわかってきました。段落の後半部分では、「非実在的な概念」の**「具体例」**として「神」が挙げられているのですね。

引き続き、第6段落を読んでいきます。

6 ◀比喩（マンガ映画によくあらわれるギャグのひとつに、人物がガケのあるのに気づかず、空中を遊歩する、という場面がある。それまで地に足をつけて歩いてきた人物は、ガケにさしかかっても、足もとに地面がなくなったことをすっかり忘れて、そのまま空中を歩きつづけるのだ。そういうばあい、その人物はふと足もとを見て、足が地についていないことを発見し、その瞬間に、まっさかさまに谷底に落ちてゆくのである。）われわれにとって、シンボルというのはそれに似ている。いつのまにか、対応する実在がなくなっているのに、ことばのほうは、どんどんと中空を歩きつづけ、すこしもたじろいだりしないのである。たじろがないから谷底におちることもない。C◀比喩（われわれは、ことばをつかうことによって、堂々と空中を闊歩《かっぽ》しているのだ。）

第6段落は、「マンガ映画によくあらわれるギャグのひとつに、人物がガケのあるのに気づかず、空中を遊歩する、という場面がある」から始まりますが、この部分は、今までの話と何のつながりもなさそうに思えますね。このように、一見関係なさそうな話が書かれていたら、「筆者の主張」を何か似ているものにたとえて説明しようとしているのではないかと考えるようにしましょう。続けて読んでいくと、51行目に「われわれにとって、シンボルというのはそれに似ている」という説明がありました。さらに、「いつのまにか、対応する実在がなくなっているのに、ことばのほうは、どんどんと中空を歩きつづけ、すこしもたじろいだりしないのである」「たじろがないから谷底におちることもない」と続きます。ここが「筆者の主張」

にあたります。筆者は、「対応する実在がないのに、ことばだけがある」ということを述べているのです。

ここまで読み進めたら、先ほどの「マンガ映画によくあらわれるギャグ」の話は、このことをわかりやすく伝えるための「比喩」だったのだとわかりますね。

ここで、「対応する実在がないのに、ことばだけがある」とはどういうことかを補足しておきます。たとえば、「争いや差別のない世界」ということばがあります。もちろん、ことばとして「争いや差別のない世界」と言うことはできますが、果たして「争いや差別のない世界」は実在するでしょうか？　世界中を見渡せば、紛争や差別はあちこちで起こっており、「争いや差別のない世界」ということばはまったく現実と合っていません。このように、「実在」がないにもかかわらず、「ことば」ではいくらでも言えてしまう状態が、「対応する実在がないのに、ことばだけがある」ということです。

話を戻しましょう。第6段落の最後の「われわれは、ことばをつかうことによって、堂々と空中を闊歩しているのだ」という部分も、もちろん**「比喩」**です。

そして、この第6段落を読んだことによって、第5段落の「いっさいの実在に、いっこうにかかわりあうことなく、シンボルの世界は自由にその独自の運動をはじめる」という部分の意味がわかりましたね。「独自の運動」とは「非実在的な概念」ができること、また、「対応する実在」がなくても「概念」だけで存在することができるということを述べていたのです。

ここまでの説明を踏まえて、第二意味段落の内容をまとめておきます。

第二意味段落（第3～6段落）まとめ

人間は、環境のすべてに名前をつけ、概念化を進行させた

←

人間は、非実在的な概念をも続々とつくりはじめた

←

対応する実在がなくても、ことばだけが存在することも可能である

続いて、最後の第三意味段落を読んでいきましょう。

第三意味段落（第7段落）

サクッとわかる！
アクティブ・レクチャー
MOVIE
正しい読み方がわかる
講義動画にアクセス！
D2-04

第三意味段落は、第7段落だけですが、まとめにあたる部分なので、ていねいに確認していきましょう。

7 人間は、ことばによって環境を知る、というのは、ある意味では正しいが、ある意味ではまちがっている。なぜなら、◀根拠 人間にとっては、すでに、ことばじたいが環境であるからだ。われわれにとっての環境とは、べつなことばでいえば、シンボル環境なのである。われわれは、シンボルにたいして鋭敏に反応する。「実在」の世界になまのままのかたちでわれわれがかかわりあうことは、すでに現実的に不可能になっているのではないか。◀譲歩（実在の物理的環境のことを一次的環境、シンボル環境のことを二次的環境、と呼ぶ学者もいる）が、われわれは、ことばを獲得することによって、一次的環境の住民であることをゆるされなくなったのだ。

第7段落は、「人間は、ことばによって環境を知る、というのは、ある意味では正しいが、ある意味ではまちがっている」という文から始まります。この説明だけだと、「なんで？　矛盾しているのでは？」と思ってしまいますよね。このように、**読んでいる人が「なんで？」と思うようなことが書かれていたら、その後の部分では「根拠」が述べられます**。これは**「論証」**という手法で、レトリックの中でも最も重要なものです。

世の中にはさまざまな考え方があるので、「筆者の主張」を読んだだけでは、「なんで？」と思うのがむしろ普通です。筆者も当然その事はわかっているので、「なんで？」と読者が思っているだろうことには**「根拠」**を述べるのです。「根拠」とは、わかりやすく言えば「理由」のことです。**皆さんが文章を読んで**

いるときに「なんで？」と思ったら、必ず「根拠」となる部分があるはずなので、それを探すようにしましょう。

TIPS 読んでいて「なんで？」と思ったら、「根拠」を探す。

本文では、筆者は「なぜなら、人間にとっては、すでに、ことばじたいが環境であるからだ」という「根拠」を示しています。**「なぜなら」**という接続表現があったら、その後の部分には「理由」が書かれます。多くの場合、**「から」「ため」「ので」**などとともに使われるので、セットにしてチェックするとよいでしょう。「ことばじたいが環境である」のならば、「ことばによって環境を知る」というのは、たしかにおかしいですね。

さらに、59行目以降の部分で筆者は、「実在の物理的環境のことを一次的環境、シンボル環境のことを二次的環境、と呼ぶ学者もいる」と、一般的な考え方に一歩譲ったうえで、「われわれは、ことばを獲得することによって、一次的環境の住民であることをゆるされなくなったのだ」と、自らの主張を述べていました。

第三意味段落（第7段落）まとめ

人間にとっては、すでに、ことばじたいが環境である

← から

ことばによって環境を知る、というのは、ある意味では正しいが、ある意味ではまちがっている
←
人間が「実在」の世界になまのままのかたちでかかわりあうことは、現実的に不可能になっている

文章の全体像

本文には、ありとあらゆるレトリックが使われていましたね。レトリックは「筆者の主張」をわかりやすく伝えるためのものなので、レトリックと「筆者の主張」のつながりを必ず確認するようにしましょう。

それでは、文章全体の流れをまとめていきます。

サクッとわかる!
アクティブ・レクチャー
MOVIE
正しい読み方がわかる講義動画にアクセス!
D2-05

第一意味段落（第1～2段落）……差異

ネコの世界

「ことば（名前）」がない、実在の世界

↔

人間の世界

「ことば」によって、実在世界から離脱した世界

第二意味段落（第3〜6段落）……筆者の主張

人間は、環境のすべてに名前をつけ、概念化を進行させた

←

人間は、非実在的な概念をも続々とつくりはじめた

←

対応する実在がなくても、ことばだけが存在することも可能である

第三意味段落（第7段落）……筆者の主張の展開（根拠と主張）

人間にとっては、すでに、ことばじたいが環境である

←

から

ことばによって環境を知る、というのは、ある意味では正しいが、ある意味ではまちがっている

←

人間が「実在」の世界になまのままのかたちでかかわりあうことは、現実的に不可能になっている

解き方

続いて、問題の解き方を確認していきます。

問1

サクッとわかる!
アクティブ・レクチャー
MOVIE
正しい解き方がわかる
講義動画にアクセス!
D2-06

STEP 1

設問を確認する

傍線部A「人間が物理的な実在としての環境に向きあうことができるのは、おさない子どものころ以外にない」の理由として最もふさわしいものを、次の中から一つ選びなさい。

この問題は、**傍線部の「理由」を説明する問題**です。問題を解く手順は、傍線部の「内容」を説明する問題と同じです。まずは、**傍線部を含む一文を分析して、解答の道筋をつかんでいきましょう。**

STEP 2 **傍線部を含む一文を分析する**［文の構造からポイントをつかむ］

◀主部
〈名前も、観念もない、無心なすがたで人間が物理的な実在としての環境に向きあうことができるのは〉、おさない子どものころ以外にない。

まず、主部は「名前も、観念もない、無心なすがたで人間が物理的な実在としての環境に向きあうことができるのは」です。そして、述部は「おさない子どものころ以外にない」ですが、この主部と述部のあいだには**「飛躍」**があるので、「なんで？」と思ってしまいますね。ということは、さらに**「根拠」**つまり**「理由」**を探す必要があるということです。傍線部の周囲に視野を広げていきましょう。

STEP 3 **解答の根拠をとらえる**［周囲を見る］

2 人間は、まさしく、ことばを獲得することによって、実在世界から離脱したのである。◀具体例（われわれは、たとえば、山をみたり、花をたのしんだり、というときには、「もの」の世界とかかわりあっているのだ、と主観的にはかんがえる。しかし、山には、すでに山という名前をあたえられている以上、もはや、素朴な実在ではない。人間は、たしかに山をみる。だが、それは、人間のあたまのなかにある「山」というシンボルをいったん通過したうえでの行動なのである。野に咲く一輪の花をみても、われわれは、それをタンポポだ、と識別する。われわれの精神のなかには、タンポポだとか、スミレだとか、かぎりなくたくさんの「名前」が、「概念」として蓄積されており、その概念を経由してでなければ外界の事物の認識ができないのだ。われわれは、タンポポという名で呼ばれる花をみるのであって、虚心にその植物じたいをみるのではない。よしんば、タンポポという名前は知らなくても、それを、「花」の一種としてみてしまうのである。）名前も、観念もない、無心なすがたで人間が物理的な実在としての環境に向きあうことができるのは、おさない子どものころ以外にない。

第一意味段落を読んだときに、「具体例」の前後に「筆者の主張」が書かれていることを確認しましたね。また、「筆者の主張」は言い換えながら繰り返されることがあります。傍線部Aの「人間が物理的な実在としての環境に向きあうことができるのは、おさない子どものころ以外にない」は、この段落の冒頭の「人間は、まさしく、ことばを獲得することによって、実在世界から離脱したのである」を言い換えたものです。では、なぜ人間が「実在世界から離脱」するのでしょうか。それは、「ことばを獲得」したからですね。ということは、人間が実在世界にいられるのは、「ことばを獲得する前」なのだとわかり、「おさない子どものころ以外にない」という説明につながります。

おさない子どもはまだことばを獲得していないので、実在世界にいられる、つまり「実在としての環境に向き合うことができる」のです。

STEP 4 解答の根拠をまとめる

先ほどの STEP 3 でとらえた解答の根拠をまとめてみましょう。

【A】「人間が物理的な実在としての環境に向きあう」の説明
人間はことばを獲得することによって、実在世界から離脱した
＝ つまり
人間はことばを獲得する前であれば、実在世界にいられる
【B】「おさない子どものころ」の説明
「ことばを獲得する前」は「おさない子どものころ」以外にない

これを踏まえて、選択肢の中から【A】【B】のポイントを満たしているものを選んでいきましょう。

STEP 5 解答する

正解は、ウの「おさない子どものころは、ことばを獲得していないため、実在世界と未分化の状態にいるから」ですね。【A】の「実在世界にいられる」というポイントと、【B】の「ことばを獲得する前」というポイントがしっかり入っています。

他の選択肢も検討してみましょう。

アは、「ことばを獲得していないため」という部分は【B】のポイントを満たしていますが、「実在世界に拘泥してしまう」という部分が【A】の「実在世界にいられる」の説明として誤りです。「拘泥する」とは、「小さなことにこだわる」という意味ですが、ことばを獲得していないおさない子どもの「こだわり」は、本文に書かれていません。

イは、「ものの名前や概念を蓄積することが不可能な状態にあるため、ものをものとして認識できない」とありますが、本文には、ことばを獲得する前であれば「実在としての環境に向きあうことができる」と書かれていました。ですから、この選択肢の「ことばを獲得する前だから、もの（実在）をもの（実在）として認識できない」という説明は、本文の内容に反しているため、誤りです。

エは、「情操を豊かに育んでいく時期」という部分が、【B】の「おさない子どものころ」の説明として誤りです。山をみたり花をたのしんだりするという「具体例」は、「情操を豊かに育んでいく時期である」ということを説明するためのものではありません。

オは、「ものの世界を感じとるという主観が未発達」という部分が誤りです。本文では、「おさない子ども」は「ものの名前や概念」を蓄積していないので、物理的な実在としての環境に向き合うことができるのだと説明されていました。イとオは、選択肢の説明が本文の因果関係に反しているために正解にならないというパターンでした。**「根拠（理由）」を正しくとらえられれば、このような因果関係の誤りを見抜くことができるのです。**

問2

サクッとわかる！
アクティブ・レクチャー
MOVIE
正しい解き方がわかる講義動画にアクセス！
D2-07

STEP 1 設問を確認する

傍線部Ｂ「シンボルの世界は、実在の世界のうえにかぶさった密度の高い皮膜のようなものなのだ」の説明として最もふさわしいものを、次の中から一つ選びなさい。

この問題は、**傍線部の「内容」を説明する問題**ですね。まずは傍線部を含む一文を分析していきましょう。

STEP 2 傍線部を含む一文を分析する【文の構造からポイントをつかむ】

（Ｂ◀比喩 シンボルの世界は、実在の世界のうえにかぶさった密度の高い皮膜のようなものなのだ、といってもよい。）

この部分は、「比喩」になっているのでしたね。**比喩表現に傍線が引かれていてその内容の説明が求められている場合には、比喩表現を「比喩を用いない普通の表現」に直せばよいのです。**

そして、この一文の主部は「シンボルの世界は」です。第二意味段落を読んだ際に、「シンボル」とは「名前」であることを確認しました。これを踏まえて、解答の根拠をとらえていきましょう。

STEP 3 解答の根拠をとらえる【周囲を見る】

第二意味段落を読んだときにも説明したように、「シンボル」が「実在の世界のうえにかぶさった」というのは、「名前」が「実在の世界を覆い尽くした」ということなのでした。第3段落に「われわれは、環境のすべての部分に名前をつけ、概念化を進行させてしまったのである」と書かれていたように、「シンボルの世界」の一つめのポイントは、「すべてに名前をつけて概念化を進行させた」ことです。

続いて、傍線部Bが含まれる第5段落を確認しましょう。

5 （▼比喩 B シンボルの世界は、実在の世界のうえにかぶさった密度の高い皮膜のようなものなのだ、といってもよい。）そして、（▼比喩 その皮膜は、それじしんの運動法則を獲得した。）いっさいの実在に、いっこうにかかわりあうことなく、シンボルの世界は自由にその独自の運動をはじめる。（ひとつの花にタンポポと名前をつける、といったようなばあいには、実在と名前ないしシンボルとのあいだに対応関係がある）けれども、同時に人間は、非実在的な概念をも続々とつくりはじめた。（たとえば、「神」の概念などがそのいい例だ。われわれは、神というものを実在として知覚し、あるいは認識することはできない。神というのは、人間の頭脳がつくりだした抽象的で超越的な概念だ。それは、実在の世界から完全に離脱してしまっている。しかし、それにもかかわらず、われわれは神についてかんがえ、神についての理論体系をつくることもできる。）

譲歩　具体例

STEP 4 解答の根拠をまとめる

傍線部Bが含まれる一文の直後には、「皮膜（＝シンボルの世界）」が「それじしんの運動法則を獲得した」という説明がつけ加えられています。これは、「いっさいの実在に、いっこうにかかわりあうことなく、シンボルの世界は自由にその独自の運動をはじめる」という意味でした。シンボルの世界が自由に独自の運動をはじめたことにより、人間は「非実在的な概念をも続々とつくりはじめた」のですね。

先ほど STEP 3 で確認したように、「皮膜のようなもの」を説明するためのポイントは、次の二点です。

【A】シンボルの世界は、すべてに名前をつけて概念化を進行させた
【B】シンボルの世界は、実在にかかわりあうことなく、自由に独自の運動をはじめる

選択肢の中から、この【A】【B】のポイントを満たしているものを選んでいきましょう。

STEP 5 解答する

正解は、ウの「シンボルの世界は、あらゆるものに名前をつけて概念化していき、概念自体が独自の運動をはじめているということ」ですね。【A】の「すべてに名前をつけて概念化を進行させた」というポイントと、【B】の「実在にかかわりあうことなく、自由に独自の運動をはじめる」というポイントが、しっかり入っています。

他の選択肢も検討してみましょう。

アは、前半の「環境すべてに名前をつけて概念化したものであり」という部分は【A】のポイントを満たしていますが、後半の「環境の巨大化を促進している」という部分は【B】の説明として誤っています。

イには、【A】のポイントも【B】のポイントもありません。「実在の世界を保護するために書き込まれた概念である」という説明は、本文に書かれていませんね。

エは、「宇宙や地球をも完全に概念化してしまった」という部分は【A】のポイントを満たしていますが、「実在を破壊して」という部分が本文にないため、誤りです。

オは、イと同様に【A】【B】両方のポイントがありません。本文には「未踏査の土地や場所はまだ多く残されている」などとは書かれていないため、まったくの誤りです

問3

サクッとわかる!

アクティブ・レクチャー

MOVIE

正しい解き方がわかる講義動画にアクセス!

D2-08

STEP 1 設問を確認する

傍線部C「われわれは、ことばをつかうことによって、堂々と空中を闊歩《かっぽ》しているのだ」の説明として最もふさわしいものを、次の中から一つ選びなさい。

この問題は、**傍線部の「内容」を説明する問題**ですね。これまでと同様に、傍線部を含む一文を分析していきましょう。

STEP 2 傍線部を含む一文を分析する［文の構造からポイントをつかむ］

（◀比喩 C われわれは、ことばをつかうことによって、堂々と空中を闊歩《かっぽ》しているのだ。）

一文すべてに傍線が引かれていますね。そして、この一文は「比喩表現」なので、問2と同様に、**比喩表現を「比喩を用いない普通の表現」に直します。**

また、この一文の主語は「われわれは」なので、「われわれ」つまり「人間」がどのようなことをしているのかを本文で確認しましょう。

STEP 3 解答の根拠をとらえる［周囲を見る］

6 （◀比喩 マンガ映画によくあらわれるギャグのひとつに、人物がガケのあるのに気づかず、空中を遊歩する、という場面がある。それまで地に足をつけて歩いてきた人物は、ガケにさしかかっても、足もとに地面がなくなったことをすっかり忘れて、そのまま空中を歩きつづけるのだ。そういうばあい、その人物はふと足もとを見て、足が地についていないことを発見し、その瞬間に、まっさかさまに谷底に落ちてゆくのである。）われわれにとって、シンボルというのはそれに似ている。いつのまにか、対応する実在がなくなっているのに、ことばのほうは、どんどんと中空を歩きつづけ、すこしもたじろいだりしないのである。たじろがないから谷底におちることもない。（◀比喩 C われわれは、ことばをつかうことによって、堂々と空中を闊歩《かっぽ》しているのだ。）

第二意味段落を読んだ際に確認したように、この第6段落は、「対応する実在がないのに、ことばだけがある」状態を、比喩を用いて説明しているのでした。「実在」を「地面」とするならば、「空中を闊歩する」とは、「実在から離れていること」と「概念しか存在しないことを考えること」の比喩だとわかります。

STEP 4 解答の根拠をまとめる

以上を踏まえて、「空中を闊歩する」を説明するためのポイントをまとめましょう。

【A】実在から離れている
【B】概念しか存在しないことを考える

STEP 5 解答する

正解は、アの「われわれは、シンボルの世界を素朴な実在と切り離して使いこなしているだけでなく、非実在的な概念をもつくり出し、独自の環境を構築するようになっているというこ

と」です。「シンボルの世界を素朴な実在と切り離して使いこなしている」は【A】にあたります。そして、「非実在的な概念をもつくり出し、独自の環境を構築するようになっている」は【B】のポイントを言い換えたものです。

他の選択肢も検討してみましょう。

イは、まず「シンボルの世界と実在世界との対応関係を保ちつつことばを使っている」という前半の部分が【A】と矛盾しているため誤りだとわかります。さらに、後半の「そのことで非実在的な概念が宙に浮くように独自に存在しているということ」という部分では、「非実在的な概念が」が主部になっていますが、傍線部Cの主語は「われわれは」です。主語（主部）が違っているため、こちらも誤りです。

ウは、後半の「それを実在世界においても自由に活用している」が【A】のポイントとして誤りです。「空中を闊歩する」とは、実在世界から離れることでしたね。

エは、「神のつくりだしたシンボルの世界が抽象的で超越的な概念であったため」という部分が誤りです。「神」は人間がつくりだした「非実在的な概念」の「具体例」でした。

オは、まず前半に注目しましょう。「シンボルの世界が実在世界から離脱し」とありますが、【A】のポイントは「われわれ」が実在から離れているということです。「シンボルの世界」が実在から離れているのではありませんね。また、後半には、「科学をも超越する活動を始めてしまったのを、ただ見ているしかない」とありますが、本文にはこのようなことは書かれていません。

［第1講］では、主語（主部）をつかむことが大事だと説明しましたが、この設問のように、不正解選択肢では主語（主部）が本文と異なっているというパターンがあるので、**本文を読むときだけでなく、問**

題を解くときにも、主語（主部）をしっかり確認するようにしましょう。

問4

サクッとわかる！

アクティブ・レクチャー

MOVIE

正しい解き方がわかる講義動画にアクセス！

D2-09

STEP 1

設問を確認する

問題文の内容としてふさわしいものを、次の中から二つ選びなさい。

この問題は、これまでの問題とは異なり、傍線部がありませんね。

このような、**傍線部がなく、文章全体から正解の根拠を探すことが求められる問題**では、「傍線部を含む一文を分析する」→「解答の根拠をとらえる」→「解答の根拠をまとめる」という手順の代わりに、「選択肢と本文を照らし合わせる」という手順を踏みます。

具体的には、次のような流れ（ステップ）で解いていきます。

STEP 1 設問を確認する
STEP 2 選択肢と本文を照らし合わせる
STEP 3 解答する

それでは、STEP 2 以降を実践してみましょう。

STEP 2 選択肢と本文を照らし合わせる

ア 耳なし芳一の呪文と空にかがやく無数の星は、概念化された実在世界という点で共通している。

「耳なし芳一」の話は、第3段落と第4段落に書かれていましたが、「共通点」について説明していたのは第3段落なので、第3段落と照らし合わせます。選択肢には「概念化された実在世界という点で共通している」とありますが、第3段落によると、共通点は「ぎっしりとことばで埋めつくされている」ことなので、正しくないことがわかります。

イ 一次的環境と二次的環境の差異は、ことばの獲得がゆるされるかどうかで大きく変わってくるものである。

「一次的環境」「二次的環境」ということばは、最後の第[7]段落に登場していました。ですので、第[7]段落と照らし合わせます。すると、選択肢の「ことばの獲得がゆるされるかどうか」という部分が誤りだとわかります。第[7]段落では、「ことばの獲得」がゆるされるかどうかということではなく、「ことばの獲得」によって「一次的環境の住民である」ことがゆるされなくなったということが述べられていました。

ウ　ネコであれ一輪の花であれ、名前がつけられることで事物としての認識がなされ、実在として識別される。

「名前がつけられることで事物としての認識がなされ」るという話は、第[2]段落にありましたね。「われわれの精神のなかには、タンポポだとか、スミレだとか、かぎりなくたくさんの『名前』が、『概念』として蓄積されており、その概念を経由してでなければ外界の事物の認識ができないのだ」という部分が、「名前がつけられることで事物としての認識がなされ」に対応しています。また、「名前をあたえられている」ものは「素朴な実在ではない」こと、ことばを獲得したことによって、ことば（名前や概念）を通してしかものを識別できなくなってしまったということも書かれていました。したがって、**問題文の内容と合っている**と言えます。

エ　「神」の概念というシンボルの世界は、実在と対応関係はないが、理論体系をつくることで対応させることも可能である。

『神』の概念」については、第5段落に書かれていました。ただし、「神」は「実在の世界から完全に離脱」した概念の「具体例」として挙げられたものでした。「理論体系」をつくったからといって実在と対応させることはできないので、誤りです。

オ　一五世紀以来の「発見の時代」は空白だった地図のうえに名前を書きこむことで、実在世界から離脱する時代につながっていった。

「一五世紀以来の『発見の時代』」の話は、第4段落に書かれていましたね。手あたりしだいに「名前」をつけていったことが述べられていますが、「名前」をつけることが実在から離れていくことにつながるという内容は第2段落で説明されていたので、**問題文の内容と一致している**ことがわかります。

ここまでに正しいものを二つ確認できましたが、念のためにカも見ておきましょう。

カ　タンポポもスミレも、名前がつけられ概念化したことで、実在と切り離した存在としてたんなる花の一種と認識されるようになった。

タンポポやスミレという花の名前が登場していたのは第2段落でしたね。ここでは「タンポポという名前は知らなくても、それを、『花』の一種としてみてしまう」と説明されていました。ですから、「タンポポポ」や「スミレ」という名前がつけられたことでそれらが「たんなる花の一種と認識される」という選択肢の説明は誤りであるとわかります。

STEP 3 解答する

以上、ア〜カの選択肢を本文に照らし合わせて検討したことで、**問題文の内容としてふさわしいのは、ウ・オであることがわかりました。**

問題 2 解答

問1 ウ
問2 ウ
問3 ア
問4 ウ・オ　※順不同

第2講

要点整理

TIPS

「レトリック（説得術）」を見抜ければ、筆者の主張がはっきりとわかるようになる。

TIPS ▼ 「引用」があったら「筆者の主張」を探し、引用の意図をつかむ。 ……本冊64ページ

TIPS ▼ 「具体例」を通して示される「筆者の主張」をとらえる。 ……本冊69ページ

TIPS ▼ 「譲歩」のレトリックでは、逆接の後に「筆者の主張」が書かれる。 ……本冊69ページ

TIPS ▼ その場ではすぐにわからない表現が出てきたら、次の文を読み進める。 ……本冊70ページ

TIPS ▼ 「比喩」があったら、共通点を意識して「筆者の主張」をとらえる。 ……本冊72ページ

TIPS ▼ 読んでいて「なんで？」と思ったら、「根拠」を探す。 ……本冊76ページ

第3講

具体と抽象を読む

評論文③

サクッとわかる!

ダイジェスト・レクチャー

MOVIE

重要ポイントを
ギュッと凝縮した
講義動画にアクセス!

D3-01

LECTURE

「具体」と「抽象」は、どうやって区別するの？

TIPS

「目印になる言葉（＝マーカー）」と「グループ分け」で、「具体」と「抽象」が区別できる。

［第2講］では、様々な「レトリック」を学びました。今回は、その中でも特に重要な**「具体」**と**「抽象」**について深く学んでいきましょう。

「具体例」は、筆者が自分の意見をわかりやすく伝えるために用いるものです。「私はこう思う」「私はこのように考えている」と、自分の意見ばかりを書いても、読んでいる人には伝わりません。また、論理的文章で筆者が主張しようとすることは比較的難しい内容が多いので、よりイメージしやすいように、「具体例」を挙げるのです。

前回の講義で扱った［問題2］の文章の内容を思い出してみましょう。「人間は、ことばを獲得することによって、実在世界から離脱したのである」と言われただけでは、「え？　どういうこと？」と思ってしまうかもしれませんが、「人間は、『タンポポ』や『スミレ』などの『名前』を経由しないと、外界の事物を認識できないのだ」と説明されると、「なるほど！　そういうことか」と理解しやすくなりますよね。これが「具体例」の役割なのです。

このように、「具体例」を使うと物事をわかりやすく説明することができるのですが、「具体例」がたくさん続くと、読んでいる人は「あれ？　筆者は何が言いたかったんだっけ？」と思ってしまうかもしれません。そこで筆者は、読者にある程度具体的なイメージを持ってもらったら、今度は「具体例」をまとめることによって、自分の主張を再確認します。「具体例」でイメージを広げたら、自分の意見を伝えるために「まとめ」を入れるのです。**「筆者の主張」は「まとめ」の部分に書かれるので、「具体例」の前や後にある「まとめ」に注目するようにしましょう。**

また、物事をまとめることを**「抽象化する」**と言います。先ほど説明したように、論理的文章では、「具体例」→「まとめ」の形で**「具体」**と**「抽象」**が繰り返されるので、「具体例＝具体」と「まとめ＝抽象」を分けてとらえることができれば、「筆者の主張」がつかみやすくなります。

「具体」と「抽象」には、それぞれ目印になる言葉があります。この**目印になる言葉（＝マーカー）**に注目すると、「具体例＝具体」と「まとめ＝抽象」を見分けやすくなります。

▼「具体例＝具体」のマーカーの例

たとえば　例を挙げると　など

▼「まとめ＝抽象」のマーカーの例

このような　このように　こういう　そのような　そのように　そういう

つまり　要するに　結局

これらのマーカーを使えば、『たとえば』があるから、ここから具体例が始まるな」『つまり』があるから、ここで筆者はまとめに入ろうとしているんだな」というように、「具体」と「抽象」が書かれている部分をすぐに見つけられますね。

ただし、文章中にいつでもマーカーが登場するとは限りません。**マーカーがないときは、「具体」と「抽象」の関係に注目しながら読み分けていく必要があります。**

[第2講]で「具体例」は「大きなグループの中にある、小さなグループ」だとお話ししましたね。つまり、「大きなグループ」が「抽象」で、「小さなグループ」が「具体」だということです。

先ほどの例を使って、「ことば」と「タンポポ」を比べてみましょう。「ことば」の中には「タンポポ」も入りますが、「スミレ」や「イワシ」や「カツオ」も入りますね。ここから、より大きなグループである「ことば」が「抽象」で、より小さなグループである「タンポポ」が「具体」であることがわかります。

▼「具体」と「抽象」の関係

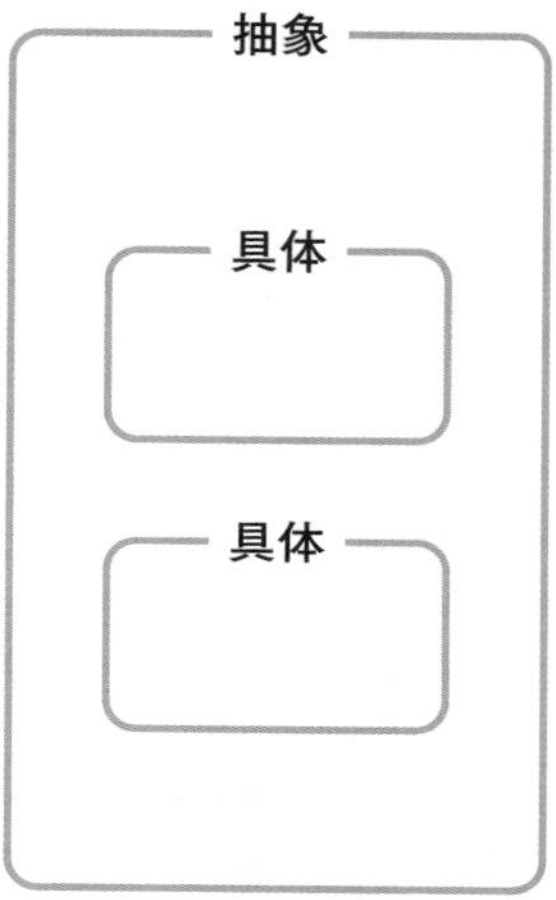

大きなグループである「抽象」の中に、
小さなグループである「具体」が入っている

このように、マーカーがないときには、「どちらが大きなグループで、どちらが小さなグループなのか」を考えることで、「具体例＝具体」と「まとめ＝抽象」を区別することができます。

それでは、［問題3］の文章を読んでいきましょう。

問題は別冊18ページ

読み方

今回の文章には、**「具体例」**がたくさん登場していましたね。さっそく「マーカー（＝目印）」と「グループ分け」を使って、「具体」と「抽象」を読み分けていきましょう。

第一意味段落（第1〜3段落）

サクッとわかる！
アクティブ・レクチャー
MOVIE
正しい読み方がわかる講義動画にアクセス！
D3-02

第1段落を見ていく前に、今回の文章の最初につけられていた**「リード文」**について説明します。大学入試の現代文は、本や論文の中から一部の文章を切り取る形で出題されることがほとんどです。切り取った箇所だけでは内容が理解しづらい場合には、それより前に書かれていた内容を要約して文章の前に提示することがあります。これを「リード文」と呼びます。リード文は、「文章のそこまでのあらすじ」のような役割をするものと考えるとよいでしょう。当然、読解の前提として押さえるべきことが書かれているので、きちんと内容を確認するようにしましょう。

今回の「リード文」では、「ランドスケープデザイン」という言葉の意味が示されていました。「風景を設計する」ことについて述べようとしていることがわかったので、「風景」「設計」という言葉に注意して本文を読解していきましょう。

---

1 ◀譲歩 （風景と聞くと、どこか①観光地や名所のような場所に行かないと見ることができないものだと思うかもしれない。）しかし観光地を出た瞬間に目の前から風景が消えてしまうわけではなく、そこにはまた別の風景があり、今度はそれを見ている。私たちの目には絶えず何かが映されていて、ずっと途切れることなく何かを眺めているのである。そんな目に入ってくる様々な物事の中で、風景とは時々ふと現れては消えるものなのではないか。私たちは一日の生活の中で様々な風景を見ている。

「風景」に関して、筆者は「どこか観光地や名所のような場所に行かないと見ることができないもの」だと思っている人がいるかもしれないと、一般的な考え方に一歩譲っています。これは、**「譲歩」**のレトリックでしたね。その後には、「しかし」という逆接の接続表現があるので、これ以降に「筆者の主張」が書かれるのだとわかります。「どこか観光地や名所のような場所」に行かなくても、「私たちは一日の生活の中で様々な風景を見ている」というのが、「筆者の主張」です。

続いて、第2段落を見ていきます。

---

2 ◀具体例
（布団の上で目を開けると、ぼんやりと浮かび上がる天井。冷たい水で洗った顔を上げた鏡の中。駅のホームの対岸に立つ人々。雑踏にのまれ、街路樹をくぐりながら通り過ぎる街並み。オフィスの階段を上りきった先の長い廊下。身を預けた椅子から見る部屋。開こうと手を伸ばした本の表紙。ペンを手に取り、紙を引き寄せ、三〇cmの距離で見る文字。窓で切り取られた沈みかけの太陽。灯り始めた街のネオン。モニターに映された海。テーブルに並べられた食事の湯気。寝室の薄明かりに浮かび上がる枕の輪郭。……）

第2段落は、さまざまなものが並べられていますが、すべて「生活の中」で見る「風景」の**「具体例」**ですね。「風景」という大きなグループにこれらのものが入ります。また、この段落の最後にある「……」は、他にも「具体例」があることを示しているので、「具体例」のマーカーの一種と考えることができます。

第3段落に進みましょう。

3　朝目覚めてから夜眠るまで、私たちの目に飛び込む連続した眺め。その中から、ワンシーンとして私たちが捉えた眺めを風景と呼ぶ方がしっくりとくる。風景は特別な場所だけにあるのではなく、私たちの日常生活の中であたりまえに見ているものである。

第2段落はさまざまな「具体例」が列挙されていたので、筆者が伝えようとしていることを忘れてしまった人もいるかもしれません。ですから、この第3段落には**「まとめ」**が書かれています。「風景は特別な場所だけにあるのではなく、私たちの日常生活の中であたりまえに見ているものである」という部分は、第1段落の「私たちは一日の生活の中で様々な風景を見ている」という主張を言い換えたものですね。

このように、「具体例」は「筆者の主張」にはさまれることが多いので、**「筆者の主張」→「具体例」→「筆者の主張」という形**を意識して、「具体」と「抽象」を読み分けていくとよいでしょう。

ここまでが第一意味段落です。「筆者の主張」を取り出してまとめておきましょう。

第一意味段落（第1〜3段落）まとめ

筆者の主張

- **私たちは一日の生活の中で様々な風景を見ている**
- **風景は特別な場所だけにあるのではなく、日常生活の中であたりまえに見ているものである**

第二意味段落（第[4]〜[9]段落）

サクッとわかる！
アクティブ・レクチャー
MOVIE
正しい読み方がわかる講義動画にアクセス！
D3-03

[4] しかしそうだとすれば、風景のデザインとは一体何をすればいいのだろうか。風景がどこにでもあるとすれば、それは「世界」と同義語になるぐらいの広がりを持つことになる。私たちは目を開けている限り、自分を取り巻く無数のものから逃れることができない。それらすべてをデザインすることなど不可能である。

第[4]段落の冒頭では、ここまでの「風景」という言葉の説明を受けて、「風景のデザインとは一体何をすればいいのだろうか」という新しい疑問を投げかけています。論理的文章では、このように読者に疑問を投げかける「疑問文」がよく登場します。これは、**「問題提起」**というレトリックで、疑問を投げかけることでこれから大事な話をするのだということを示し、読者の注意を引くために用いられます。その後、筆者はその疑問に答える形で論を展開していきます。**「疑問文」が出てきたら「答え」を探し、「筆者の主張」をつかむようにしましょう。**

TIPS
「疑問文」が出てきたら、その「答え」を探し、「筆者の主張」をつかむ。

ちなみに、この段落は「それらすべてをデザインすることなど不可能である」で終わっているので、この時点ではまだ「答え」は出てきません。この先の段落で「答え」が出てくるはずだと考えながら、読み進めていきましょう。

---

5 ②それを考えるヒントが、ランドスケープ（LANDSCAPE）という言葉の成り立ちの中にある。この言葉は《土地や場所》を表すランド（LAND）という言葉と、《眺め》を意味するスケープ（SCAPE）という言葉が合わさって一つの単語になっている。つまり「風景＝場所（客体）＋眺め（主体）」という図式になる。この「眺め」というのが、風景を考えるうえで実は鍵になるのである。

この第5段落では、先ほどの「風景のデザインとは一体何をすればいいのだろうか」という疑問の「答え」を考える上でのヒントが示されました。「風景」を「場所（客体）＋眺め（主体）」だと考えることが、「風景」を「デザイン」するうえでの「鍵」になるのですね。

これを踏まえて、さらに読み進めていきましょう。

6 ▼譲歩（通常は風景という言葉を使う時には、場所や対象物を指すことがほとんどである。▼具体例（「机にペンが置かれている風景」「犬が通りを歩いている風景」「山に雲がかかっている風景」。）このように物事の方だけを指して風景と呼ぶのが一般的な言葉の使い方だ。）

第6段落は、「風景」という言葉について通常の使い方が説明されています。そして、二文目ではその**「具体例」**が挙げられています。三文目で「このように」という言葉でまとめていることからも、「机にペンが置かれている風景」「犬が通りを歩いている風景」「山に雲がかかっている風景」という部分が「具体例」であることがわかりますね

また、この段落には「風景」に関して多くの人が持っている考え方（＝一般論）が書かれていました。このように、わざわざ一般論が示されている場合には、**「譲歩」**のレトリックである可能性が高いので、**これより後の部分で、逆接を伴って「筆者の主張」が展開されることを予測しながら読み進めていきましょう。**

TIPS
「一般論」→「筆者の主張」という展開を予測しながら読む。

7 しかし本当は少し違う。そこに見えているものの背後にはすべて、それを眺めている〈私〉が隠れているのである。つまり正確に表現すると、▼具体例（「机にペンが置かれているのを眺める私」「犬が通りを歩いて

いるのを眺める私」「山に雲がかかっているのを眺める私」となる。）だが多くの場合、それを眺めている〈私〉という主体の存在はいちいち意識されない。

予想通り、「しかし」という逆接の接続表現がありました。ここで「筆者の主張」が示されます。「そこに見えているものの背後にはすべて、それを眺めている〈私〉が隠れているのである」とあるので、やはり、筆者は「風景」を「場所（客体）＋眺め（主体）」という図式でとらえるべきだと主張しているのだということがわかりますね。

ここで筆者の考えが明確に示されたことで、この後の部分でも続けて「筆者の主張」が展開されることが予測されます。引き続き、「筆者の主張」に注意しながら読んでいきましょう。

8　誰かが眺めるから風景になるというのは、当たり前すぎる事実なのでつい見過ごされがちだ。しかし、誰がどのように世界を眺めるのかの方が風景を考えるうえで本質的である。もしもある場所が、誰にも眺められることなくどこかにひっそりとあっても、それは風景とは呼べない。誰かに眺められるからこそ、風景が生まれたと言える。つまり土地や場所の状態は風景の半分であり、もう半分はそれを眺める誰かの目なのである。ここではその眺めている誰かの目のことを「まなざし」と呼ぶことにしたい。

第8段落では、先ほどの「そこに見えているものの背後にはすべて、それを眺めている〈私〉が隠れているのである」という部分を言い換えて、「誰がどのように世界を眺めるのかの方が風景を考えるうえで本質的である」「土地や場所の状態は風景の半分であり、もう半分はそれを眺める誰かの目なのである」という主張が展開されています。

そして、段落の最後に「まなざし」という言葉が登場します。これは「風景＝場所（客体）＋眺め（主体）」という図式の中にある「眺め（主体）」の目のことですね。**筆者が定義している意味をしっかりと確認しましょう。**

続いて、第9段落を読んでいきます。

9 風景を見るということは、窓枠で外の山並みを生け捕るように、私たちのまなざしの中にその対象を捉えることである。③世界には無数の物事があるが、まなざしから外れているものは風景にはならない。だから、まなざしをどこにどのように向けるのかが風景を生みだしていて、見えているものの背後には、それを見ているまなざしがある。そしてそのまなざしのあり方によって、風景は様々な形で変化するのである。

第9段落では「まなざし」という言葉をさらに詳しく説明して、「まなざしのあり方によって、風景は様々な形で変化する」という結論を述べています。これが、「風景のデザインとは一体何をすればいいのだろうか」という疑問の「答え」です。「風景のデザイン」とは、「場所（客体）」のあり方を変えていくことではなく、「眺め（主体）」の「まなざし」のあり方を変えていくことなのだとわかれば、**「問題提起」**→**「主張」の流れがつかめたことになります。**

ここまでわかったところで、第二意味段落の内容をまとめてみましょう。

第二意味段落（第4～9段落）まとめ

問題提起

「風景のデザイン」とは一体何をすればいいのだろうか

↓

筆者の主張

「風景＝場所（客体）＋眺め（主体）」

「風景のデザイン」とは、「眺め（主体）」の「まなざし」のあり方を変えていくこと

これを踏まえて、第三意味段落に進みます。

第三意味段落（第10〜14段落）

サクッとわかる！
アクティブ・レクチャー
MOVIE
正しい読み方がわかる講義動画にアクセス！
D3-04

10 本来私たちが目にする様々なものは、常にある制約の中で見ているものにすぎない。私たちの風景とは見えない枠がはめられていて、無意識にその枠からまなざしは向けられている。だが私たちは自分の見方に枠があると思わずに普段は生きている。◀譲歩（私たちの目は様々なものを映しだすことで確かに視覚的には《見て》はいる。）しかしそれがちゃんと《見えて》いるとは限らない。

「私たちの風景とは見えない枠がはめられていて、無意識にその枠からまなざしは向けられている」とありますが、この時点では「見えない枠」の意味はわかりませんね。ですから、この後の部分で「見えない枠」について説明されているところを確認する必要があります。

ただし、この後の部分では、逆接の「だが」と「しかし」が続いているので、「筆者の主張」を見失わないようにていねいに読んでいきましょう。そのために、「しかし」の前にある「確かに」に注目します。

［第2講］でも確認しましたが、**「確かに」＋「しかし」（逆接）は、「譲歩」のレトリックですね。**

「しかし」の後に書かれている「ちゃんと《見えて》いるとは限らない」という部分が「筆者の主張」なので、おそらくこれが「見えない枠」の説明なのだと類推できます。

ただし、まだ確定はできません。そういう場合は、**「立ち止まらずに先に進む」**のです。

11 （◀具体例 例えば、毎日通るような道の眺め。家から駅までの道や、駅から職場までの道。よく通る道は何度も目にしている眺めである。しかしずっと同じ道を通っていると、だんだんその道を「風景」として見なくなる。変化があった時、例えば引越したばかりや、あるいは道沿いに新しい店ができたりした時には風景が変わったと意識するかもしれない。しかしまた時間が経って慣れてくると、その眺めは次第に当たり前になっていき、改めてその道を意識して眺めることはなくなってしまう。）

第11段落を読んだことで、「見えない枠」がどのようなものなのかが少しずつわかってきましたね。「変化」があったら「意識」して「風景」として見るけれども、慣れてくるとだんだん「風景」として見なくなると書かれています。

ただし、この段落は「具体例」ですから、**この先に「まとめ」が書かれるのではないかと考えながら、さらに先に進みましょう。**

12 あるいは（◀具体例 毎日触っているもの。例えばペンやコップといった身の回りの生活用品なども、ずっと使っていると新鮮さがなくなってしまい、最初買ってきた頃のようにしげしげと見つめることが少なくなってしまう。慣れると共に次第に意識が薄れていって、やがて空気のように見えなくなってしまう。）

第12段落は「あるいは」という選択の接続表現で前の段落とつながっています。筆者は、他の**「具体例」**を並べて、「ちゃんと《見えて》いるとは限らない」ということをさらに詳しく説明しているのです。「慣れると共に次第に意識が薄れていって、やがて空気のように見えなくなってしまう」のは「毎日通るような道の眺め」と共通していますね。

「まとめ」の部分を探すべく、さらに先に進みましょう。

13 このような経験は誰しもが持っているだろう。場所であっても物体であっても、人はずっとそれに接しているうちに時間と共に慣れてしまう。そして慣れてくると、それに対する自分の見方は同じパターンに固定化してくるのである。そのこと自体は、行動のストレスを減らすための環境への適応能力であり、私たちに必要なことである。

第13段落の冒頭に**「このような」**という**「まとめ」のマーカー**があるので、ここから「具体例」の「まとめ」が書かれるのだろうと考えることができますね。「場所であっても物体であっても、人はずっとそれに接しているうちに時間と共に慣れてしまう。そして慣れてくると、それに対する自分の見方は同じパターンに固定化してくるのである」という部分が「まとめ」になっています。この「同じパターンに固定化された見方」が「見えない枠」の正体なのではないでしょうか。

また、ここでは、「見方」が「同じパターンに固定化されること」は「行動のストレスを減らすための環境への適応能力」であり、「私たちに必要なこと」だと説明されています。これは、「同じパターンに固定化された見方」をすることのプラスの面ですね。これに対する筆者の考えを、次の段落で確認していきましょう。

---

14 しかし一方で、いつも見方が同じパターンを辿《たど》るということは、他の捉え方をできなくなるということでもある。そうなると視覚的にも風景として見えなくなってしまう。このように慣れすぎてしまい、風景が見えなくなってしまう状態を専門的な言葉では、《馴致《じゅんち》》とか《自動化》と呼ぶ、ここでは「まなざしの固定化」と呼ぶことにしたい。

筆者は、「同じパターンに固定化された見方」をしていると、他の捉え方ができなくなり、風景として見えなくなってしまうと考えています。これで、第10段落の「ちゃんと《見えて》いるとは限らない」という状態がどのようなものなのかがわかりましたね。そして、これこそが「見えない枠」がはめられているということなのです。さらに、この「見えない枠」がはめられている状態は、専門用語では《馴致》や《自動化》と呼ばれ、筆者はこれを「まなざしの固定化」と呼んでいることがわかりました。

ここまでわかったところで、第三意味段落の内容をまとめてみましょう。

第三意味段落（第10～14段落）まとめ

筆者の主張

- 私たちの風景とは「見えない枠」がはめられていて、まなざしはその枠から向けられている
- 人は慣れることで見方が同じパターンに「固定化」してくる

↓

「見えない枠」がはめられているとは、「同じパターンに固定化された見方」をすることである

＝「まなざしの固定化」

続いて、文章全体のまとめに入る第四意味段落を見ていきましょう。

サクッとわかる！

アクティブ・レクチャー

MOVIE

正しい読み方がわかる
講義動画にアクセス！

D3-05

第四意味段落（第15～16段落）

15 まなざしが固定化するとは、いわゆる《モノの見方が凝り固まる》と呼ばれる状態である。そうなる

と、新しい発見がなくなるだけでなく、自分がどのような見方をしているのかにも意識が届かなくなる。④そうして風景は次第に見えなくなってしまう。

この段落では「まなざしが固定化する」→「自分がどのような見方をしているのかにも意識が届かなくなる」→「風景は次第に見えなくなってしまう」というように、「風景」が見えなくなる仕組みが解説されていますね。

「風景」のデザインにおいて「まなざし」と「意識」が重要なのだということがわかれば、いよいよ結論が見えてきます。最後の第16段落を読んでいきましょう。

16 何かが風景として見えてくるというのは、視線が向くだけではなく意識が向けられた時である。だから視界には入っているが見えていなかった風景が、急に見え始めた時に、自分の見方が変わったことにも意識が向く。そしてその見方が変わった時に、自分がこれまでどのような見方をしていたのかにも初めて気づくのだ。

この第16段落が、「風景をデザインする」ということの結論の部分になります。

「風景」とは「場所（客体）＋眺め（主体）」のことなので、「風景をデザインする」とは「眺め（主体）」の「まなざし」のあり方を変えていくことなのです。「まなざし」のあり方は、慣れてくることによって「固定化」してしまうので、今までとは違うものに意識を向けさせて「見方」を変えるようにすることが、「風景をデザインする」ということなのですね。これがわかれば、この文章の主題をつかめたことになります。

第四意味段落（第15～16段落）まとめ

筆者の主張（結論）

「まなざし」のあり方は、慣れてしまうと「固定化」してしまうので、今までとは違うものに意識を向けさせて「見方」を変えることが「風景をデザインする」ことである

それでは文章全体をまとめましょう。

サクッとわかる！
アクティブ・レクチャー
MOVIE
正しい読み方がわかる講義動画にアクセス！
D3-06

文章の全体像

第一意味段落（第1～3段落）……筆者の主張

筆者の主張

●私たちは一日の生活の中で様々な風景を見ている
●風景は特別な場所だけにあるのではなく、日常生活の中であたりまえに見ているものである

第二意味段落（第4～9段落）……問題提起・筆者の主張

問題提起

「風景のデザイン」とは一体何をすればいいのだろうか

←

筆者の主張

「風景＝場所（客体）＋眺め（主体）」
「風景のデザイン」とは、「眺め（主体）」の「まなざし」のあり方を変えていくこと

第三意味段落（第10～14段落）……筆者の主張

筆者の主張

●私たちの風景とは「見えない枠」がはめられていて、まなざしはその枠から向けられている
●人は慣れることで見方が同じパターンに「固定化」してくる

←

「見えない枠」がはめられているとは、「同じパターンに固定化された見方」をすることである
＝「まなざしの固定化」

第四意味段落（第15～16段落）……筆者の主張（結論）

筆者の主張（結論）

「まなざし」のあり方は、慣れてしまうと「固定化」してしまうので、今までとは違うものに意識を向けさせて「見方」を変えることが「風景をデザインする」ことである

この文章では、**「具体例」と「筆者の主張」を読み分けることと、「問題提起」→「答え」の流れに沿って、「筆者の主張」をつかむこと**が求められていました。

「具体例」は、筆者が自分の言いたいことをわかりやすく伝えるために挙げるものなので、当然、「具体例」よりも「筆者の主張」の部分のほうが重要になります。入試では、限られた時間の中で問題を解いていかなくてはならないので、文章を読んでいく際には、「ここは重要だから絶対にチェックしよう」「ここは軽く内容を確認するだけでいいな」というように、**重要なところとそうでないところに差をつけて読んでいくようにしましょう。**

TIPS

読解の際は、重要なところとそうでないところに差をつける。

続いて、問題の解き方を確認していきます。

解き方

問1

サクッとわかる！
アクティブ・レクチャー
MOVIE
正しい解き方がわかる講義動画にアクセス！
D3-07

STEP 1 設問を確認する

傍線部①「観光地や名所」の言い換えとなっている表現を、本文中から五字以内で抜き出しなさい。

この問題では、**傍線部の「言い換え」となっている五字以内の表現を探して抜き出すことが求められています**。抜き出し問題では、何を探すのかがわからなければ答えを見つけることができません。ですから、記号選択問題と同様に、まずは傍線部を含む一文を分析するところから始めます。

STEP 2 傍線部を含む一文を分析する［文の構造からポイントをつかむ］

▼譲歩
（風景と聞くと、どこか①観光地や名所のような場所に行かないと見ることができないものだと思うかもしれない。）

傍線部①は、**「譲歩」**の説明の中に含まれています。ここでは、「風景」は「どこか観光地や名所のような場所に行かないと見ることができないものだ」という一般的な考え方が挙げられているのですね。つまり、傍線部①の「観光地や名所」とは、一般的に「風景」が見られると思われている場所のことなのです。

このことを踏まえて、周囲に視野を広げていきましょう。

STEP 3 解答の根拠をとらえる［周囲を見る］

1 ▼譲歩（風景と聞くと、どこか①観光地や名所のような場所に行かないと見ることができないものだと思うかもしれない。）しかし観光地を出た瞬間に目の前から風景が消えてしまうわけではなく、そこにはまた別の風景があり、今度はそれを見ている。私たちの目には絶えず何かが映されていて、ずっと途切れることなく何かを眺めているのである。そんな目に入ってくる様々な物事の中で、風景とは時々ふと現れては消えるものなのではないか。私たちは一日の生活の中で様々な風景を見ている。

2 ▼具体例（布団の上で目を開けると、ぼんやりと浮かび上がる天井。冷たい水で洗った顔を上げた鏡の中。駅のホームの対岸に立つ人々。雑踏にのまれ、街路樹をくぐりながら通り過ぎる街並み。オフィスの階段を上りきった先の長い廊下。身を預けた椅子から見る部屋。開こうと手を伸ばした本の表紙。ペンを手に取り、紙を引き寄せ、三〇cmの距離で見る文字。窓で切り取られた沈みかけの太陽。灯り始めた街のネオン。モニターに映された海。テーブルに並べられた食事の湯気。寝室の薄明かりに浮かび上がる枕の輪郭。……)

3 朝目覚めてから夜眠るまで、私たちの目に飛び込む連続した眺め。その中から、ワンシーンとして私たちが捉えた眺めを風景と呼ぶ方がしっくりとくる。風景は特別な場所だけにあるのではなく、私たちの日常生活の中であたりまえに見ているものである。

第一意味段落を読んだ際にも確認したように、第2段落には「生活の中」で見る「風景」の「具体例」がたくさん挙げられていたのでしたね。ここには「筆者の主張」は書かれていないので、第2段落を飛び越えて、第3段落に進みます。そして、13行目の「風景は特別な場所だけにあるのではなく、」という部分に注目しましょう。「ではなく」の前にある「風景は特別な場所だけにある」というのは、風景に対する一般的な考え方ですね。

STEP 4 解答の根拠をまとめる

先ほどの STEP 3 で確認したように、「風景は特別な場所だけにある」という部分は、第1段落の「(風景は）どこか観光地や名所のような場所に行かないと見ることができない」という部分と同様に、「風景」に対する一般的な考え方が挙げられたものでした。まとめると、次のようになります。

【第1段落】「（風景は）どこか観光地や名所のような場所に行かないと見ることができない」
【第3段落】「風景は特別な場所だけにある」

STEP 5 解答する

傍線部①「観光地や名所」に対応している、**第3段落の「特別な場所」（13行目・五字）が正解になります。**

「抜き出し問題」では、急いで答えを探そうとする人が多いのですが、正解を見つけるためには、傍線部を含む一文とその周囲の部分の分析がとても大事です。焦らずにいつもの手順で解いていきましょう。

問2

サクッとわかる!
アクティブ・レクチャー
MOVIE
正しい解き方がわかる講義動画にアクセス!
D3-08

STEP 1 設問を確認する

傍線部②「それ」が指す内容として最も適切なものを、次の中から一つ選びなさい。

この問題は、**指示語の「指示内容」を説明する問題**ですね。まずは、傍線部を含む一文を分析しましょう。

STEP 2 傍線部を含む一文を分析する［文の構造からポイントをつかむ］

〈②それ（◀指示語）を考えるヒントが〉、ランドスケープ（LANDSCAPE）という言葉の成り立ちの中にある。

この一文の主部は「それを考えるヒントが」ですね。指示語「それ」の直後を見ると「考える」とあるので、「それ」とは「考える」べきものであることがわかります。また、「ランドスケープ（LANDSCAPE）という言葉の成り立ち」の中にヒントがあるとも書かれています。

これらを踏まえて、ここより前の部分で指示内容を探していきましょう。

4 しかしそうだとすれば、風景のデザインとは一体何をすればいいのだろうか。風景がどこにでもあるとすれば、それは「世界」と同義語になるぐらいの広がりを持つことになる。私たちは目を開けている限り、自分を取り巻く無数のものから逃れることができない。それらすべてをデザインすることなど不可能である。

5 〈②それを考えるヒントが〉、ランドスケープ（LANDSCAPE）という言葉の成り立ちの中にある。この言葉は《土地や場所》を表すランド（LAND）という言葉と、《眺め》を意味するスケープ（SCAPE）という言葉が合わさって一つの単語になっている。つまり「風景＝場所（客体）＋眺め（主体）」という図式になる。この「眺め」というのが、風景を考えるうえで実は鍵になるのである。

指示語

第5段落では、「ランドスケープ」という言葉が「風景＝場所（客体）＋眺め（主体）」という図式になっていることが説明されているので、筆者が「風景」について考えようとしているのだということがわかります。第4段落までさかのぼってみると、「風景のデザインとは一体何をすればいいのだろうか」という疑問文（問題提起）があり、これが傍線部②「それ」の指示内容だとわかりますね。

STEP 4 解答の根拠をまとめる

先ほど確認した指示内容をまとめると、次のようになります。

「それ」＝「風景のデザインとは一体何をすればいいのだろうか」

これをもとに、選択肢を検討していきましょう。

STEP 5 解答する

正解は、2の「風景をデザインするとはどのようなことか。」ですね。「風景のデザインとは一体何をすればいいのだろうか」に一番近いのはこの選択肢です。

他の選択肢も検討してみましょう。

1の「風景とはどのようなものであるか。」だと、ランドスケープ（LANDSCAPE）という言葉の成り立ちの中にあるものが「ヒント」ではなく「答え」そのものになってしまうので、誤りです。

3の「自分を取り巻く無数のものから逃れるにはどうすればよいか。」は、「それ」の指示内容とまったく違いますし、この後の部分で「逃れる」という説明がされていないので、誤りです。

4は「眺めたものすべてをデザインすることは不可能かどうか。」となっていますが、ここでは「不可能かどうか」ではなく「一体何をすればいいのか」を考えようとしているため、誤りだとわかります。
5の「風景について考えるうえでの鍵は何か。」も、1と同様にランドスケープ（LANDSCAPE）という言葉の成り立ちが「ヒント」ではなく「答え」そのものになってしまうので、誤りです。

問3

サクッとわかる！
アクティブ・レクチャー
MOVIE
正しい解き方がわかる講義動画にアクセス！
D3-09

STEP 1 設問を確認する

傍線部③とあるが、「まなざしから外れているものは風景にはならない」のはなぜか。その説明として最も適切なものを、次の中から一つ選びなさい。

この問題では、**傍線部の「理由」を説明することが求められています**。まずは傍線部を含む一文を分析してみましょう。

STEP 2 傍線部を含む一文を分析する［文の構造からポイントをつかむ］

③世界には無数の物事があるが、〈まなざしから外れているものは〉（▲主部）風景にはならない。

この一文の主部は「まなざしから外れているものは」です。これに対応する述部は「風景にはならない」ですが、「〈まなざしから外れているものは〉↓風景にはならない」では、主部と述部の間に**「飛躍」**がありますね。ですから、その飛躍を埋めるために、「まなざしから外れているもの」とはどういうものなのかを明らかにして、**「根拠（理由）」**をつかみましょう。

STEP 3 解答の根拠をとらえる［周囲を見る］

8 誰かが眺めるから風景になるというのは、当たり前すぎる事実なのでつい見過ごされがちだ。しかし、誰がどのように世界を眺めるのかの方が風景を考えるうえで本質的である。もしもある場所が、誰にも眺められることなくどこかにひっそりとあっても、それは風景とは呼べない。誰かに眺められるからこそ、風景が生まれたと言える。つまり土地や場所の状態は風景の半分であり、もう半分はそれを眺める誰かの目なのである。ここではその眺めている誰かの目のことを「まなざし」と呼ぶことにしたい。

9 風景を見るということは、窓枠で外の山並みを生け捕るように、私たちのまなざしの中にその対象を捉えることである。③世界には無数の物事があるが、〈まなざしから外れているものは〉（▲主部）風景にはならない。

だから、まなざしをどこにどのように向けるのかが風景を生みだしていて、見えているものの背後には、それを見ているまなざしがある。そしてそのまなざしのあり方によって、風景は様々な形で変化するのである。

まず、「まなざし」とは34行目にあるように「眺めている誰かの目」のことなのでした。「眺め」という言葉に注意しながらさかのぼっていくと、「もしもある場所が、誰にも眺められることなくどこかにひっそりとあっても、それは風景とは呼べない。誰かに眺められるからこそ、風景が生まれたと言える」とあります。「風景」であるためには「誰かに眺められる」必要があるので、誰にも眺められていなかったら「風景」ではないということを言おうとしているのです。

STEP 4 解答の根拠をまとめる

先ほどの STEP 3 でとらえた解答のポイントは次の通りです。

風景であるためには誰かに眺められる必要がある
←
まなざしから外れている（＝誰にも眺められない）ものは風景にならない

この中の「風景であるためには誰かに眺められる必要がある」という部分が**「根拠（＝理由）」**にあたります。これを踏まえて選択肢を検討していきましょう。

STEP 5 解答する

正解は、1の「風景はそれを眺める誰かがいてはじめて生まれるものだから。」ですね。「風景であるためには誰かに眺められる必要がある」というポイントがしっかり入っています。

2は、「土地や場所の状態を確かめることもできない」が誤りです。「土地や場所の状態」は、風景であるための本質的な条件ではありませんでした。

3には、「私たちが風景として眺めているのは世界の半分でしかない」とありますが、筆者は、「風景」は「場所（客体）＋眺め（主体）」によって成り立つものだと説明しています。そのため、「風景」として眺めているのが「世界の半分」であるという説明は誤りです。

4は、「風景の本質は見えているものの背後にこそ潜んでいる」という部分が誤りです。「風景の本質」は、誰かが眺めることにあるのでした。

5は、「世界を眺めることで風景をデザインしている」が誤りです。「まなざし」は「風景」を生み出すもので、デザインするものではありません。

6は、「風景とは一般に場所や対象物を指して使われる言葉だ」が誤りです。筆者は「風景＝場所（客体）＋眺め（主体）」だと考えているのでした。

続いて、問4を確認していきます。この問題では、傍線部④「そうして風景は次第に見えなくなってしまう」について、A・Bの二つの問いが設定されていますね。まずはAから見ていきましょう。

問4・A

サクッとわかる!
アクティブ・レクチャー
MOVIE
正しい解き方がわかる講義動画にアクセス!
D3-10

STEP 1 設問を確認する

A 見えていた風景が見ているだけの眺めに変わってしまうのはなぜか。それを説明した次の文の空欄 I に当てはまる適切な表現を、十五字以上二十字以内で答えなさい。ただし、「時間」という語を必ず用いること。

私たちは I から。

「見えていた風景が見ているだけの眺めに変わってしまうのはなぜか」と問われているので、**「理由」を説明する問題**だとわかります。ここでは「見えていた風景」と「見ているだけの眺め」という二点がポイントになっていますね。

また、「私たちは［Ｉ］から。」という文の空欄に当てはまる形で説明することが求められているので、傍線部を含む一文と設問についている一文を分析し、解答の手がかりをつかみましょう。

STEP 2 傍線部を含む一文と設問の一文を分析する［文の構造からポイントをつかむ］

【本文】④［そうして］〈風景は〉◀主語 次第に見えなくなってしまう。

【設問】〈私たちは〉◀主語［Ｉ］から。

まずは、【本文】の傍線部を含む一文を見ていきます。この一文の主語は「風景は」ですね。また、述部の「見えなくなってしまう」という部分は、設問の「見ているだけの眺めに変わってしまう」に相当します。

次に、【設問】を見ると、この一文の主語は「私たちは」です。

ですから、風景が見ているだけの眺めに変わってしまう（＝見えなくなってしまう）のは「私たち」がどのように変化するからなのかを、本文中で探していけばよいのだとわかります。

さらに、設問に「『時間』という語を必ず用いること」という条件がついていることにも注目しましょう。

「時間」という言葉を使って風景が見ているだけの眺めに変わってしまう理由を説明していたのは、本文の第13段落でした。これを踏まえて、第13段落から、傍線部のある第15段落までに書かれていた内容を確認していきましょう。

STEP 3 解答の根拠をとらえる［周囲を見る］

13 このような経験は誰しもが持っているだろう。場所であっても物体であっても、人はずっとそれに接しているうちに時間と共に慣れてしまう。そして慣れてくると、それに対する自分の見方は同じパターンに固定化してくるのである。そのこと自体は、行動のストレスを減らすための環境への適応能力であり、私たちに必要なことである。

14 しかし一方で、いつも見方が同じパターンを辿《たど》るということは、他の捉え方をできなくなるということでもある。そうなると視覚的にも風景として見えなくなってしまう。このように慣れすぎてしまい、風景が見えなくなってしまう状態を専門的な言葉では、《馴致《じゅんち》》とか《自動化》と呼ぶ、ここでは「まなざしの固定化」と呼ぶことにしたい。

15 まなざしが固定化するとは、いわゆる《モノの見方が凝り固まる》と呼ばれる状態である。そうなると、新しい発見がなくなるだけでなく、自分がどのような見方をしているのかにも意識が届かなくなる。④そうして風景は次第に見えなくなってしまう。

第13段落には、「人はずっとそれ（＝ある場所や物体）に接しているうちに時間と共に慣れてしまう」、そして「慣れてくると、それに対する自分の見方は同じパターンに固定化してくる」とありましたね。さらに、第14段落には、「視覚的にも風景として見えなくなってしまう」とあり、これが、風景が「次第に見えなくなってしまう」ということなのだとわかりました。

STEP 4 解答の根拠をまとめる

風景が見ているだけの眺めに変わってしまう（＝見えなくなってしまう）理由を説明するためのポイントをまとめておきましょう。

【A】人はずっとある場所や物体に接しているうちに時間と共に慣れてしまう
【B】慣れてくると、それに対する自分の見方は同じパターンに固定化してくる

STEP 5 解答する

解答例は、（私たちは）「時間と共に慣れることで、見方が固定化する」（から。）〔二十字〕となります。

【A】のポイントとして「時間と共に慣れる」ということを、【B】のポイントとして「見方が固定化する」ということを、それぞれ解答に入れましょう。

問4・B

サクッとわかる!
アクティブ・レクチャー
MOVIE
正しい解き方がわかる
講義動画にアクセス!
D3-11

STEP 1 設問を確認する

B　筆者は私たちが見る風景は何によって変わると述べているか。それを説明した次の文の空欄 Ⅱ および Ⅲ に当てはまる適切な表現を、空欄 Ⅱ は三字以上五字以内で、空欄 Ⅲ は六字以上十字以内でそれぞれ本文中から抜き出しなさい。

私たちは常に Ⅱ から対象を眺めており、そこから向けられる Ⅲ によって風景は変わっていく。

この問題では、設問につけられた文の中にある空欄 Ⅱ ・ Ⅲ に当てはまる表現を抜き出すことが求められているので、まずはこの文を分析しましょう。

STEP 2 空所を含む一文を分析する［文の構造からポイントをつかむ］

私たちは常に Ⅱ から対象を眺めており、そこから向けられる Ⅲ によって風景は変わっていく。

空欄 Ⅱ の前後には「私たちは常に」「から対象を眺めており」とあり、空欄 Ⅲ の前後には「向けられる」「によって風景は変わっていく」とありました。これらの語句を用いた説明が第9段落と第10段落にあったので、くわしく確認していきましょう。

STEP 3 解答の根拠をとらえる［本文を見る］

9 風景を見るということは、窓枠で外の山並みを生け捕るように、私たちのまなざしの中にその対象を捉えることである。③世界には無数の物事があるが、まなざしから外れているものは風景にはならない。だから、まなざしをどこにどのように向けるのかが風景を生みだしていて、見えているものの背後には、それを見ているまなざしがある。そしてそのまなざしのあり方によって、風景は様々な形で変化するのである。

10 本来私たちが目にする様々なものは、常にある制約の中で見ているものにすぎない。私たちの風景とは見えない枠がはめられていて、無意識にその枠からまなざしは向けられている。だが私たちは自分の見方に枠があると思わずに普段は生きている。（◀譲歩 私たちの目は様々なものを映しだすことで確かに視覚的には《見て》はいる。）しかしそれがちゃんと《見えて》いるとは限らない。

第9段落では、私たちが「まなざしの中にその対象を捉える」ことと「そのまなざしのあり方によって、風景は様々な形で変化する」ことが述べられていました。

また、第10段落では、私たちが「常にある制約（＝見えない枠）」の中でものを見ているのだということが述べられていました。

STEP 4 解答の根拠をまとめる

Ⅱ 私たちは常にある制約（＝見えない枠）の中でものを見ている

Ⅲ まなざしのあり方によって、風景は様々な形で変化するここまでわかれば、あとは条件にしたがって答えを抜き出すだけです。

STEP 5 解答する

正解は、Ⅱ「見えない枠」（41行目・五字）、Ⅲ「まなざしのあり方」（38行目・八字）です。

［Ⅱ］については、「ある制約」ではどのような制約なのかがわからないので、制約の内容がわかる「見えない枠」を抜き出します。

また、［Ⅲ］については、空欄の直後の「によって風景は変わっていく」と同様の表現として、「によって、風景は様々な形で変化する」（38行目）があるので、この直前にある「まなざしのあり方」を抜き出します。

少し答えを探しづらい問題でしたが、設問についている一文の空欄の前後にある言葉をヒントにすることで、答えを探す段落を限定することができましたね。やはりここでも、**答えを探す前段階の「一文の分析」が、正解するために欠かせない手順になっていたのです。**

問5

サクッとわかる!
アクティブ・レクチャー
MOVIE
正しい解き方がわかる講義動画にアクセス!
D3-12

STEP 1 設問を確認する

本文の内容と合致するものを、次の中から一つ選びなさい。

このように、傍線部がなく、**文章全体から正解の根拠を探すことが求められる問題**では、**選択肢と本文を照らし合わせる**という手順を踏むのでしたね。
さっそく、選択肢の内容が書かれている箇所を本文で探していきましょう。

STEP 2 選択肢と本文を照らし合わせる

1 風景とは私たちが当たり前に眺めている物事のことであり、視界に入ったすべてのものが風景になり得る。

これは、第[3]段落の最後に、「風景は特別な場所だけにあるのではなく、私たちの日常生活の中であたりまえに見ているものである」と書かれていたので、**本文の内容と合致しています。**

他の選択肢も確認しておきましょう。

2 風景をより良くデザインするために、私たちは〈私〉という主体を意識しながら暮らしていくべきである。

〈私〉という「主体」の説明は、第[7]段落にありました。ただし、「私たちは〈私〉という主体を意識しながら暮らしていくべきである」とは述べられていないので、これは本文の内容に合いません。

3 まなざしが固定化してしまわぬように、私たちは新しい発見を求めて風景を主体的に探さなければならない。

「まなざしの固定化」については、第[13]〜[15]段落で述べられていましたが、筆者は、見方を変えるデザインについて説明していたので、選択肢の「私たちは新しい発見を求めて風景を主体的に探さなければならない」という部分が本文の内容と合っていません。

4　風景は日々の生活の中でふと現れてはすぐに消えてしまうものであるため、観光地に本当の風景はない。

選択肢には「観光地に本当の風景はない」と書かれていますが、第3段落では「風景は特別な場所だけにあるのではなく、私たちの日常生活の中であたりまえに見ているものである」と説明されていたので、誤りであるとわかります。

5　客体に過ぎない「場所」を風景だと考えるのは一般的な誤りであり、「眺め」こそが風景そのものだと言える。

筆者は「風景＝場所（客体）＋眺め（主体）」と考えていて、その内容は第8段落で詳しく説明されていました。ただし、第8段落には「土地や場所の状態は風景の半分であり、もう半分はそれを眺める誰かの目なのである」と書かれています。「場所」＋「眺め」が「風景」なので、選択肢の『眺め』こそが風景そのものだと言える」という説明は誤りです。

STEP 3 解答する

以上、1〜5の選択肢を本文に照らし合わせて検討したことで、**本文の内容と合致するものは、1であることがわかりました。**

問題3 解答

問1 特別な場所（13行目・五字）
問2 2
問3 1
問4 A（私たちは）時間と共に慣れることで、見方が固定化する（から。）（二十字）
B Ⅱ 見えない枠（41行目・五字） Ⅲ まなざしのあり方（38行目・八字）
問5 1

要点整理

TIPS
「目印になる言葉(=マーカー)」と「グループ分け」で、「具体」と「抽象」が区別できる。
……本冊108ページ

TIPS
▼「疑問文」が出てきたら、その「答え」を探し、「筆者の主張」をつかむ。
……本冊117ページ

TIPS
▼「一般論」→「筆者の主張」という展開を予測しながら読む。
……本冊118ページ

TIPS
▼読解の際は、重要なところとそうでないところに差をつける。
……本冊130ページ

第4講

差異を読む

評論文④

サクッとわかる!

ダイジェスト・レクチャー

MOVIE

重要ポイントを
ギュッと凝縮した
講義動画にアクセス!

D4-01

LECTURE

「違い」を見つけるには、どうすればいいの？

TIPS

逆接の働きの接続表現をヒントにすれば、「違い」の説明がハッキリわかる。

文章というのは、さまざまな文が集まってできています。

そして、文章中のそれぞれの文には、必ず「働き」があります。たとえば、いままで学んできた「レトリック」は「説得」という働きをしていました。

「文章に書いてある通りに理解する」ためには、文の働きを正しくつかむことが欠かせません。

それを踏まえて、今回は、情報を整理するための**「差異」というカタチ**を学んでいきましょう。

情報を整理するときには、**「違い」に注目する**という方法があります。

「サッカー」を例にとってみましょう。皆さんがテレビで見るサッカーは「11人制」のサッカーです。ところが、小学生がプレーするサッカーは「8人制」であることが多いのです。「何それ？　初めて聞いた」という人も多いと思います。8人制のサッカーを知らない人にそれを説明するときには、11人制のサッカーと比較すると、より理解してもらいやすくなります。

たとえば、11人制のサッカーは、キーパーを除くフィールドプレーヤーが10人であるのに対し、8人制のサッカーは、キーパーを除くフィールドプレーヤーが7人です。また、11人制のサッカーは、交代できる選手の人数は5人までで、一度交代した選手はフィールドに戻れません。選手交代に制約があるということですね。これに対して、8人制のサッカーでは、交代できる選手の数が決まっておらず、一度交代した選手でも、再びフィールドに戻れるというように、選手交代に制約がありません。

まとめると、このようになります。

【11人制のサッカー】
- **キーパーを除くフィールドプレーヤーが10人**
- **選手交代に制約がある**

【8人制のサッカー】
- **キーパーを除くフィールドプレーヤーが7人**
- **選手交代に制約がない**

このように、「違い」に注目することで、8人制のサッカーについて、よりわかりやすく説明することができましたね。

「違い」つまり「差異」に注目するという方法は、もちろん、論理的文章の中でもよく用いられます。

物事の「差異」を説明する代表的なカタチは、**「AはXであるのに対し、BはYである」**です。

「差異」のカタチのポイントは、**「A」と「B」の違いを明確にする**ことです。「差異」のカタチには、他にも次のようなものがありますので、覚えておきましょう。

▼「差異」のカタチの例

- **AはXであるのに対し、BはYである**
- **AはXである。それに対し、BはYである**
- **AはXである。それとは異なり、BはYである**

「A」と「B」の間にある、**逆接の働きの接続表現**をヒントにすることで、「差異」のカタチを見つけやすくなります。

それでは、実際の問題で確認してみましょう。

問題
4
解答・解説

問題は別冊26ページ

読み方

今回の文章は、冒頭で二つのものが挙げられ、それ以降の部分で、これらのものの**「差異」**が明らかにされていくという流れになっていました。**「違い」**に注目しながら、本文の内容を整理していきましょう。

第一意味段落（1〜22行目）

サクッとわかる！
アクティブ・レクチャー
MOVIE
正しい読み方がわかる講義動画にアクセス！
D4-02

第一意味段落は、1~22行目の部分です。それでは、さっそく1行目から読んでいきましょう。

日本語には、触覚に関する二つの動詞があります。

① さわる
② ふれる

英語にするとどちらも「touch」ですが、それぞれ微妙にニュアンスが異なっています。

ここでは、「① さわる」と「② ふれる」という二つの言葉が並べられています。「異なっています」とあることから、これらは似ているけれども異なるものであるということがわかりますね。

このように、異なるものが並べられている場合には、この先の部分で「違い」が説明されるのではないかという予測を立てることができます。**予測を立てたら、それらの「違い」を意識しながら読み進めていきましょう。**

TIPS 異なるものが並べられていたら、「違い」を意識しながら読み進める。

それでは、「さわる」と「ふれる」の「違い」を意識しながら、続く、5~9行目の部分を読んでいきましょう。

▼具体例
（たとえば、怪我をした場面を考えてみましょう。傷口に「さわる」というと、何だか痛そうな感じがします。さわってほしくなくて、思わず患部を引っ込めたくなる。）

では、「ふれる」だとどうでしょうか。▼具体例（傷口に「ふれる」というと、状態をみたり、薬をつけたり、さすったり、そっと手当てをしてもらえそうなイメージを持ちます。A痛いかもしれないけど、ちょっと我慢してみようかなという気になる。）

「たとえば」という接続表現があるので、ここから**「具体例」**が始まるのだということがわかりますね。傷口に「さわる」という例が挙げられています。

さらに、7行目に「では」という転換の働きをする接続表現があり、ここからは、傷口に「ふれる」ことについて説明しています。

これらの「具体例」を通して、「さわる」と「ふれる」は違うものであるというイメージをつかめれば大丈夫です。さらに先の部分に進みましょう。

▼具体例
（虫や動物を前にした場合はどうでしょうか。「怖くてさわれない」とは言いますが、「怖くてふれられない」とは言いません。）物に対する触覚も同じです。▼具体例（スライムや布地の質感を確かめてほしいとき、私たちは「さわってごらん」と言うのであって、「ふれてごらん」とは言いません。）

この10～12行目の部分でも、**「具体例」**が続いていますね。ここでは、「さわる」という言い方はしても「ふれる」という言い方はしないものの例を挙げていました。

このように、筆者はさまざまな「具体例」を挙げることで、読んでいる人に「さわる」と「ふれる」の違いをイメージしてもらおうとしているのですね。さらに先に進みましょう。

◀具体例（不可解なのは、気体の場合です。部屋の中の目に見えない空気を、「さわる」ことは基本的にできません。ところが窓をあけて空気を入れ替えると、冷たい外の空気に「ふれる」ことはできるのです。）

この13～14行目の部分では、「さわる」ではなく「ふれる」という言い方をするものの**「具体例」**として「空気」が挙げられています。

抽象的な触覚もあります。◀具体例（会議などで特定の話題に言及することは「ふれる」ですが、すべてを話すわけではない場合には、「さわりだけ」になります。）あるいは◀具体例（怒りの感情はどうでしょう。「逆鱗にふれる」というと怒りを爆発させるイメージがありますが、「神経にさわる」というと必ずしも怒りを外に出さず、イライラと腹立たしく思っている状態を指します。）

この部分では、「抽象的な触覚」についても**「具体例」**を挙げて、「さわる」と「ふれる」の違いを説明しています。

このように見てみると、5行目以降は**「具体例」が連続している**のだということがわかりますね。続いて、19〜22行目を読んでいきましょう。

つまり私たちは、「さわる」と「ふれる」という二つの触覚に関する動詞を、状況に応じて、無意識に使い分けているのです。（もちろん曖昧な部分もたくさんあります。「さわる」と「ふれる」の両方が使える場合もあるでしょう。）けれども、そこに私たちは微妙な意味の違いを感じとっている。同じ触覚なのに、いくつかの種類があるのです。

「つまり」という接続表現の後に、やっと**「まとめ」**が出てきました。このように、**「具体例」が続いた後には「筆者の主張」がまとめて示される**ので、「まとめ」の部分に注意しながら読んでいくようにしましょう。

TIPS
「具体例」が連続したら、その後にまとめて示される「筆者の主張」に注意する。

また、ここには**「譲歩」**のレトリックも出てきています。筆者は、「さわる」と「ふれる」の両方が使える場合もあることを認めたうえで、「微妙な意味の違いを感じとっている」のだと主張しているのです。

ここまでが第一意味段落です。「具体例」を通して述べられていた**「筆者の主張」**を整理しましょう。

第一意味段落（1〜22行目）まとめ

話題
日本語には、「さわる」と「ふれる」という、触覚に関する二つの動詞がある

筆者の主張
私たちは、二つの触覚に関する動詞を、状況に応じて、無意識に使い分けている

第二意味段落（23〜55行目）

第一意味段落の最後に「筆者の主張」が出てきたので、この後の部分で筆者はこの主張をさらに展開していくのではないかと考えられます。「筆者の主張」に注意しながら第二意味段落を読んでいきましょう。

サクッとわかる！
アクティブ・レクチャー
MOVIE
正しい読み方がわかる講義動画にアクセス！
D4-03

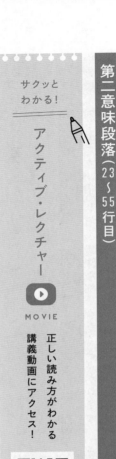

哲学の立場からこの違いに注目したのが、坂部恵《さかべめぐみ》です。坂部は、その違いをこんなふうに論じています。

▼引用
（愛する人の体にふれることと、単にたとえば電車のなかで痴漢が見ず知らずの異性の体にさわることとは、いうまでもなく同じ位相における体験ないし行動ではない。
一言でいえば、ふれるという体験にある相互嵌入《かんにゅう》の契機、ふれることは直ちにふれ合うことに通じるという相互性の契機、あるいはまたふれるということが、いわば自己を超えてあふれ出て、他者のいのちにふれ合い、参入するという契機が、さわるということの場合には抜け落ちて、ここでは内─外、自─他、受動─能動、一言でいってさわるものとさわられるものの区別がはっきりしてくるのである。）

ここでは「坂部恵」の文章を**「引用」**して、「さわる」と「ふれる」の違いを説明しています。引用部分の冒頭の二行は、「ふれる」と「さわる」の違いを説明するための**「具体例」**ですね。そして、直後の「一言でいえば」という言葉の後に、坂部恵氏の言いたいことがまとめられています。ここでは、「ふれる」にはお互いのかかわりがあるのに対して、「さわる」にはそれがないということを述べているのです。ただし、「相互嵌入の契機」や「相互性の契機」などの言葉があったために、難しく感じた人もいたかもしれません。

このように、学者などの文章が引用される場合には、見慣れない言葉が使われていることがあり、引用部分を読んだときに少し難しいと感じてしまうことがあります。でも、心配しないでください。筆者は自分の主張に説得力を持たせるために他者の意見を引用するのでしたね。引用部分の前後を見ていけば、筆者がその文章を引用した意図が見えてきます。ですから、**引用部分の内容が難しいと感じたら、引用の前後で「筆者の主張」をつかむようにしましょう。**わからなかったら先に進めばよいのです。

「ふれる」が相互的であるのに対し、「さわる」は一方的である。ひとことで言えば、これが坂部の主張です。

ここで筆者は、先ほどの引用部分について改めて説明を加えていますね。先ほどの坂部恵氏の文章は、『ふれる』が相互的であるのに対し、『さわる』は一方的である」ということを伝えるために引用されていたのだということがわかりました。

また、**「差異」のカタチ**によって、「ふれる」と「さわる」の違いが整理されていることにも注目しましょう。「のに対し」という言葉の前後に、「相互的」「一方的」という**対照的な表現（対義語）**が登場することからも、ここで「差異」が示されていることがわかります。

このように、「差異」の説明には、対照的な表現（対義語）が用いられます。**対照的な表現（対義語）に注意して、「差異」をつかみましょう。**

TIPS
対照的な表現（対義語）に注意して、「差異」をつかむ。

続いて、33～36行目の部分を読んでいきましょう。

言い換えれば、「ふれる」は人間的なかかわり、「さわる」は物的なかかわり、ということになるでしょう。そこにいのちをいつくしむような人間的なかかわりがある場合には、それは「ふれる」であり、おのずと「ふれ合い」に通じていきます。逆に、物としての特徴や性質を確認したり、味わったりするときには、そこには相互性は生まれず、ただの「さわる」にとどまります。

冒頭に「言い換えれば」という換言の働きをする接続表現があるので、先ほど提示された「ふれる」と「さわる」の違いがここでさらに詳しく説明されるのだということがわかります。新たに、「人間的」「物的」という言葉が登場しましたが、これも**対照的な表現（対義語）**ですね。

以下に、31～36行目までの内容をまとめておきます。

ふれる……相互的・人間的なかかわり
↔
さわる……一方的・物的なかかわり

この「ふれる」と「さわる」の「差異」を踏まえたうえで、この先を読んでいきましょう。

重要なのは、相手が人間だからといって、必ずしもかかわりが人間的であるとは限らない、ということです。（坂部があげている痴漢の例のように、相手の同意がないにもかかわらず、つまり相手を物として扱って、ただ自分の欲望を満足させるために一方的に行為におよぶのは、「さわる」であると言わなければなりません。）（傷口に「さわる」のが痛そうなのは、それが一方的で、さわられる側の心情を無視しているように感じられるからです。）そこには「ふれる」のような相互性、つまり相手の痛みをおもんぱかるような配慮はありません。

「重要なのは」という言葉で始まっていることからもわかるように、ここでは、「相手が人間だからといって、かかわりが人間的であるとは限らない」ことが強調されています。相手が人間であっても「さわる」という言葉を使うケースが「具体例」として挙げられています。「さわる」の場合は、相手が人間であるにもかかわらず、「物として扱って」いるのですね。また、この部分の最後には、「相互性」とは「相手の痛みをおもんぱかるような配慮」のことであると説明されています。

もっとも、人間の体を「さわる」こと、つまり物のように扱うことが、必ずしも「悪」とも限りません。（たとえば医師が患者の体を触診する場合。お腹の張り具合を調べたり、しこりの状態を確認したりする場合には、「さわる」と言うほうが自然です。触診は、医師の専門的な知識を前提とした触覚です。ある意味で、医師は患者の体を科学の対象として見ている。）この態度表明が「さわる」であると考えられます。

この段落の冒頭に「もっとも」という補足の働きをする接続表現があることに注目しましょう。直前の段落では、「さわる」は相手を物として扱う場合に使う言葉であると説明していました。しかし、相手を物として扱うのは悪いことばかりではないので、この段落では、そのことを説明しようとしているのです。

このように、**「もっとも」や「ただし」などの接続表現を使って、反対の内容を補足しながら説明することがあります。**

TIPS
「もっとも」や「ただし」の後に、反対の内容が補足される。

ここでは、「物のように扱うことが、必ずしも『悪』とも限りません」としたうえで、医師が患者の体を触診する場合には、相手が人間であっても「さわる」という言葉を使うのが適切であると説明しています。

同じように、E相手が人間でないからといって、必ずしもかかわりが非人間的であるとは限りません。（具体例 物であったとしても、それが一点物のうつわで、作り手に思いを馳せながら、あるいは壊れないように気をつけながら、いつくしむようにかかわるのは「ふれる」です。）では（具体例「外の空気にふれる」はどうでしょう。対象が気体である場合には、ふれようとするこちらの意志だけでなく、実際に流れ込んでくるという気体側のアプローチが必要です。）指示語 この出会いの相互性が「ふれる」という言葉の使用を引き寄せていると考えられます。

この段落では、人間ではないものに対して「ふれる」という言葉を使うケースを、**「具体例」**を挙げて説明しています。

ここで、この段落の冒頭にある「同じように」という言葉に注目してみましょう。筆者は、どのようなことと「同じ」であると言おうとしているのでしょうか？「同じように」の直後には、「相手が人間でないからといって、必ずしもかかわりが非人間的であるとは限りません」とあります。そして、37行目に「相手が人間だからといって、必ずしもかかわりが人間的であるとは限らない」という表現があり、この二つは「対《つい》」になっています。二つの表現を並べて確認してみましょう。

- **相手が人間だからといって、必ずしもかかわりが人間的であるとは限らない**
- **相手が人間でないからといって、必ずしもかかわりが非人間的であるとは限らない**

ここまで整理できたら、第二意味段落の最後の部分を読んでいきましょう。

人間を物のように「さわる」こともできるし、物に人間のように「ふれる」こともできる。このことが示しているのは、「ふれる」は容易に「さわる」に転じうるし、逆に「さわる」のつもりだったものが「ふれる」になることもある、ということです。

まさに先ほど整理した内容について、筆者は「まとめ」の形で、自分の考えを示しています。「人間＝ふれる」「物＝さわる」と限定することはできず、「ふれる」と「さわる」は容易に転じうるものなのだということです。

それでは、第二意味段落の内容をまとめておきましょう。

第二意味段落（23〜55行目）まとめ

差異

ふれる……相互的・人間的なかかわり

↔

さわる……一方的・物的なかかわり

筆者の主張

「ふれる」と「さわる」は容易に転じうる

「ふれる」と「さわる」が単純な「差異」ではないことをつかんだうえで、第三意味段落に進みます。

第三意味段落（56〜70行目）

サクッとわかる！
アクティブ・レクチャー
MOVIE
正しい読み方がわかる講義動画にアクセス！
D4-04

相手が人間である場合には、この◀指示語違いは非常に大きな意味を持ちます。（◀具体例たとえば、障害や病気とともに生きる人、あるいはお年寄りの体にかかわるとき。）（◀具体例冒頭に出した傷に「ふれる」はよいが「さわる」は痛い、という例）は、より一般的な言い方をすれば「ケアとは何か」という問題に直結します。

まずは、この段落の冒頭にある「相手が人間である場合には、この違いは非常に大きな意味を持ちます」という部分に注目しましょう。「この違い」とは、もちろん、前の段落で示されていた「ふれる」と「さわる」の違いですね。容易に転じうるからこそ、相手が人間である場合には、この違いが重要だと言えるのです。

そして、筆者は、人間を相手にするケースの**「具体例」**を挙げたうえで、この段落の最後で「ケアとは何か」という問題を取り上げています。ここから先は、「ケアとは何か」について考えながら読んでいきましょう。

（具体例 ケアの場面で、「ふれて」ほしいときに「さわら」れたら、勝手に自分の領域に入られたような暴力性を感じるでしょう。）逆に（具体例 触診のように「さわる」が想定される場面で過剰に「ふれる」が入ってきたら、その感情的な湿度のようなものに不快感を覚えるかもしれません。）ケアの場面において、「ふれる」と「さわる」を混同することは、相手に大きな苦痛を与えることになりかねないのです。

ここでは、「ケア」の場面において「さわる」と「ふれる」を混同すると、相手に大きな苦痛を与えることになりかねない、という主張がなされています。

あらためて気づかされるのは、私たちがいかに、接触面のほんのわずかな力加減、波打ち、リズム等のうちに、相手の自分に対する「態度」を読み取っているか、ということです。相手は自分のことをどう思っているのか。あるいは、どうしようとしているのか。「さわる」「ふれる」はあくまで入り口であって、そこから「つかむ」「なでる」「ひっぱる」「もちあげる」など、さまざまな接触的動作に移行することもあるでしょう。指示語 こうしたことすべてをひっくるめて、接触面には「人間関係」があります。

ここで筆者は、人は接触面から相手の自分に対する「態度」を読み取っているのだということを述べ、接触面には「人間関係」があるのだと述べています。「ケア」において、この「接触面」の「人間関係」は避けられないものなので、「さわる」と「ふれる」の違いが大きな意味を持つのですね。

これを踏まえて、最後の段落を読んでいきましょう。

この接触面の人間関係は、ケアの場面はもちろんのこと、子育て、教育、性愛、スポーツ、看取りなど、人生の重要な局面で、私たちが出会うことになる人間関係です。▶指示語 そこで経験する人間関係、つまりさわり方／ふれ方は、その人の幸福感にダイレクトに影響を与えるでしょう。

この段落では、「ケアの場面」からさらに発展し、人生の重要な局面で出会うことになる人間関係にまで話を広げます。「さわり方／ふれ方」がその人の幸福感にダイレクトに影響を与えるという内容が、**「最終的な筆者の主張」**です。

第三意味段落（56〜70行目）まとめ

筆者の主張

接触面には相手に対する「態度」が表れる（接触面の人間関係）

←

ケアの場面では、「さわる」と「ふれる」の違いが大きな意味を持つ

最終的な筆者の主張

人生の重要な局面で、接触面の人間関係は、その人の幸福感にダイレクトに影響を与える

筆者は、「さわる」と「ふれる」の違いが大きな意味を持つ「ケア」という例を挙げたうえで、「人生の重要な局面」で出会う「接触面の人間関係」こそが、その人の幸福感に影響を与えるのだということを伝えようとしていたのですね。

それでは文章全体をまとめていきましょう。

文章の全体像

サクッとわかる！
アクティブ・レクチャー
MOVIE
正しい読み方がわかる講義動画にアクセス！
D4-05

第一意味段落（1〜22行目）……話題・筆者の主張

話題

日本語には、「さわる」と「ふれる」という、触覚に関する二つの動詞がある

筆者の主張

私たちは、二つの触覚に関する動詞を、状況に応じて、無意識に使い分けている

第二意味段落（23〜55行目）……差異・筆者の主張

差異

ふれる……相互的・人間的なかかわり

↔

さわる……一方的・物的なかかわり

筆者の主張

「ふれる」と「さわる」は容易に転じうる

第三意味段落（56〜70行目）……最終的な筆者の主張

筆者の主張

接触面には相手に対する「態度」が表れる（接触面の人間関係）

←

ケアの場面では、「さわる」と「ふれる」の違いが大きな意味を持つ

最終的な筆者の主張

人生の重要な局面で、接触面の人間関係は、その人の幸福感にダイレクトに影響を与える

解き方

問1

サクッとわかる！
アクティブ・レクチャー
MOVIE
正しい解き方がわかる
講義動画にアクセス！
D4-06

STEP 1
設問を確認する

傍線部A「痛いかもしれないけど、ちょっと我慢してみようかなという気になる」とあるが、なぜそのような気になると考えられるか、その理由として最も適切なものを次の中から一つ選びなさい。

この問題は、**傍線部の「理由」を説明する問題**です。まずは傍線部を含む一文を分析しましょう。

STEP 2 傍線部を含む一文を分析する［文の構造からポイントをつかむ］

痛いかもしれないけど、ちょっと我慢してみようかなという気になる。

傍線部を含む一文の構造を分析します。すると、「痛いかもしれない」という部分と「ちょっと我慢してみようかな」という部分に**「飛躍」**があることがわかります。この「飛躍」を埋める説明（＝「根拠」）を、本文中で探しましょう。

STEP 3 解答の根拠をとらえる［周囲を見る］

具体例 （たとえば、怪我をした場面を考えてみましょう。傷口に「さわる」というと、何だか痛そうな感じがします。さわってほしくなくて、思わず患部を引っ込めたくなる。）

では、「ふれる」だとどうでしょうか。（具体例 傷口に「ふれる」というと、状態をみたり、薬をつけたり、さすったり、そっと手当てをしてもらえそうなイメージを持ちます。痛いかもしれないけど、ちょっと我慢してみようかなという気になる。）

傍線部Aを含む段落とその前の部分では、傷口に「さわる」と「ふれる」の違いを説明していました。「ふれる」という言葉は「状態をみたり、薬をつけたり、さすったり、そっと手当てをしてもらえそう」というイメージになるのだと書かれています。
そして、本文の中には、この部分以外でも「傷口」に「さわる」と「ふれる」ではどのような違いがあるのかを説明している箇所がありました。40～42行目に注目しましょう。

具体例
（傷口に「さわる」のが痛そうなのは、それが一方的で、さわられる側の心情を無視しているように感じられるからです。）そこには「ふれる」のような相互性、つまり相手の痛みをおもんぱかるような配慮はありません。

「傷口に『さわる』のが痛そうなのは、それが一方的で、さわられる側の心情を無視しているように感じられるから」とありますね。そして、「そこには『ふれる』のような相互性、つまり相手の痛みをおもんぱかるような配慮はありません」とあることから、「ふれる」には「相手の痛みをおもんぱかるような配慮」があることがわかります。これが、「ふれる」の場合は「痛いかもしれないけど、ちょっと我慢してみようかなという気になる」理由です。

STEP 4 解答の根拠をまとめる

先ほどの STEP 3 でとらえた「傷口」に「ふれる」ことのポイントをまとめてみましょう。

●（「さわる」とは異なり）そっと手当てをしてもらえそうなイメージを持つ
●（「さわる」とは異なり）相手の痛みをおもんぱかるような配慮がある

「そっと手当てをしてもらえそうなイメージ」を持つのは、「ふれる」という言葉に「相手の痛みをおもんぱかるような配慮」を感じるからなのです。

これを踏まえて、選択肢を見ていきましょう。

STEP 5 解答する

正解は、オの「こちらの痛みに相手が配慮してくれると感じるから」です。今回とらえた正解のポイントがしっかり入っていますね。

他の選択肢を検討してみましょう。

アには「専門的な知識をもって適切に処置してもらえそう」とありますが、これは「さわる」の説明であって「ふれる」の説明ではないので、誤りです。

イには「ある程度の痛みも我慢しないと治療にならない」とありますが、「ふれる」についてまったく説明されていないので、誤りです。

ウは、「親切を拒否するのは相手に申し訳ないと思う」と書かれていますが、これも「ふれる」についてまったく説明されていないので、誤りです。

エの「自分に対する相手の理解と愛情を感じられる」という説明には注意が必要ですが、傷口に「ふれる」ことの説明の中には「理解」と「愛情」という言葉はなかったので、正解にはなりません。

問2

サクッとわかる！
アクティブ・レクチャー
MOVIE
正しい解き方がわかる講義動画にアクセス！
D4-07

STEP 1 設問を確認する

傍線部B「この違い」とあるが、「ふれる」が使われる場合とは主にどのような場合か、三十五字以内で【「ふれる」は】に始まり【場合に使われる】につながる形で答えなさい。

この問題は、**傍線部の「内容」を説明する問題**です。ただし、「ふれる」と「さわる」の違いをとらえたうえで、「ふれる」についてのみ解答するという点に注意してください。まずは、傍線部を含む一文を分析しましょう。

STEP 2 傍線部を含む一文を分析する［文の構造からポイントをつかむ］

〈哲学の立場から B この違いに注目したのが〉、坂部恵《さかべめぐみ》です。

この一文の主部は「哲学の立場からこの違いに注目したのが」です。「この」という「指示語」があるので、指示内容をとらえておきましょう。また、この後の部分では坂部恵氏の文章が引用されるので、その部分も確認していきます。

STEP 3 解答の根拠をとらえる［周囲を見る］

つまり私たちは、「さわる」と「ふれる」という二つの触覚に関する動詞を、状況に応じて、無意識に使い分けているのです。（もちろん曖昧な部分もたくさんあります。「さわる」と「ふれる」の両方が使える場合もあるでしょう。）けれども、そこに私たちは微妙な意味の違いを感じとっている。同じ触覚なのに、いくつかの種類があるのです。

〈哲学の立場から B この違いに注目したのが〉、坂部恵です。坂部は、その違いをこんなふうに論じています。

〈愛する人の体にふれることと、単にたとえば電車のなかで痴漢が見ず知らずの異性の体にさわることとは、いうまでもなく同じ位相における体験ないし行動ではない。一言でいえば、ふれるという体験にある相互嵌入《かんにゅう》の契機、ふれることは直ちにふれ合うことに通じるという相互性の契機、あるいはまたふれるということが、いわば自己を超えてあふれ出て、他者のいのちにふれ合い、参入するという契機が、さわるということの場合には抜け落ちて、ここでは内—外、自—他、受動—能動、一言でいってさわるものとさわられるものの区別がはっきりしてくるのである。）

「ふれる」が相互的であるのに対し、「さわる」は一方的である。ひとことで言えば、これが坂部の主張です。

言い換えれば、「ふれる」は人間的なかかわり、「さわる」は物的なかかわり、ということになるでしょう。そこにいのちをいつくしむような人間的なかかわりがある場合には、それは「ふれる」であり、おのずと「ふれ合い」に通じていきます。逆に、物としての特徴や性質を確認したり、味わったりするときには、そこには相互性は生まれず、ただの「さわる」にとどまります。

傍線部Bの「この違い」とは、「さわる」と「ふれる」という二つの言葉の微妙な意味の違いであることがわかりました。この後の部分には、坂部恵氏の文章の引用と筆者の主張が続きますね。

第二意味段落を読んだ際にも説明したように、「ふれる」は相互的・人間的なかかわりで、「さわる」は一方的・物的なかかわりで、「ふれる」には「いのちをいつくしむような人間的なかかわり」があるということでした。

STEP 4

解答の根拠をまとめる

先ほどつかんだ解答のポイントを確認します。ですから、「ふれる」について説明が求められているのは、「ふれる」についてです。STEP 1でも確認したように、この問題で説明が求められているのは、「ふれる」についてです。ですから、「ふれる」の説明のみが解答のポイントになります。

【A】相互的なかかわり
【B】いのちをいつくしむような人間的なかかわり

STEP 5

解答する

解答例は、（「ふれる」は）「相互的であり、そこにいのちをいつくしむような人間的なかかわりがある」（場合に使われる）〔三十三字〕となります。

設問の条件にしたがって、まとめましょう。

問3

サクッとわかる！
アクティブ・レクチャー
MOVIE
正しい解き方がわかる講義動画にアクセス！
D4-08

STEP 1 設問を確認する

傍線部C「ふれるという体験にある相互嵌入の契機」とあるが、この部分の説明として最も適切なものを次の中から一つ選びなさい。

この問題は**傍線部の「内容」を説明する問題**ですね。ちなみに、この傍線部Cは、問2を解く際に確認した部分にありました。改めて、傍線部を含む一文を分析していきましょう。

STEP 2 傍線部を含む一文を分析する［文の構造からポイントをつかむ］

一言でいえば、ふれるという体験にある相互嵌入《かんにゅう》の契機、ふれることは直ちにふれ合うことに通じるという相互性の契機、あるいはまたふれるということが、いわば自己を超えてあふれ出て、他者のいのちにふれ合い、参入するという契機が、さわるということの場合には抜け落ちて、ここでは内―外、自―他、受動―能動、一言でいってさわるものとさわられるものの区別がはっきりしてくるのである。

傍線部を含む一文が大変長いことがわかりますね。傍線部Cの「ふれるという体験にある相互嵌入の契機」というのは、坂部恵氏の「個人言語」なので、この引用部分ではなく、引用部分の後にある**「筆者の主張」**の部分を見て、その意味を確認していきましょう。

STEP 3 解答の根拠をとらえる［周囲を見る］

「ふれる」が相互的であるのに対し、「さわる」は一方的である。ひとことで言えば、これが坂部の主張です。

言い換えれば、「ふれる」は人間的なかかわり、「さわる」は物的なかかわり、ということになるでしょう。そこにいのちをいつくしむような人間的なかかわりがある場合には、それは「ふれる」であり、おのずと「ふれ合い」に通じていきます。逆に、物としての特徴や性質を確認したり、味わったりするときには、そこには相互性は生まれず、ただの「さわる」にとどまります。

「ひとことで言えば」という言葉に注目しましょう。筆者はここで坂部恵氏の主張をまとめています。それにより、「ふれる」が「相互的」なものだということがわかりました。

さらに、「言い換えれば」という言葉の後に、「ふれる」は「人間的なかかわり」であるという説明が続きます。

STEP 4 解答の根拠をまとめる

これらの手がかりによって、「ふれる」は「相互的」で「人間的なかかわり」がある場合に使う言葉だということがわかれば、「相互嵌入の契機」という言葉の意味も見えてきます。

「嵌入」とは「はまり込む」という意味ですが、それがわからなくても、「入」という漢字が使われているので、「相互嵌入」は「相互的なかかわり」のことかな？　と類推することができます。「契機」は「きっかけ」という意味です。まとめると、「相互的なかかわりのきっかけ」ということになりますね。

さらに、「ふれる」は「相互的」で「人間的なかかわり」がある場合に使う言葉であることをふまえて、傍線部C「ふれるという体験にある相互嵌入の契機」の解答のポイントをまとめましょう。

ふれるという体験が、
【A】相互的で
【B】人間的なかかわりの
【C】きっかけになる

STEP 5 解答する

これをもとにして、選択肢を検討してきます。

正解は、アの「接触することによって、自分と相手とが人間的に深くかかわるようになるかも知れないこと」ですね。【A】の「相互的」、【B】の「人間的なかかわり」、【C】の「きっかけ」というポイントがしっかり入っています。

他の選択肢も検討してみましょう。

イは、「相手と自分を区別なく対等に扱う」という部分が、【B】の「人間的なかかわり」とは違っているので、誤りです。

ウには、「自分よりも相手を尊重するような態度」とありますが、これも【B】の「人間的なかかわり」という説明と異なっていますね。

エの「たがいの幸福感に影響を与える」という部分では、【A】の「相互的」という点は説明されていますが、【B】のポイントとは関係のない内容になっています。また、【C】の「きっかけ」という説明もないので、誤りであることがわかります。

オには、「自分と相手は好悪にかかわらず結びつけられてしまう」とありますが、これは、【B】の「人間的なかかわり」という内容になっていないので、誤りです。

問4

サクッとわかる!
アクティブ・レクチャー
MOVIE
正しい解き方がわかる講義動画にアクセス!
D4-09

STEP 1　設問を確認する

傍線部D「物のように扱うことが、必ずしも『悪』とも限りません」とあるが、この場合の例として適切ではないものを次の中から一つ選びなさい。

この問題は、**傍線部の「内容」を説明する問題**です。今回は、傍線部の「具体例」として適切ではないものを選ぶことが求められています。**傍線部が含まれている一文をよく見て、傍線部の「内容」を確認していきましょう。**

STEP 2　傍線部を含む一文を分析する【文の構造からポイントをつかむ】

もっとも、[主部]〈人間の体を「さわる」こと、つまりD物のように扱うことが〉、必ずしも「悪」とも限りません。

傍線部を含む一文の主部は「人間の体を『さわる』こと、つまり物のように扱うことが」です。「さわる」ことを「物のように扱う」ことであると説明している、本文31～46行目の部分を見ていきましょう。

す。

「ふれる」が相互的であるのに対し、「さわる」は一方的である。ひとことで言えば、これが坂部の主張です。

言い換えれば、「ふれる」は人間的なかかわり、「さわる」は物的なかかわり、ということになるでしょう。そこにいのちをいつくしむような人間的なかかわりがある場合には、それは「ふれる」であり、おのずと「ふれ合い」に通じていきます。逆に、物としての特徴や性質を確認したり、味わったりするときには、そこには相互性は生まれず、ただの「さわる」にとどまります。

重要なのは、相手が人間だからといって、必ずしもかかわりが人間的であるとは限らない、ということです。（坂部があげている痴漢の例のように、相手の同意がないにもかかわらず、つまり相手を物として扱って、ただ自分の欲望を満足させるために一方的に行為におよぶのは、「さわる」であると言わなければなりません。）（傷口に「さわる」のが痛そうなのは、それが一方的で、さわられる側の心情を無視しているように感じられるからです。）そこには「ふれる」のような相互性、つまり相手の痛みをおもんぱかるような配慮はありません。

もっとも、〈人間の体を「さわる」こと、つまり物のように扱うことが〉、必ずしも「悪」とも限りません。

（たとえば医師が患者の体を触診する場合。お腹の張り具合を調べたり、しこりの状態を確認したりする場合には、「さわる」と言うほうが自然です。触診は、医師の専門的な知識を前提とした触覚です。ある意味で、医師は患者の体を科学の対象として見ている。）この《指示語》態度表明が「さわる」であると考えられます。

「さわる」は、一方的・物的なかかわりにおいて使われる言葉でした。また、「物的なかかわり」とは、「物としての特徴や性質を確認したり、味わったりする」ことでした。相手が人間でもそうでなくても、一方的・物的なかかわりになっているときには、「さわる」を使うということですね。

STEP 4 解答の根拠をまとめる

先ほどの STEP 3 でとらえた解答の根拠は、以下の通りです。

一方的なかかわりや物的なかかわりを表す際には、「さわる」を使う

これを踏まえて、選択肢の「具体例」を確認していきましょう。

STEP 5 解答する

正解は、イの「柔道の試合における組み手」です。 これは、試合の中での行為であり、人間に対する物的なかかわりの例ではありません。よって、不適切です。

アの「歯科衛生士による予防処置」は、医師の触診に近いもので、物的なかかわりを意味します。

ウの「運動選手に対するマッサージ」も、アと同様に、選手の体を科学の対象と見ている物的なかかわりの例になります。

エの「服をあつらえるための採寸」は、「物としての特徴や性質を確認」するためのものです。

オの「空港の保安検査でのボディチェック」も、一方的かつ物的なかかわりになりますね。

問5

サクッとわかる！
アクティブ・レクチャー
MOVIE
正しい解き方がわかる講義動画にアクセス！
D4-10

STEP 1 設問を確認する

傍線部E「相手が人間でないからといって、必ずしもかかわりが非人間的であるとは限りません」とあるがそれはなぜか、その理由として最も適切なものを次の中から一つ選びなさい。

この問題は、**傍線部の「理由」を説明する問題**です。さっそく、傍線部を含む一文を分析していきましょう。

STEP 2 傍線部を含む一文を分析する［文の構造からポイントをつかむ］

同じように、相手が人間でないからといって、必ずしもかかわりが非人間的であるとは限りません。

傍線部Eでは、「相手が人間でない」という部分と「必ずしもかかわりが非人間的であるとは限りません」という部分が**「飛躍」**していますね。ここがつながるように、「飛躍」を埋める説明を探していきましょう。

STEP 3 解答の根拠をとらえる［周囲を見る］

同じように、相手が人間でないからといって、必ずしもかかわりが非人間的であるとは限りません。◀具体例（物であったとしても、それが一点物のうつわで、作り手に思いを馳せながら、あるいは壊れないように気をつけながら、いつくしむようにかかわるのは「ふれる」です。）

「相手が人間でない」ケースの**「具体例」**として「一点物のうつわ」の説明がありました。物であったとしても、「いつくしむようにかかわる」のであれば、必ずしもかかわりが非人間的であるとは限らないのです。

STEP 4 解答の根拠をまとめる

さきほど STEP 3 でも確認した内容をもとに、傍線部Dの「飛躍」を埋めていきましょう。

相手が人間ではなく
↓
【A】物であっても
【B】いつくしむようにかかわるのであれば
↓
必ずしもかかわりが非人間的であるとは限らない

これを踏まえて、選択肢を確認していきます。

STEP 5 解答する

正解は、アの「物であっても人に対するときのように大切に扱うことはあるから」ですね。

【A】の「物であっても」と【B】の「いつくしむようにかかわる」というポイントがしっかり入っています。

イの「物を慎重に扱おうとするかどうかに人間性の有無が問われる」は、今回とらえた【B】の「いつくしむようにかかわる」という内容と異なるので、誤りです。

ウの「物のむこうにはつねに作り手の存在が透視される」は、注意してください。たしかに本文には「作り手に思いを馳せながら」と書かれていますが、【B】のポイントは「物」に対して「いつくしむようにかかわる」ということです。「作り手に思いを馳せる」のは、「いつくしむようにかかわる」ことの一例ですが、この選択肢のように「物のむこうにはつねに作り手の存在が透視される」と言ってしまと、いつでも「作り手」の存在を感じるということになってしまいます。そのため、正解になりません。

エの「事物もそれに応えようとする」は、そのような説明が本文中に書かれていないので、誤りです。

オの「非人間的なかかわりは相手が人間であっても成り立つ」は、傍線部Eの直前の二段落に書かれていた内容ですが、今回の傍線部の説明ではないので、誤りです。

問題 4 解答

問1 オ

問2 (「ふれる」は)相互的であり、そこにいのちをいつくしむような人間的なかかわりがある(場合に使われる)〔三十三字〕

問3 ア

問4 イ

問5 ア

第4講

要点整理

TIPS

逆接の働きの接続表現をヒントにすれば、

「違い」の説明がハッキリわかる。

………本冊156ページ

TIPS ▼ 異なるものが並べられていたら、「違い」を意識しながら読み進める。

………本冊160ページ

TIPS ▼ 「具体例」が連続したら、その後にまとめて示される「筆者の主張」に注意する。

………本冊163ページ

TIPS ▼ 対照的な表現（対義語）に注意して、「差異」をつかむ。

………本冊166ページ

TIPS ▼ 「もっとも」や「ただし」の後に、反対の内容が補足される。

………本冊169ページ

第5講

類似を読む

評論文⑤

サクッとわかる!

ダイジェスト・レクチャー

MOVIE

重要ポイントをギュッと凝縮した講義動画にアクセス!

D5-01

LECTURE

「共通点」をとらえるときには、どこに注目するの？

TIPS

「個々の違い」ではなく「大きなグループ」をとらえることで、「共通点」が見えてくる。

前回に引き続き、文章に書いてある情報を整理するための方法を学びましょう。

今回学ぶのは**「類似」というカタチ**です。

情報を整理するときには、「違い」だけでなく**「共通点」に注目する**という方法があります。まず、「サッカー」と「バスケ」の「共通点」を考えてみましょう。

もちろん、「サッカー」と「バスケ」には、異なる点があります。「サッカー」は主に足でボールを扱うのに対し、「バスケ」は手でボールを扱います。しかし、似ている点もありますね。ともにボールを扱う競技であることはもちろん、攻撃側がゴールを目指して守備側が相手の邪魔をするという点も共通しています。

そして、守備側がボールを奪うとすぐに攻撃側に転じるように、攻守の交代が「どちらがボールを持つか」によって入れ替わる点も同じです。

まとめると、次のようになります。

【「サッカー」と「バスケ」の共通点】

- **ボールを扱う競技である**
- **攻撃側がゴールを目指して守備側が相手の邪魔をする**
- **攻守の交代が「どちらがボールを持つか」によって入れ替わる**

こうやって整理してみると、「共通点」が明確になってきますね。

このような「共通点」を**「類似」**と言います。個別のものを見ているだけではわからなくても、まとめて大きな視点でとらえると、その意味が見えてくることがあります。ですから、**文章の主題（テーマ）をつかむためには、「類似」という視点がとても有効なのです**。

「類似」をとらえる際には、個々の違いに注目するのではなく、**同じグループにまとめる**ことを意識します。

［第3講］の「具体」と「抽象」の講義で、「抽象」は「大きなグループ」で、「具体」はその中に入る「小

さなグループ」であると説明しましたね。「類似」をとらえるとは、この「大きなグループ」をとらえることなのです。

文章中で「類似」を見つける際には、次の**「類似」のカタチ**をヒントにすることができます。

▼「類似」のカタチの例

- **AとBはXであるという点で同じである**
- **Aと同様にBはXである**
- **AはXである。BもXである**

このほかにも、「類似」を示す表現には、**「共通」「同一」「ともに」「似ている」**などがあります。

また、副助詞の**「も」**は、たった一文字ですが、「類似」を表す働きをします。設問でもよく問われるので、見逃さないように注意しましょう。

それでは、実際に文章を読みながら「類似」のとらえ方を確認していきましょう。

問題 5

解答・解説

問題は別冊34ページ

読み方

今回の文章では、「芸術家」と「科学者」の「共通点」を説明していました。まったく別のものであるように思える両者に、どのような「共通点」があるのかを確認していきましょう。

第一意味段落（第1〜2段落）

サクッとわかる!

アクティブ・レクチャー

MOVIE

正しい読み方がわかる講義動画にアクセス!

D5-02

1（◀譲歩 芸術家にして科学を理解し愛好する人も無いではない。また科学者で芸術を鑑賞し享楽する者もずいぶんある。）しかし芸術家の中には科学に対して無頓着《むとんちゃく》であるか、あるいは場合によっては一種の反感をいだくものさえあるように見える。また多くの科学者の中には芸術に対して冷淡であるか、あるいはむしろ嫌忌《けんき》の念をいだいているかのように見える人もある。場合によっては芸術を愛する事が科学者としての堕落であり、また恥辱であるように考えている人もあり、あるいは文芸という言葉からすぐに不道徳を連想する潔癖家さえまれにはあるように思われる。

第1段落は、「芸術家」と「科学者」の関係を説明しています。例外はあるものの、「芸術家」は「科学」に対してマイナスのイメージを持ち、「科学者」は「芸術」に対してマイナスのイメージを持っているということが説明されています。

続けて、第2段落を読んでいきましょう。

2 科学者の天地と芸術家の〔　A　〕とはそれほど相いれぬものであろうか、これは自分の年来の疑問である。

ここでは、第1段落の内容を受けて、「『科学者』と『芸術家』はそれほど相いれないものなのか」という「疑問」が示されています。論理的文章で疑問文が出てきたら、それは筆者による**「問題提起」**なのでしたね。「問題提起」がなされたら、その**「答え」**を探して、**「筆者の主張」**をつかみます。

それでは、第一意味段落の内容をまとめましょう。

第一意味段落（第1～2段落）まとめ

話題

- 「芸術家」の中には「科学」に対してマイナスのイメージを持っている人がいる
- 「科学者」の中には「芸術」に対してマイナスのイメージを持っている人がいる

問題提起

「科学者」と「芸術家」はそれほど相いれないものなのか

「問題提起」に対する「答え」を探しながら、第二意味段落を読んでいきましょう。

第二意味段落（第3段落）

サクッとわかる!
アクティブ・レクチャー
MOVIE
正しい読み方がわかる講義動画にアクセス!
D5-03

3 （◀引用 夏目漱石《そうせき》先生がかつて科学者と芸術家とは、その職業と嗜好《しこう》を完全に一致させうるという点において共通なものであるという意味の講演をされた事があると記憶している。）（◀譲歩 B ）芸術家も時として衣食のために働かなければならぬと同様に、科学者もまた時として同様な目的のために自分の嗜好に反した仕事に（ C ）なければならぬ事がある。）しかしそのような場合にでも、その仕事の中に自分の天与の嗜好に逢着《ほうちゃく》して、いつのまにかそれが仕事であるという事を忘れ、無我の境に入りうる機会も少なくないようである。いわんや衣食に（ D ）、仕事に追われぬ芸術家と科学者が、それぞれの製作と研究とに没頭している時の特殊な心的状態は、その間になんらの区別をも見いだしがたいように思われる。しかしそれだけのことならば、あるいは芸術家と科学者のみに限らぬかもしれない。（◀具体例 天性の猟師が獲物をねらっている瞬間に経験する機微な享楽も、樵夫《しょうふ》が大木を倒す時に味わう一種の本能満足も、これと類似の点がないとはいわれない。）（ I ）

第3段落では、まず、「科学者」と「芸術家」は「職業と嗜好を完全に一致させうるという点において共通なものである」という「夏目漱石」の意見が「引用」されています。この引用部分の中に、「共通」という言葉がありましたね。**「共通」「同じ」などの言葉は、「類似」を見つけるためのヒントになります。**「共通点」を確認して、筆者の主張をつかみましょう。

TIPS 「共通」「同じ」などの言葉をヒントにして、「類似」を見つける。

ここでは、「職業と嗜好を完全に一致させうるという点」において「共通」であるということが書かれていました。

ただし、その次の文には、科学者と芸術家がともに「嗜好に反した仕事」をすることもあると書かれていて、これは、「夏目漱石」の意見とは逆の内容になります。ということは、筆者は「夏目漱石」の意見に反対なのでしょうか？

そうではありません。次の文の冒頭に「しかし」という逆接の接続表現がありますね。この文では、仕事をしながら天与の嗜好に逢着する（＝行きあたる）こともあるということを主張しています。ですから、科学者と芸術家がともに「嗜好に反した仕事」をすることもあるという先ほどの説明は**「譲歩」**であるとわかります。筆者は、自分の意見に説得力を持たせるために、自らと同じ意見を持っている「夏目漱石」の発言を「引用」したのですね。

そのうえで、筆者は、芸術家も科学者も「製作と研究に没頭している時の特殊な心的状態は、その間になんらの区別をも見いだしがたいように思われる」と述べています。

ところが、その直後には、また「しかし」という逆接の接続表現が登場します。そして、「それだけのことならば、あるいは芸術家と科学者のみに限らぬかもしれない」とあり、職業と嗜好を一致させているのは芸術家と科学者だけではないのかもしれないということが書かれています。「漁師」や「樵夫」の話は、このことを説明するために挙げられた**「具体例」**ですね。

ここまでが、第二意味段落になります。内容をまとめておきましょう。

第二意味段落（第3段落）まとめ

科学者と芸術家が仕事をしながら天与の嗜好に行きあたることもある

↔ しかし

それだけのことならば、芸術家と科学者のみに限らないかもしれない（他の仕事でもある）

この時点ではまだ、どちらが「筆者の主張」なのかはわかりません。わからないときはどうするか。そうです。**わからない点を保留しながら「先に進む」**のでしたね。

第三意味段落（第4段落）

サクッとわかる！
アクティブ・レクチャー
MOVIE
正しい読み方がわかる講義動画にアクセス！
D5-04

4 しかし科学者と芸術家の生命とするところは創作である。〔 Ⅱ 〕もちろん両者の取り扱う対象の内容には、それは比較にならぬほどの差別はあるが、そこにまたかなり共有な点がないでもない。科学者の研究の目的物は自然現象であってその中になんらかの未知の事実を発見し、未発の新見解を見いだそうとするのである。芸術家の使命は多様であろうが、その中には広い意味における天然の事象に対する見方とその表現の方法において、なんらかの新しいものを求めようとするのは疑いもない事である。〔 Ⅲ 〕また科学者がこのような新しい事実に逢着した場合に、その事実の実用的価値には全然無頓着に、その事実の奥底に徹底するまでこれを突き止めようとすると同様に、少なくも純真なる芸術が一つの新しい観察創見に出会うた場合には、その実用的の価値などには顧慮する事なしに、その深刻なる描写表現を試みるであろう。〔 Ⅳ 〕古来多くの科学者がこのために迫害や愚弄《ぐろう》の焦点となったと同様に、芸術家がそのために悲惨な境界に沈淪《ちんりん》せぬまでも、世間の〔 E 〕を買うた例は少なくあるまい。このような科学者と芸術家とが相会うて肝胆相照らすべき機会があったら、二人はおそらく会心の握手をかわすに躊躇《ちゅうちょ》しないであろう。二人の目ざすところは同一な真の半面である。

この段落の冒頭には「しかし」がありますね。先ほどの第3段落の最後の部分には、「仕事をしながら天与の嗜好に行きあたり、それが仕事であるのを忘れる」のは「芸術家と科学者のみに限らないかもしれない」ということが書かれていました。この後に逆接の接続表現である「しかし」が使われているので、「芸術家と科学者のみに限らないかもしれない」という意見を否定しているということがわかります。「しかし」の直後に「科学者と芸術家の生命とするところは創作である」と書かれているように、やはり筆者は「科学者」と「芸術家」の特殊性に着目しようとしているのです。

さらに、20行目の「そこにまたかなり共有な点がないでもない」に注目しましょう。「共有」という言葉も、「類似」を見つけるヒントになりますね。結局のところ、筆者は「科学者」と「芸術家」が似ているということが言いたいのです。この後の部分でも、「同様に」「このような」という言葉を使いながら、両者の共通点を説明しています。まとめると、「新しいことを求める」「実用的価値を気にしない」「世間からの非難を受けることがある」という点で、「科学者」と「芸術家」は似ているのです。

さらに、最後の部分に「二人の目ざすところは同一な真の半面である」とあることからもわかるように、筆者は、『科学者』と『芸術家』は一見正反対のように見えるが、目ざしているところは同じである」と主張しているのです。これが、第2段落にあった**「問題提起」**の**「答え」**になります。難しい表現が多い文章でしたが、この結論がとらえられていれば問題ありません。

第三意味段落（第4段落）まとめ

筆者の主張

科学者と芸術家の生命は創作である

科学者と芸術家の共通点

- 新しいことを求める
- 実用的価値を気にしない
- 世間からの非難を受けることがある

最終的な筆者の主張

「科学者」と「芸術家」は一見正反対のように見えるが、目ざしているところは同じである

以上を踏まえて、文章全体の内容をまとめて見ていきましょう。

文章の全体像

サクッとわかる!

アクティブ・レクチャー

MOVIE

正しい読み方がわかる講義動画にアクセス!

D5-05

第一意味段落(第[1]〜[2]段落)……話題・問題提起

話題

- 「芸術家」の中には「科学」に対してマイナスのイメージを持っている人がいる
- 「科学者」の中には「芸術」に対してマイナスのイメージを持っている人がいる

問題提起

「科学者」と「芸術家」はそれほど相いれないものなのか

第二意味段落（第3段落）……筆者の主張

科学者と芸術家が仕事をしながら天与の嗜好に行きあたることもある

↔　しかし

それだけのことならば、芸術家と科学者のみに限らないかもしれない（他の仕事でもある）

第三意味段落（第4段落）……最終的な筆者の主張

筆者の主張

科学者と芸術家の生命は創作である

科学者と芸術家の共通点

- 新しいことを求める
- 実用的価値を気にしない
- 世間からの非難を受けることがある

最終的な筆者の主張

「科学者」と「芸術家」は一見正反対のように見えるが、目ざしているところは同じである

解き方

問1は、**空所に適切な語句を入れる問題**です。Aから順に見ていきましょう。

問1・A

サクッとわかる!
アクティブ・レクチャー
MOVIE
正しい解き方がわかる講義動画にアクセス!
D5-06

STEP 1 設問を確認する

〔A〕 ① 生活圏 ② 世界 ③ 境地 ④ 住居

〔A〕は7行目にありました。〔A〕を含む一文を分析しましょう。

STEP 2 空所を含む一文を分析する［文の構造からポイントをつかむ］

科学者の天地と芸術家の〔　A　〕とはそれほど相いれぬものであろうか、これは自分の年来の疑問である。

空欄〔　A　〕を含む「科学者の天地と芸術家の〔　A　〕とはそれほど相いれぬものであろうか」は、筆者が**「問題提起」**をしていた部分ですね。ですから、この「問題提起」に対する**「答え」**の部分が解答の根拠になるのではないかと考えることができます。

STEP 3 解答の根拠をとらえる［周囲を見る］

二人の目ざすところは同一な真の半面である。

先ほど、第三意味段落を読んだとき確認したように、本文の最後の部分に、この「問題提起」に対する「答え」が書かれていました。筆者は最終的に「科学者も芸術家も目ざしているところは同じである」と主張していましたね。

ここから、空欄〔　A　〕の部分も、「科学者」と「芸術家」は同じであるという内容になるということがわかります。

STEP 4

解答の根拠をまとめる

筆者が「科学者」と「芸術家」を同じであると考えていることを踏まえて、解答のポイントをまとめていきます。

- **科学者の天地**
- **芸術家の〔　A　〕**

同じ

空欄〔　A　〕には、「天地」と「対」になる言葉が入ります。この「対」になるという考え方が「類似」ではとても重要です。似ているものとして挙げられている二つのものが「対」になるためには、きちんとバランスが取れている必要があります。**共通するものが「対」になっているかどうかを確認するようにしましょう。**

TIPS

共通するものが「対」になっているかどうかを確認する。

これを踏まえて、選択肢を確認していきます。

STEP 5 解答する

正解は、②「世界」です。「天地」の対になる言葉は「世界」ですね。

他の選択肢を検討してみましょう。

①の「生活圏」は、「天地」と比べて狭い範囲を指す言葉なので対にならないうえに、科学者と芸術家の仕事に関係がないため、誤りです。

③の「境地」は、「立場」や「心境」という意味であり、「天地」とは対にならないため、誤りです。

④の「住居」だと、単なる「住まい」の意味になってしまい、「天地」と対にならないので、誤りです。

問1・B／C

続く空欄〔　B　〕〔　C　〕は同じ一文の中にあるので、まとめて確認していきましょう。

サクッとわかる！
アクティブ・レクチャー
MOVIE
正しい解き方がわかる
講義動画にアクセス！
D5-07

STEP 1 設問を確認する

〔 B 〕 ① たとえ ② もし ③ もちろん ④ たぶん

〔 C 〕 ① もろ手をあげ ② しのぎを削ら ③ あぐらをかか ④ 骨を折ら

〔 B 〕は適切な副詞を入れる問題で、〔 C 〕は慣用表現の問題です。これらの空欄が含まれる一文を分析していきましょう。

STEP 2 空所を含む一文を分析する［文の構造からポイントをつかむ］

(〔 B 〕〈芸術家も〉時として衣食のために働かなければならぬと同様に、〈科学者も〉また時として同様な目的のために自分の嗜好に反した仕事に〔 C 〕なければならぬ事がある。)

▲譲歩　▲主語　▲主語

まず、空欄〔 C 〕について考えてみましょう。主語と述部の関係は、「〈芸術家も〉↓働かなければならぬ」「〈科学者も〉↓仕事に〔 C 〕なければならぬ」となっています。また、「同様に」「同様な」という「類似」を表す言葉があるので、「芸術家」と「科学者」の「共通点」を説明しているとわかります。

そして、空欄〔 B 〕については、第3段落を読んだ際に、この一文が「譲歩」の働きをしていることを確認しましたね。

STEP 3 解答の根拠をとらえる［周囲を見る］

3 （◀引用 夏目漱石《そうせき》先生がかつて科学者と芸術家とは、その職業と嗜好《しこう》を完全に一致させうるという点において共通なものであるという意味の講演をされた事があると記憶している。）（◀譲歩 〔　B　〕芸術家も時として衣食のために働かなければならぬと同様に、科学者もまた時として同様な目的のために自分の嗜好に反した仕事に〔　C　〕なければならぬ事がある。）しかしそのような場合にでも、その仕事の中に自分の天与の嗜好に逢着《ほうちゃく》して、いつのまにかそれが仕事であるという事を忘れ、無我の境に入りうる機会も少なくないようである。

改めて第3段落を確認すると、空欄〔　B　〕を含む一文の後に「しかし」があることから、「譲歩」の構文であることがわかりました。

また、空欄〔　C　〕を含む一文の中には「同様に」という言葉があるので、芸術家と科学者の共通点が述べられていることもわかります。

STEP 4 解答の根拠をまとめる

空欄〔　B　〕〔　C　〕に入る言葉を考えるためのポイントをまとめます。

〔　B　〕
「〔　B　〕……しかし……」という譲歩の構文
〔　C　〕
●〈芸術家も〉↓働かなければならぬ
●〈科学者も〉↓仕事に〔　C　〕なければならぬ
同様に

以上から、空欄〔　B　〕には譲歩の構文を完成させる言葉が、空欄〔　C　〕には「働く」と同じ意味になる言葉が入ることがわかりました。

STEP 5 解答する

空欄〔　B　〕には、③の「もちろん」が入ります。「もちろん……しかし……」で「譲歩」↓「主張」のカタチになるのでしたね。
①の「たとえ」は、「〜ても」とセットで使われる副詞です。
②の「もし」は、「〜なら」とセットで使われる副詞です。
④の「たぶん」は、「〜だろう」とセットで使われる副詞です。

空欄〔 C 〕には、④の「骨を折ら」が入ります。「骨を折る」は、「労苦をいとわず、精を出して仕事に励む」という意味の慣用表現です。

①の「もろ手をあげる」は、「無条件に、また積極的に歓迎する」という意味の慣用表現です。

②の「しのぎを削る」は、「激しく争う」という意味の慣用表現です。

③の「あぐらをかく」は、「のんきにかまえて、何の努力もしない」という意味の慣用表現です。

問1・D

サクッとわかる!
アクティブ・レクチャー
MOVIE
正しい解き方がわかる講義動画にアクセス!
D5-08

STEP 1 設問を確認する

〔 D 〕 ① おごらず　② 窮せず　③ 執せず　④ 走らず

慣用表現を完成させる問題です。空欄〔 D 〕を含む一文を分析しましょう。

STEP 2 空所を含む一文を分析する［文の構造からポイントをつかむ］

いわんや衣食に（　D　）、仕事に追われぬ芸術家と科学者が、それぞれの製作と研究とに没頭している時の特殊な心的状態は、その間になんらの区別をも見いだしがたいように思われる。

空欄（　D　）を含む一文の冒頭にある「いわんや」は、「まして」「なおさら」というような意味の言葉で、**「AでさえXだ。いわんや、BはもっとXだ」**という**「抑揚」のカタチ**を作ります。このとき、「A」と「B」には対照的なものが入り、「X」の部分には共通するものが入ります。たとえば、「贋作《がんさく》でさえ高値で取引されているのだ。いわんや、真作はもっと高値で取引されるだろう」というように使います。

この文章中でも同じように「抑揚」のカタチになっていると考えられるので、「いわんや」の前の部分に視野を広げていきましょう。

STEP 3 解答の根拠をとらえる［周囲を見る］

3 （◀引用 夏目漱石《そうせき》先生がかつて科学者と芸術家とは、その職業と嗜好《しこう》を完全に一致させうるという点において共通なものであるという意味の講演をされた事があると記憶している。）（◀譲歩（　B　）芸術家も時として衣食のために働かなければならぬと同様に、科学者もまた時として同様な目的のために自分の嗜好に反した仕事に（　C　）なければならぬ事がある。）しかし そのような場合にでも、その仕事の中に自分の天与の嗜好に逢着《ほうちゃく》して、いつのまにかそれが仕事であるという事を忘れ、無我の境に入りうる機会も少なくないようである。いわんや衣食に〔　Ｄ　〕、仕事に追われぬ芸術家と科学者が、それぞれの製作と研究とに没頭している時の特殊な心的状態は、その間になんらの区別をも見いだしがたいように思われる。

「いわんや」の前にある「そのような場合」とは、「衣食のために働かなければならぬ場合」のことです。つまりこの部分は、「衣食のために働かなければならない場合にも、自分の天与の嗜好に行きあたることがある。いわんや衣食に〔　Ｄ　〕、仕事に追われないなら、もっと仕事と嗜好の区別がわからなくなる」となっているのです。

STEP 4 解答の根拠をまとめる

先ほどの STEP 3 でとらえた内容をまとめましょう。

> **衣食のために働かなければならない場合にも、**A **自分の天与の嗜好に行きあたることがある**X
> **いわんや**
> **衣食に〔　Ｄ　〕、**B **仕事に追われないなら、もっと仕事と嗜好の区別がわからなくなる**X

「抑揚」のカタチでは、「A」と「B」は対照的な内容になるのでしたね。「A」は「衣食に困っている」という内容なので、「B」はその反対の「衣食に困っていない」という内容になります。

STEP 5 解答する

正解は、②の「窮せず」です。「窮す」は、「逆境や貧乏や困難などに追い詰められて苦しむ」という意味です。

他の選択肢を検討してみましょう。

①「おごる」は、「才能や家柄や地位や財産などをたのみにして勝手なふるまいをする」という意味です。

③「執す」は、「とらわれる」という意味です。

④「走る」は、「衣食に」といった場合には「ある方向や状況に急激に傾く」という意味になります。

問1・E

サクッとわかる!
アクティブ・レクチャー
MOVIE
正しい解き方がわかる講義動画にアクセス!
D5-09

STEP 1 設問を確認する

これも慣用表現を完成させる問題です。空欄〔　E　〕を含む一文を分析しましょう。

〔　E　〕①　憐憫《れんびん》　②　同情　③　反感　④　賛同

STEP 2 空所を含む一文を分析する【文の構造からポイントをつかむ】

古来多くの科学者がこのために迫害や愚弄《ぐろう》の焦点となったと同様に、芸術家がそのために悲惨な境界に沈淪《ちんりん》せぬまでも、世間の〔　E　〕を買うた例は少なくあるまい。

「同様に」という**「類似」を示すヒントになる言葉**がありますね。

この問題は、この一文だけで答えを出すことができるので、この一文から解答の根拠をつかみましょう。

STEP 3 解答の根拠をとらえる【周囲を見る】

古来多くの科学者がこのために迫害や愚弄《ぐろう》の焦点となったと同様に、芸術家がそのために悲惨な境界に沈淪《ちんりん》せぬまでも、世間の〔　E　〕を買うた例は少なくあるまい。

「芸術家」が「世間の〔　E　〕を買うた」のは、「科学者」が「迫害や愚弄の焦点となった」のと「同様」の事例なのだということがわかりました。

STEP 4 解答の根拠をまとめる

- **「科学者」が「迫害や愚弄の焦点となった」**
- **「芸術家」が「世間の〔　E　〕を買うた」**

「科学者」が「迫害や愚弄」というひどい目にあっているというところから、「芸術家」も同様にひどい目にあっているのだということがわかりますね。

STEP 5 解答する

正解は、③の「反感」です。「反感を買った」は「迫害や愚弄の焦点となった」と同類になりますね。

他の選択肢を検討してみましょう。

①の「憐憫」は、「あわれみ」という意味です。

②の「同情」も、「あわれみ」に近い意味です。

④の「賛同」は、「賛成・同意」の意味で、プラスのイメージの言葉です。

問2

サクッとわかる!
アクティブ・レクチャー
MOVIE
正しい解き方がわかる講義動画にアクセス!
D5-10

STEP 1 設問を確認する

次の《　　》内の一文の入るべき箇所として最も適当なものを、本文中の〔 Ⅰ 〕～〔 Ⅳ 〕の中から一つ選びなさい。

この問題は**脱文を適切な箇所に戻す問題**です。このような問題では、設問で示されている一文をていねいに分析することがとても大切です。

STEP 2 設問で示された一文を分析する【文の構造からポイントをつかむ】

〈他人の芸術の模倣は〉自分の芸術でないと同様に、〈他人の研究を繰り返すのみでは〉科学者の研究ではない。

「同様に」は、**「類似」を示すヒント**でしたね。筆者は「他人の芸術の模倣」や「他人の研究を繰り返す」ことを批判しています。芸術家や科学者は模倣や繰り返しではなく、新しいものをつくりだすべきだと、筆者は考えているのです。

この「新しいものをつくりだす」ということが書かれていた箇所を、本文で探しましょう。

STEP 3 解答の根拠をとらえる［周囲を見る］

4 しかし科学者と芸術家の生命とするところは創作である。〔 Ⅱ 〕もちろん両者の取り扱う対象の内容には、それは比較にならぬほどの差別はあるが、そこにまたかなり共有な点がないでもない。

第4段落の冒頭の「科学者と芸術家の生命とするところは創作である」という部分は、「新しいものをつくりだす」ということを述べていますね。

STEP 4 解答の根拠をまとめる

「科学者と芸術家の生命とするところは創作である」の直後に、設問で示された一文を入れてみましょう。

科学者と芸術家の生命とするところは創作である。《他人の芸術の模倣は自分の芸術でないと同様に、他人の研究を繰り返すのみでは科学者の研究ではない。》

設問で示された一文は、「科学者と芸術家の生命とするところは創作である」という主張を、形を変えて繰り返したものであることがわかりました。

STEP 5 解答する

設問で示された一文は、〔 Ⅱ 〕に入ります。

他の選択肢を検討してみましょう。

〔 Ⅰ 〕は、その後に「しかし」という逆接の接続表現があるため、ここに入れることはできません。

〔 Ⅲ 〕は、前だけ見ると、ここにも入りそうな気がするのですが、〔 Ⅲ 〕の後ろには、「また科学者がこのような新しい事実に逢着した場合」と書かれています。設問で示された一文は「このような新しい事実」の説明ではないため、ここには入らないということがわかります。

〔 Ⅳ 〕は、直前の部分で「実用的価値を気にしない」という科学者と芸術家の共通点が説明されているので、その直後に模倣や繰り返しを批判する一文を入れることはできません。

問3

サクッとわかる!
アクティブ・レクチャー
MOVIE
正しい解き方がわかる講義動画にアクセス!
D5-11

STEP 1 設問を確認する

傍線部「肝胆相照らすべき機会」のここでの意味として最も適当なものを、次の中から一つ選びなさい。

この問題は、**傍線部の「内容」を説明する問題**です。まずは傍線部を含む一文を分析しましょう。

STEP 2 傍線部を含む一文を分析する［文の構造からポイントをつかむ］

主部
〈このような科学者と芸術家とが〉相会うて肝胆相照らすべき機会があったら、二人はおそらく会心の握手をかわすに躊躇《ちゅうちょ》しないであろう、二人の目ざすところは同一な真の半面である。

傍線部の「肝胆相照らす」の主部は「このような科学者と芸術家とが」です。「このような」はまとめの働きをする「指示語」なので、この前の部分を広く見ていき、「このような」が指し示している内容を確認しましょう。

STEP 3 解答の根拠をとらえる【周囲を見る】

4 しかし科学者と芸術家の生命とするところは創作である。〔 Ⅱ 〕もちろん両者の取り扱う対象の内容には、それは比較にならぬほどの差別はあるが、そこにまたかなり共有な点がないでもない。科学者の研究の目的物は自然現象であってその中になんらかの未知の事実を発見し、未発の新見解を見いだそうとするのである。芸術家の使命は多様であろうが、その中には広い意味における天然の事象に対する見方とその表現の方法において、なんらかの新しいものを求めようとするのは疑いもない事である。〔 Ⅲ 〕また科学者がこのような新しい事実に逢着した場合に、その事実の実用的価値には全然無頓着に、その事実の奥底に徹底するまでこれを突き止めようとすると同様に、少なくも純真なる芸術が一つの新しい観察創見に出会うた場合には、その実用的の価値などには顧慮する事なしに、その深刻なる描写表現を試みるであろう。〔 Ⅳ 〕古来多くの科学者がこのために迫害や愚弄《ぐろう》の焦点となったと同様に、芸術家がそのために悲惨な境界に沈淪《ちんりん》せぬまでも、世間の〔 E 〕を買うた例は少なくあるまい。このような科学者と芸術家とが相会うて肝胆相照らすべき機会があったら、二人はおそらく会心の握手をかわすに躊躇《ちゅうちょ》しないであろう。二人の目ざすところは同一な真の半面である。

第4段落を読んだ際にも確認したように、ここでは「科学者」と「芸術家」の共通点が説明されていたのでした。つまり、傍線部を含む一文は、「新しいことを求める」「実用的価値を気にしない」「世間からの非難を受けることがある」という共通点を持つ「科学者」と「芸術家」が「肝胆相照らすべき」機会があったら、「会心の握手をかわす」だろうということを述べているのです。

STEP 4 解答の根拠をまとめる

以上を踏まえて、解答の根拠をまとめましょう。

多くの共通点を持つ科学者と芸術家が肝胆相照らすべき機会があったら、会心の握手をかわす

多くの共通点を持つ両者が「会心の握手をかわす」のは、お互いにわかり合えたからであると考えることができますね。

STEP 5 解答する

正解は、④の「互いに心の底まで打ち明けて親しく交わることができるような機会。」です。

「肝胆」とは肝臓と胆嚢《たんのう》のことで、互いに腹の底まで打ち明けて親しく交際することをたとえた言葉です。

この言葉の意味を知っていれば簡単に解くことができますが、もし言葉の意味を知らなくても、本文中で科学者と芸術家の関係を確認することで、きちんと正解できるようになっています。

他の選択肢を検討してみましょう。

①は、「相互に深い関係にある者同士」が誤りです。本文では「共通点」があると説明されていますが、相互に「深い関係」にあるとは書かれていませんでした。

②は、「同一物から枝分かれした両者」が誤りです。「科学者」と「芸術家」は同一物から枝分かれした「分身」ではありません。

③には「考えや立場が全く異なっていて仲の良くない者」とありますが、ここでは「科学者」と「芸術家」の多くの共通点が説明されていたので、誤りだとわかります。

問4

サクッとわかる！

アクティブ・レクチャー

MOVIE

正しい解き方がわかる講義動画にアクセス！

D5-12

本文の主題として最も適当なものを、次の中から一つ選びなさい。

本文の主題に合うものを答えることが求められているので、これは、**文章全体から正解の根拠を探す問題**ですね。選択肢と本文を照らし合わせながら正解を確認していきましょう。

STEP 2 選択肢と本文を照らし合わせる

① 科学は客観的な学問であるため、そこに科学者自身の嗜好が働くことは一切ない点で芸術とは大きく異なる。

「嗜好」については、第3段落で説明されていましたが、「科学者」も「芸術家」も「職業と嗜好を完全に一致させうるという点」で「共通」しているというのが「筆者の主張」です。そのため、「科学者自身の嗜好が働くことは一切ない点で芸術とは大きく異なる」というのは誤りです。

② 芸術と科学は人間の高度な技術を必要とするものであるから、世間で考えられているほどに両者の差は大きくない。

「芸術」と「科学」の共通点を述べていたのは第4段落でしたが、「人間の高度な技術を必要とする」点が共通しているとは説明されていなかったので、正しくありません。

③ 科学者の仕事は人間の理性によるところが生命で、芸術家の仕事は個人の独創性によるところが生命である。

第4段落の冒頭には、科学者と芸術家の生命とするところはともに「創作」であると説明されていましたが、この選択肢③は両者を異なるものとしているため、誤りです。

④ 科学者と芸術家とは物の見方、とらえ方が正反対だと考えられているが、観察や創見などを生命とする点などに、多くの共通点が見られる。

これは、第4段落で「筆者の最終的な主張」として示されていた内容ですね。「科学者」と「芸術家」が目ざしているところは同じであるということが説明できています。

STEP 3 解答する

先ほどの STEP 2 で確認したように、**「科学者と芸術家には共通点がある」という今回の文章の**

主題がきちんと書かれているので、④が正解です。

この文章は、「科学者」と「芸術家」の共通している点について書かれていて、まさに「科学者」と「芸術家」の「共通点」が主題になっていました。

このように、**「共通点」つまり「類似」は、「筆者の主張」に直結する重要な役割を果たすことがあります。**

前回の［第４講］で学習した「差異」も大切ですが、同じくらいにこの「類似」も大事な視点ですので、文章を読むときには、「差異」と「類似」のカタチに特に注意するようにしていきましょう。

TIPS
「類似」は、「筆者の主張」に直結する重要な役割を果たすことがある。

問題5 解答

問1 A② B③ C④ D② E③
問2［Ⅱ］
問3 ④
問4 ④

第5講

要点整理

TIPS

「個々の違い」ではなく「大きなグループ」をとらえることで、「共通点」が見えてくる。

……本冊198ページ

TIPS

「共通」「同じ」などの言葉をヒントにして、「類似」を見つける。

……本冊204ページ

TIPS

共通するものが「対」になっているかどうかを確認する。

……本冊213ページ

TIPS

「類似」は、「筆者の主張」に直結する重要な役割を果たすことがある。

……本冊233ページ

第6講

論証を読む

評論文⑥

サクッとわかる!

ダイジェスト・レクチャー

MOVIE

重要ポイントを
ギュッと凝縮した
講義動画にアクセス!

D6-01

LECTURE

「筆者の主張」が理解できないときは、どうしたらいいの？

TIPS

筆者は、読者の注意をひくためにあえて「飛躍」を含む主張をする。「飛躍」を埋める説明を探して、「筆者の主張」を理解しよう。

論理的文章の筆者は、読者に自分の意見を伝えるために文章を書くのでしたね。今回は、その**「筆者の主張」の展開**について一緒に考えていきましょう。

たとえば、僕はこの本の中で、「現代文という科目に、センスはいっさい必要ない」と主張していますが、現代文をセンスが必要な科目だと思っている人は、「えっ？　そんなこと初耳だけど」「センスが不要なら、どうすれば点数が取れるようになるの？」という疑問を持つのではないでしょうか。じつは、そのように、**読んでいる人に疑問を持ってもらうことこそが、文章を書く側のねらいなのです**。

文章を書いている人（筆者）は、自分の主張が読み流されてしまわないように、読者の注意をひきつける工夫をしています。先ほどの例のように、読者が疑問を持つような書き方をするのも、そのための工夫の一つです。

読者が疑問を持つ文には、**「飛躍」**があります。「飛躍」とは、**普通に考えると「つながらない」部分**のことです。

たとえば、「現代文という科目には、センスが必要だ」と書かれていた場合、「現代文という科目には」と「センスが必要だ」は、普通に考えればすんなりつながります。このように、つながりがすぐに把握できれば、それは「飛躍」がない状態です。

一方で、「現代文という科目に、センスはいっさい必要ない」いう文では、「現代文という科目に」と「センスはいっさい必要ない」が、すぐにはつながりません。このように、つながりがすぐに把握できないときには、そこに「飛躍」があるのです。

先ほども説明したように、文章を書いている人は、読者の注意をひこうとしています。そのために、**あえて「飛躍」を含む主張をする**のです。**「飛躍」を含む主張によって読者の注意をひきつけた後には、その「飛躍」を埋める説明が書かれます。**

たとえば、先ほどの「現代文という科目に、センスはいっさい必要ない」という主張であれば、「現代文という科目は」→「文章の中でどのように書かれているかということだけが問われるので」→「文章に書いてある通りに読み取ることができれば点数が取れる」→「だから、センスはいっさい必要ない」という説明をすることで、「なるほど、それならたしかにセンスは不要だな」と思ってもらうことができますね。

まとめると、次のようになります。

現代文という科目には ●**文章の中でどのように書かれているかということだけが問われる** ← ●**文章に書いてある通りに読みとることができれば点数が取れる** **センスはいっさい必要ない**

そして、このような「飛躍」を埋めるための説明を**「根拠」**と言います。「根拠」は一つの場合もありますが、複数ある場合もあります。

「論証」とは、この「根拠」をもとにして、そこから「主張」を導き出すことなのです。ですから、**「筆者の主張」と「根拠」のつながりをチェックすることで、「論証」の流れが見えてきます。**

「論証」の流れをつかむ際には、「原因（理由）」と「結果」の関係、つまり**「因果関係」**に注目します。

「論証」の流れの中では、「根拠」が「原因（理由）」にあたり、「主張」が「結果」にあたります。

以下に、**「因果関係」を示す語句**の例を挙げておきます。文章中でこれらの語句をチェックしていくと、「因果関係」を見つけやすくなりますよ。

▼「原因（理由）」→「結果」の接続表現の例

だから　したがって　それゆえ　ゆえに　よって

それで　そこで　すると　そして

▼「結果」→「原因（理由）」の接続表現の例

なぜなら　というのも

▼「原因（理由）」を示す表現の例

背景　起因　起源　根源　契機　由来　端緒

▼「結果」を示す表現の例

影響　所産　反映

それでは、実際の文章で確認してみましょう。

問題は別冊38ページ

読み方

今回の文章では、「事実」から「当為《とうい》」は直接導けないということを述べています。問いかけによる**「問題提起」**とその「答え」である**「筆者の主張」**に注目しながら読んでいきましょう。

第一意味段落（1〜49行目）

サクッとわかる！
アクティブ・レクチャー
MOVIE
正しい読み方がわかる講義動画にアクセス！
D6-02

《〜すべし》は、ちょっとむずかしい言葉で「当為《とうい》」と呼ばれている。事実から当為は直接導けない。これは哲学にかぎらず、あらゆる学問における初歩的な常識だ。

ところが、実は学者の中にさえ、この常識をしばしば忘れてしまう人たちがいる。

▼具体例
(たとえば、こんなことを大まじめに主張している科学者が実際にいる。

「重大犯罪者の脳には、ある共通した特徴が見出《みいだ》せる（その可能性がある）。それゆえ社会は、子どもたちの脳を検査して、犯罪者脳の特徴を持つ人間を前もって収容、あるいは矯正教育をほどこすべきである」)

「事実」から「当為」を直接導く誤りを犯した、まるでお手本のような論法だ。

まず、本文1〜7行目を読んでいきましょう。この部分で筆者は「事実から当為は直接導けない」ということを主張しています。「事実」から「当為」を直接導き出すということを、学者でもよくやってしまうのですが、筆者はこれを「誤った論法」だと指摘しています。

ここで「なんで?」と思った人もいるのではないでしょうか。「事実」を根拠にして「〜すべし」という主張を導くという論法は、よく見かけるものです。筆者はそれを「誤り」だと言っているのですから、疑問を感じるのも無理はありません。このように、読んでいる人が疑問を感じるところには、論理の**「飛躍」**があるのでしたね。筆者の主張の内容をまとめてみましょう。

筆者の主張

「事実」から「当為」を直接導き出すのは誤りである

「『事実』から『当為』を直接導き出すのは」という部分と「誤りである」という部分に「飛躍」がありますから、この後の部分で、筆者はその「飛躍」を埋めるための説明をするはずです。ここからは、「事実から当為を直接導き出すのは誤りである」と言える**「根拠」**を探しながら、本文を読んでいきましょう。

なぜこの論法が誤りなのか？ 理由は大きく三つある。

第一の理由は、ここで述べられている「事実」と「当為」との間に、論理的なつながりなんてどこにもないという点だ。

▼具体例
（なぜ、犯罪者の脳に共通点があるという「事実」が、そうした人たちの収容を直接要請することにつながるのか？ この論法に従えば、むしろそうした子どもたちを「見守ろう」とか、あるいは「治療薬を開発せよ」とかいう理屈だってなり立つだろう。「臓器移植のドナーにしてしまえ」なんていう、ＳＦホラーばりの恐ろしい理屈だって、その気になればなり立つかもしれない。）

要するに、ある事実から特定の「当為」だけを導くなんてことはできないのだ。

8行目の冒頭では、「なぜ〜なのか」という表現によって**「問題提起」**がなされています。この後の部分で筆者は**「答え」**の形で自らの考えを主張するはずですね。

そして、「理由は大きく三つある」とあり、その直後の段落は「第一の理由は」で始まっています。この**「第一」**という言葉に注目しましょう。「一」という数が示されていることから、その後に**「第二」「第三」**

と続くことが予測できます。

ちなみに、数字が使われていなくても、**「まず」**や**「はじめに」**は「一つ目」であることを表しますし、**「次に」「また」「さらに」**などの言葉を使って列挙していくこともあります。

いずれにしても、この「列挙」の目印（＝マーカー）は、説明内容を順序だてて整理するのにとても役立ちます。**「列挙」の目印（＝マーカー）を手がかりにして、大事なポイントを数えながら読んでいくようにしましょう。**

TIPS

「列挙」のマーカーを手がかりにして、大事なポイントを数えながら読んでいく。

ここでは、事実から当為を直接導き出す論法が誤っていると言える「第一」の理由として、「（ここで述べられている）『事実』と『当為』との間に、論理的なつながりなんてどこにもない」ということを挙げています。

この後の部分では「第二」の理由が述べられるはずですね。続きを読んでいきましょう。

二つ目の理由は、◀引用（ニーチェがいったように、「まさしく事実なるものはなく、あるのはただ解釈のみ」という点にある。）

何度もいってきたように、絶対的な事実なんてあり得ない。だから、重大犯罪者の脳に万が一ある共通点が見つかったとしても、それが犯罪者だけに特有の特徴といえるかどうかは分からない。もしかしたら、天才的頭脳の持ち主にだって共通した特徴かもしれないし、心が純粋な人にも共通した特徴であるかもしれないのだ。

にもかかわらず、「この脳の特徴を持った人間はみんな犯罪者予備軍だ」と、まるでそれが絶対の事実であるかのように主張するのは、やっぱりあまりに乱暴なことなのだ。

ここでは、**「二つ目」**の理由が書かれています。ニーチェの言葉が「引用」され、その後に筆者の説明が続きます。「何度もいってきたように」とあるので、ここで筆者は自分の意見を強調しています。「絶対的な事実なんてあり得ない」ので、たとえある共通点が見つかったとしても、それが特有の特徴とは言えないのですね。

さらに続きを読んでいきましょう。

三つ目の理由は、この論法が、「犯罪者脳」の持ち主とされた人たちの《欲望》をまったく考慮していない点にある。

収容なんてされたくない。そう思う人たちの気持ちを、この論法は無慈悲にも切り捨てるのだ。「お前たちは犯罪者脳の持ち主なんだから、収容されて当然だ」などと主張して。

二〇世紀、人類は、このような論法を根拠にした数々の残酷な事件を目撃してきた。◀具体例（口にするのもはばかられるけど、一つの実例をあげよう。

ヒトラーはいった。

「ユダヤ人は劣等民族である。したがって殲滅《せんめつ》されるべきである」……今からすれば、こんな恐ろしいことを本気でいえた人間たちの気が知れない。過去の過ちを、人類は改めて十分反省するべきだろう。)

ここでは、**「三つ目」**の理由が説明されていますね。「この論法が、『犯罪者脳』の持ち主とされた人たちの《欲望》をまったく考慮していない」ので、「事実」から「当為」を直接導き出す論法は誤っていると言えるのです。

以上、三つの理由が示されたので、まとめておきます。

> **①「事実」と「当為」の間に、論理的なつながりがない点**
> **②絶対的な事実なんてあり得ない点**
> **③相手の《欲望》をまったく考慮していない点**

これを踏まえて、続きを読んでいきましょう。

でも実をいうと、これほど凶悪な思想ではないにしても、現代の僕たちも、論理的にはしばしば同じような誤りを犯しているのだ。

◀具体例
（たとえば、読者のみなさんは次のような主張を耳にしたことはないだろうか？

「最近の若者は、就職してもイヤなことがあるとすぐ仕事を辞めてしまう。だから、もっと幼い頃からスパルタ教育をするべきだ」

「飲酒運転による死亡事故が多発している。だから、飲酒運転をもっと厳罰処分にするべきだ」

数え上げれば、こうした例はキリがない。）

でも、もしこの論法に従うなら、僕たちは次のような別の「べし」だって、いくらでも主張することができてしまうのだ。

◀具体例
（「最近の若者は、就職してもイヤなことがあるとすぐ仕事を辞めてしまう。だから、会社はもっと若者たちの心のケアに力を入れるべきだ」

「飲酒運転による死亡事故が多発している。だから、アルコールを検出したらエンジンがかからない自動車を開発するべきだ」）

何度もいってきたように、ある事実を根拠に、どれかひとつの「べし」を特権的に導き出すことなんてできないのだ。

［　A　］このことを、僕たちはつねに肝に銘じておく必要がある。


34～49行目では、今まで説明してきた「誤った論法」を、現代の我々もしてしまっているということの**【具体例】**を挙げます。「最近の若者は、就職してもイヤなことがあるとすぐ仕事を辞めてしまう」と「飲酒運転による死亡事故が多発している」という「事実」は同じですが、そこから導かれる「当為」がまったく違うものになっていますね。これらの「具体例」を挙げた後に、「ある事実を根拠に、どれかひとつの『べし』を特権的に導き出すことなんてできない」という**「筆者の主張」**がまとめられています。

それでは、第一意味段落の内容をまとめてみましょう。

第一意味段落(1〜49行目)まとめ

筆者の主張

「事実」から「当為」を直接導き出すのは誤りである

理由

①「事実」と「当為」の間に、論理的なつながりがない点
②絶対的な事実なんてあり得ない点
③相手の《欲望》をまったく考慮していない点

筆者の主張(まとめ)

ある事実を根拠に、どれかひとつの「べし」を特権的に導き出すことなんてできない

第二意味段落（50～66行目）

サクッとわかる！
アクティブ・レクチャー
MOVIE
正しい読み方がわかる講義動画にアクセス！
D6-03

じゃあ、[B]僕たちはいったいどうやって「べし」を導き出すことができるのだろう？

互いの「欲望」の次元にまでさかのぼること。これこそ「当為」を導くための一番根本的な方法なのだ。

信念とは実は欲望の別名なのだ。

これは当為についてもまったく同じだ。というか、そもそも信念というのは、それぞれの人が信じている「～すべし」（当為）のことにほかならない。だから当為もまた、実は僕たち自身の欲望によって作り上げられたものなのだ。


50行目の「僕たちはいったいどうやって『べし』を導き出すことができるのだろう？」という部分は、**「問題提起」**ですね。その「答え」は、次の51行目にあるように、「互いの『欲望』の次元にまでさかのぼること」です。

そして、「信念」とは「欲望」であり、「当為」もまた「欲望」によって作り上げられたものだと説明されています。

ここでは「信念」と「当為」が、ともに「欲望」によって作られているという**「類似」**の関係を押さえておきましょう。

▼具体例
（犯罪者脳の子どもを収容せよと主張する人は、おそらくそのような欲望を心の奥底に持っている。同じように、スパルタ教育をせよと主張する人も、そのような欲望をおそらくいくらか持っているのだ。）

つまり彼らは、客観的な「事実」に依拠して「当為」を導いているように見せかけて、実は自身の「欲望」に都合のいいように「事実」を利用しているだけなのだ。だからこそ、彼らはある［X］から特定の［Y］だけを選び出して、これこそ［Z］だと主張するのだ。


ここでは、まず「欲望」によって「当為」を作る**「具体例」**が書かれています。そして、「彼ら」が自身の「欲望」に都合のいいように「事実」を利用しているだけなのだということが説明されます。

でも、僕たちが当為を導くにあたって本当に考えるべきなのは、それぞれの欲望を互いに投げかけ合い、そしてその上で、できるだけみんなが納得できる「べし」を見出し合うことなのだ。
▼具体例
（犯罪者脳を持った子どもを収容することを、僕たちは本当に欲するのか？）……僕たちはそうやって、お互いの欲望を交換し合い問い合う必要がある。

絶対的な「当為」なんてない。だからこそ僕たちは、右のような対話を通して、《共通了解》可能な当為を見出しつづける必要があるのだ。

ここでは、当為を導くにあたって本当に考えるべきことが書かれています。それは、欲望を互いに投げかけ合い、できるだけみんなが納得できる「べし」を見出し合うことなのだということです。これは《共通了解》と呼ばれるもので、それが可能な「当為」を見出しつづける必要があるのだと、筆者は述べているのです。

「絶対的な当為」と「《共通了解》可能な当為」が**「対立関係」**にあることを踏まえて、筆者が「《共通了解》可能な当為」を見出すことの必要性を主張していることをつかみましょう。

それでは、第二意味段落をまとめてみましょう。

第二意味段落（50～66行目）まとめ

問題提起

僕たちはいったいどうやって「べし」を導き出すことができるのだろう？

↓

筆者の主張（答え）

互いの「欲望」の次元にまでさかのぼること

理由（根拠）

「当為」は「事実」ではなく「欲望」によって作られている

↓

筆者の主張

「事実」を利用して「欲望」に都合のいい「当為」を導くのではなく、
《共通了解》可能な「当為」を見出しつづける必要がある

続いて、第三意味段落を見ていきましょう。

第三意味段落（67〜99行目）

サクッとわかる!
アクティブ・レクチャー
MOVIE
正しい読み方がわかる講義動画にアクセス!
D6-04

以上の話を応用して、ここで少し「なぜ人を殺してはならないのか?」という問いについて考えることにしたいと思う。

（◀具体例 よく知られた話だけど、一九九七年、神戸連続児童殺傷事件が起こった際、テレビ討論番組で、「なぜ人を殺してはならないのか？」という質問が中学生から投げかけられたことがあった。出演していた知識人たちは、その時だれ一人としてこの問いに答えることができなかったという。）

ここまでは「当為」について書かれていましたが、ここからはこれを応用した話が展開されていきます。「なぜ人を殺してはならないのか？」という問いを投げかけて**「問題提起」**をしながら、この問題について考えていこうとしていますね。「よく知られた話だけど」から始まる部分は、この問題の難しさを伝えるための「具体例」になっているので、この後に「問題提起」の**「答え」**の形で**「筆者の主張」**が書かれるはずです。続きを読んでいきましょう。

でも実をいうと、哲学的にはこの問いの答えははっきりしているのだ。

まず、絶対に正しい「当為」などというものはない。だから僕たちは、「人を殺してはならない」という当為を、絶対に正しいことというわけにはいかない。

（◀具体例 実際、僕たちの社会では、たとえば正当防衛が認められているし、死刑だってある。戦争になれば人が殺されるし、しかもそれは必ずしも悪とは見なされない。）つまり、「人を殺してはならない」という当為は、現代においてさえ絶対の正義とは見なされていないのだ。

過去においてはなおそうだ。（◀具体例 太古の昔には生贄《いけにえ》もあった。中世や近世には切腹もあった。主君が死んだ時には、家来が殉死させられることだってあった。）人の命は、今より圧倒的に軽いものだったのだ。

だから僕たちは、「人を殺してはならない」という当為を、時代や文化を超えた絶対的な当為というわけにはいかないのだ。

ここでは、「なぜ人を殺してはならないのか?」という問いに対して、哲学的な答えを示そうとしています。そして、73~74行目では、「絶対に正しい『当為』などというものはない」という理由から「『人を殺してはならない』という当為を、絶対に正しいことというわけにはいかない」という主張が導かれています。このように、「だから」という順接の接続表現があったら、前には「原因・理由」が書かれ、後には「結果」が書かれます。**「因果関係」を示す言葉に注目して、原因と結果を整理していくようにしましょう。**

TIPS 「因果関係」を示す言葉に注目して、原因と結果を整理する。

その後の部分では、現代と過去の**「具体例」**が挙げられて、最後には、「僕たちは、『人を殺してはならない』という当為を、時代や文化を超えた絶対的な当為というわけにはいかないのだ」という**「筆者の主張」**が繰り返されています。

さらに続きを読んでいきましょう。

でも、それでもなお、この現代社会において、僕たちは「人を殺してはならない」という当為を大原則として認めなければならない。

この部分は、少し注意が必要です。先ほどの部分で、筆者は「僕たちは、『人を殺してはならない』という当為を、時代や文化を超えた絶対的な当為というわけにはいかないのだ」という主張を述べていました。そのうえで、この段落では「でも」という逆接の接続表現をともなって、「それでもなお、この現代社会において、僕たちは『人を殺してはならない』という当為を大原則として認めなければならない」という主張が書かれています。

先ほどの「筆者の主張」があったからこそ、この部分の「僕たちは『人を殺してはならない』という当為を大原則として認めなければならない」という主張が単なる「一般論」ではないことがわかります。筆者があえてこのように主張する**「根拠」**を確認していきましょう。

なぜか?

それは、この原則が、僕たち人類が長い争いの末についにつかみ取った《ルール》だからだ。

人類は「自由」への欲望を叶《かな》えるために果てしなく戦争をつづけてきた。そしてその一万年以上におよぶ戦いの末に、ついに「自由の相互承認」という原理を考え出したのだ。

「自由の相互承認」における一番大事なルール、それは「人を殺さない」ということだ。命がなくなったら、自由も何もあったものじゃない。

「なぜか」という**「問題提起」**の後に、「この原則が、僕たち人類が長い争いの末についにつかみ取った《ルール》だからだ」という**「根拠」**が説明されます。

それはまさに、人びとがお互いの欲望をすり合わせて作り上げたルール（当為）だったといっていい。だれもが自由に生きたいという欲望を持っている。だから人類は、この欲望を満たすために、お互いの自由を侵害しないという約束を相互に取りかわしたのだ。

これが、「なぜ人を殺してはならないのか?」という問いの答えだ。

「だれもが自由に生きたいという欲望を持っている」から、「人類は、この欲望を満たすために、お互いの自由を侵害しないという約束を相互に取りかわしたのだ」と書かれていますね。これが、第二意味段落に示されていた「『当為』は『欲望』によって作られている」という**「筆者の主張」**につながるのです。

人を殺してはならないのは、神様がそう決めたからでも、人間が生まれながらに神聖な存在であるからでもない。かわいそうだからとか、残酷だからとかいった、純粋に感情的な理由によるのでもない。

人を殺してはならない最も根本的な理由、それは、「人を殺さない」ということが、長い戦争の歴史の果てに、人類がついに見出し合った《ルール》だからなのだ。いい換えるなら、もし僕たちが「自由の相互承認」を土台とした社会で暮らしたいと願うのなら、そのかぎりにおいて、僕たちは「人を殺してはならない」のだ。

最後の94〜99行目の部分を見ていきましょう。「人を殺してはならないのは、神様がそう決めたからでも、人間が生まれながらに神聖な存在であるからでもない」「かわいそうだからとか、残酷だからとかいった、純粋に感情的な理由によるのでもない」というように、一般的に考えられる理由をことごとく否定したうえで、最終的な結論を導いていています。「人を殺してはならない」というのは、絶対的な「当為」ではなく、人類が「自由に生きたい」という「欲望」を相互に認め合った結果生まれた《ルール》だったのです。

それでは、第三意味段落をまとめていきましょう。

第三意味段落（67〜99行目）まとめ

問題提起

なぜ人を殺してはならないのか？

←

一般論の否定

（「事実」から導かれる）絶対に正しい「当為」などというものはない

……「人を殺してはならない」という当為を、絶対に正しいことというわけにはいかない

←

筆者の主張（答え）

「自由に生きたい」という「欲望」を相互に認め合って生まれた《ルール》だから

「一般論の否定」をはさみつつも、**「問題提起」**→**「筆者の主張（答え）」**の流れになっていました。
続いて、文章全体の内容をまとめておきます。

文章の全体像

サクッとわかる！

アクティブ・レクチャー

MOVIE

正しい読み方がわかる講義動画にアクセス！

D6-05

第一意味段落（1〜49行目）……筆者の主張

筆者の主張

「事実」から「当為」を直接導き出すのは誤りである

理由

①「事実」と「当為」の間に、論理的なつながりがない点
②絶対的な事実なんてあり得ない点
③相手の《欲望》をまったく考慮していない点

筆者の主張（まとめ）

ある事実を根拠に、どれかひとつの「べし」を特権的に導き出すことなんてできない

第二意味段落（50〜66行目）……問題提起・筆者の主張

問題提起

僕たちはいったいどうやって「べし」を導き出すことができるのだろう？

↓

筆者の主張（答え）

互いの「欲望」の次元にまでさかのぼること

理由（根拠）

「当為」は「事実」ではなく「欲望」によって作られている

↓

筆者の主張

「事実」を利用して「欲望」に都合のいい「当為」を導くのではなく、《共通了解》可能な「当為」を見出しつづける必要がある

第三意味段落（67〜99行目）……問題提起・筆者の主張

問題提起

なぜ人を殺してはならないのか？

↓

一般論の否定

（「事実」から導かれる）絶対に正しい「当為」などというものはない

……「人を殺してはならない」という当為を、絶対に正しいことというわけにはいかない

↓

筆者の主張（答え）

「自由に生きたい」という「欲望」を相互に認め合って生まれた《ルール》だから

この文章では、「問題提起」↓「答え」という流れで、「筆者の主張」が展開されていました。**「問題提起」があったら、「根拠」を確認しながら、「筆者の主張」をつかんでいきましょう。**

TIPS

「問題提起」があったら、「根拠」を確認しながら「筆者の主張」をつかむ。

解き方

問1

サクッとわかる！
アクティブ・レクチャー
MOVIE
正しい解き方がわかる
講義動画にアクセス！
D6-06

STEP 1 設問を確認する

空欄 A にあてはまる最も適切な一文を十四字で本文から抜き出しなさい。ただし句読点や各種記号類も一字とする。

この問題は、**空所に適切な文を入れる問題**です。一文すべてが抜けているので、一文の分析ではなく、空所の前後の分析をしていきましょう。

STEP 2 空所の前後を分析する［文の構造からポイントをつかむ］

何度もいってきたように、ある事実を根拠に、どれかひとつの「べし」を特権的に導き出すことなんてできないのだ。

A

このことを、《僕たちは》つねに肝に銘じておく必要がある。

空欄 A の直後には「この」という指示語がありますね。「このこと」を「僕たちはつねに肝に銘じておく必要がある」と書かれていることから、空欄 A には**「筆者の主張」**が入ることがわかります。また、その前の部分に「何度もいってきたように」とあるので、この主張はここより前で何度も繰り返されているのだということがわかります。以上を踏まえて、「ある事実を根拠に、どれかひとつの『べし』を特権的に導き出すことなんてできないのだ」という「筆者の主張」を十四字で表している部分を、これより前の本文中で探していきましょう。

STEP 3 解答の根拠をとらえる［周囲を見る］

《〜すべし》は、ちょっとむずかしい言葉で「当為《とうい》」と呼ばれている。事実から当為は直接導けない。これは哲学にかぎらず、あらゆる学問における初歩的な常識だ。

ところが、実は学者の中にさえ、この常識をしばしば忘れてしまう人たちがいる。

▼具体例
たとえば、こんなことを大まじめに主張している科学者が実際にいる。「重大犯罪者の脳には、ある共通した特徴が見出せる（その可能性がある）。それゆえ社会は、子どもたちの脳を検査して、犯罪者脳の特徴を持つ人間を前もって収容、あるいは矯正教育をほどこすべきである」
「事実」から「当為」を直接導く誤りを犯した、まるでお手本のような論法だ。

冒頭の1～7行目の部分では、「事実から当為は直接導けない」という主張が書かれていました。これが、先ほど確認した空欄 A の前に書かれていた「ある事実を根拠に、どれかひとつの『べし』を特権的に導き出すことなんてできない」と同じ内容になっています。

STEP 4 解答の根拠をまとめる

先ほど確認した「筆者の主張」は次の通りです。

ある事実を根拠に、どれかひとつの「べし」を特権的に導き出すことなんてできない
＝
事実から当為は直接導けない

これをもとに、解答していきましょう。

STEP 5 解答する

正解は、「事実から当為は直接導けない。」（1行目）です。「一文」を抜き出すという指示なので、句点（。）まで入れます。

問2

サクッとわかる！
アクティブ・レクチャー
MOVIE
正しい解き方がわかる講義動画にアクセス！
D6-07

STEP 1 設問を確認する

空欄 X ・ Y ・ Z にあてはまる語の組み合わせとして最も適切なものを、次の中から一つ選びなさい。

この問題は、**空所に適切な語句を入れる問題**です。空所のある一文を見ていきましょう。

るのだ。

STEP 2 空所を含む一文を分析する［文の構造からポイントをつかむ］

だからこそ、〈彼らは〉ある X から特定の Y だけを選び出して、これこそ Z だと主張するのだ。

文頭に「だからこそ」という接続表現があるので、この前の部分に「理由」が書かれていることがわかります。また、この一文の主語は「彼らは」なので、「彼ら」というのが誰で、どういう「主張」をしているのかを確認していきましょう。

STEP 3 解答の根拠をとらえる［周囲を見る］

（犯罪者脳の子どもを収容せよと主張する人は、おそらくそのような欲望を心の奥底に持っている。同じように、スパルタ教育をせよと主張する人も、そのような欲望をおそらくいくらか持っているのだ。）つまり〈彼らは〉、客観的な「事実」に依拠して「当為」を導いているように見せかけて、実は自身の「欲望」に都合のいいように「事実」を利用しているだけなのだ。だからこそ、〈彼らは〉ある X から特定の Y だけを選び出して、これこそ Z だと主張するのだ。

「彼ら」とは、「犯罪者脳の子どもを収容せよと主張する人」や「スパルタ教育をせよと主張する人」という人たちであることがわかりました。これらは「誤った論法」を使う人の「具体例」として挙げられたものだったので、「彼ら」の使う「誤った論法」の内容を確認しておきましょう。「誤った論法」の内容は、7行目に次のように書かれていました。

「事実」から「当為」を直接導く誤りを犯した、まるでお手本のような論法だ。

筆者はここで「事実」から「当為」を直接導くことを「誤り」であると説明しています。その後の部分では、この論法が誤りである三つの「理由」と、このような論法の誤りを犯してしまう「具体例」が挙げられます。そして、47行目には、「ある事実を根拠に、どれかひとつの『べし』を特権的に導き出すことなんてできない」という「筆者の主張」が書かれていました。該当箇所を見ておきましょう。

何度もいってきたように、ある事実を根拠に、どれかひとつの「べし」を特権的に導き出すことなんてできないのだ。

これは、先ほど確認した7行目の『事実』から『当為』を直接導く誤りを犯した、まるでお手本のような論法だ」を言い換えたものですね。

これによって、「誤った論法」を使う人は、「ある事実を根拠に、どれかひとつの『べし』を特権的に導き出」しているのだということがわかりました。

STEP 4 解答の根拠をまとめる

先ほどの STEP 3 で確認したポイントをまとめてみましょう。

「誤った論法」を使う人たちは、
ある事実を根拠に、どれかひとつの「べし」を特権的に導き出している
＝
ある X から特定の Y だけを選び出して、これこそ Z だと主張する

これを踏まえて、空欄 X ・ Y ・ Z にあてはまる語の組み合わせを考えていきます。

STEP 5 解答する

正解は、1の「X＝事実　Y＝当為　Z＝当為」です。「ある事実を根拠に、どれかひとつの『べし』を特権的に導き出している」という内容になっていますね。

まず、最後の Z は必ず「当為」にならなくてはいけないので、1か5にしぼることができます。

次に、X が「事実」になっているということで、1に決定します。5は X が「欲望」になっているので、誤りです。「欲望」から「当為」が導かれるというのは「筆者の主張」であり、「彼ら」（＝「誤った論法」を使う人たち）の主張ではありません。

また、Y と Z に「当為」が入ると、「特定の当為だけを選び出して、これこそ当為だと主張する」となるので、「どれかひとつの『べし』を特権的に導き出」しているという説明と合いますね。

問3

サクッとわかる！

アクティブ・レクチャー

MOVIE

正しい解き方がわかる講義動画にアクセス！

D6-08

STEP 1 設問を確認する

傍線部B「僕たちはいったいどうやって『べし』を導き出すことができるのだろう？」とあるが、その問いへの答えについて、筆者の考えと合致しないものを次の中から一つ選びなさい。

この問題では、傍線部の問いに対する「答え」を考えていく必要があります。**傍線部の「内容」を説明する問題**と同様に、まずは傍線部のある一文を分析していきましょう。

STEP 2 傍線部を含む一文を分析する【文の構造からポイントをつかむ】

じゃあ、〈僕たちは〉いったいどうやって「べし」を導き出すことができるのだろう?

（B ◀主語）

傍線部を含む一文の主語は「僕たちは」ですね。そして、この部分は**「問題提起」**になっているので、この後の部分で「僕たち」がどうやって「べし」を導き出すのかという疑問に対する**「答え」**を探していきましょう。

STEP 3 解答の根拠をとらえる【周囲を見る】

じゃあ、〈僕たちは〉いったいどうやって「べし」を導き出すことができるのだろう?

（B ◀主語）

互いの「欲望」の次元にまでさかのぼること。これこそ「当為」を導くための一番根本的な方法なのだ。

信念とは実は欲望の別名なのだ。

これは当為についてもまったく同じだ。というか、そもそも信念というのは、それぞれの人が信じている「〜すべし」(当為)のことにほかならない。だから当為もまた、実は僕たち自身の欲望によって作り上げられたものなのだ。

傍線部Bの直後で「互いの『欲望』の次元にまでさかのぼること。これこそ『当為』を導くための一番根本的な方法なのだ」と、「問題提起」に対する「答え」が示されています。そして、「当為」も「欲望」によって作り上げられたものなのだという説明が続きます。

この「欲望」と「当為」については、61〜66行目の部分で、「筆者の主張」がまとめられています。

でも、僕たちが当為を導くにあたって本当に考えるべきなのは、それぞれの欲望を互いに投げかけ合い、そしてその上で、できるだけみんなが納得できる「べし」を見出し合うことなのだ。

具体例（犯罪者脳を持った子どもを収容することを、僕たちは本当に欲するのか？）……僕たちはそうやって、お互いの欲望を交換し合い問い合う必要がある。

絶対的な「当為」なんてない。だからこそ僕たちは、右のような対話を通して、《共通了解》可能な当為を見出しつづける必要があるのだ。

「べし」（＝当為）は人間の「欲望」によって作り上げられたものなので、僕たちはお互いの欲望を交換し合い問い合う（＝対話する）ことで、「《共通了解》可能な当為」を見出しつづける必要があるのだと、筆者は述べています。

STEP 4 解答の根拠をまとめる

先ほど STEP 3 でとらえた解答の根拠は以下の二点です。

【A】「べし」（＝当為）は人間の「欲望」によって作り出されたものである
【B】対話を通して、《共通了解》可能な当為を見出しつづける必要がある

これを踏まえて、選択肢を確認していきましょう。

STEP 5 解答する

正解は、3の「相互に不干渉で立ち入らないこと」となります。【B】のポイントである「対話を通して、《共通了解》可能な当為を見出しつづける」と矛盾していますね。

他の選択肢を検討してみましょう。

1の「互いに欲望の次元までさかのぼること」は、51行目に書かれていました。

2の「対話を通して共通の了解を得ること」は、65〜66行目に書かれていました。

4の「互いの自由を認めて侵害しないこと」は、90〜92行目に「だれもが自由に生きたいという欲望を持っている。だから人類は、この欲望を満たすために、お互いの自由を侵害しないという約束を相互に取りかわしたのだ」と書かれています。ここでの「自由」とは「自由に生きたいという欲望」のことなので、選択肢4は「互いの欲望を認めて侵害しないこと」という意味になります。

5の「相互の自由と欲望を承認し合うこと」は、87行目にある「自由の相互承認」にあたります。

問4

サクッとわかる!

アクティブ・レクチャー

MOVIE

正しい解き方がわかる講義動画にアクセス!

D6-09

STEP 1 設問を確認する

次の1~6の各文について、本文の内容と合致するものを二つ選びなさい。

この問題は、**「本文の内容と合致するもの」を答える問題**です。このように、文章全体から正解の根拠を探すことが求められる問題では、選択肢と本文を照らし合わせて考えていくのでしたね。

さっそく、一つずつ確認していきましょう。

STEP 2 選択肢と本文を照らし合わせる

1 学者の中には、《事実》から《〜すべし》を導かない、という広く世間で知られている常識ともいえるようなことをしばしば忘れてしまい、大まじめに自らの主張をする人たちが実際にいるのだ。

学者の中にも、「事実」から「当為」は直接導けないということを忘れてしまう人たちがいるということは、1〜3行目に書かれていました。ただし、「事実から当為は直接導けない。これは哲学にかぎらず、あらゆる学問における初歩的な常識だ」とあるので、『事実』から『当為』は直接導けない」というのは、「学問における常識」であって、「広く世間で知られている常識」ではないことがわかります。そのため、1は本文の内容に合いません。

2 絶対に正しい「当為」などというものはないからこそ、僕たちは、「本当にそれを欲するのか」と互いに問い合い、欲望を交換し合いながら、互いの欲望をすり合わせることが必要だろう。

これは61〜66行目に「それぞれの欲望を互いに投げかけ合い」「お互いの欲望を交換し合い問い合う必要がある」とありました。ですから、**2の説明は、本文の内容と合致していると言えますね。**

3 「なぜ人を殺してはならないのか？」という問いに対して、知識人でさえ答えることができないのは、哲学的思考に慣れておらず、「信念」とか「欲望」といった視点から考えられないからだ。

「なぜ人を殺してはならないのか？」の話は、67行目から始まっていました。ただし、本文には、知識人たちがこの問いに答えることができなかった理由は、直接的には書かれていません。ですから、この選択肢には正しいと言える根拠がありません。

4 「飲酒運転による死亡事故が多発している。だから、アルコールを検出したらエンジンがかからない自動車を開発するべきだ」という論法は、みんなが納得できる《〜べし》を導きだしている。

「飲酒運転による死亡事故が多発している。だから、アルコールを検出したらエンジンがかからない自動車を開発するべきだ」という「当為」が書かれていたのは、45〜46行目でした。ただし、これは、いくらでも別の「べし」が主張できるという「具体例」として挙げられていたものなので、「みんなが納得できる《〜べし》を導きだしている」という部分が本文と合いません。

5 「人を殺してはならない」という当為は、時代や文化を超えた絶対的な当為とはなり得ない。なぜなら、現代においてさえ、その当為は絶対の正義とは見なされていない事実があるからだ。

本文の80～81行目には、「だから僕たちは、『人を殺してはならない』という当為を、時代や文化を超えた絶対的な当為というわけにはいかないのだ」と書かれていました。「だから」という順接の接続表現があるので、その根拠は、この前の部分に書かれていることがわかりますね。前の部分を見ると、「絶対的に正しい『当為』などというものはない」と書かれています。これは、ここまでにも書かれてきた「ある事実を根拠に、どれかひとつの『べし』を特権的に導き出すことなんでてきない」という「筆者の主張」にあたりますが、筆者は、このように言える「根拠」として「事実なるものはなく、あるのはただ解釈のみ」と述べていました。この選択肢5の最後の部分には「事実があるからだ」と書かれていますが、これは、先ほど確認した「事実」はなく「解釈」だけがあるという「根拠」と異なっているので、本文の内容に合わないとわかります。

6　世の中には絶対の事実なんてあり得ず、ある事実は単なる解釈にすぎないのだから、ある事実を根拠にして特定の《～すべし》だけを導くことは乱暴であり、そんなことは不可能である。

これは、「事実」から「当為」を直接導く論法が誤りである二つ目の理由を説明した16～23行目の部分に書かれていましたね。「まさしく事実なるものはなく、あるのはただ解釈のみ」であり、「絶対的な事実なんてあり得ない」にもかかわらず、「まるでそれが絶対の事実であるかのように主張するのは、やっぱりあまりに乱暴なことなのだ」と書かれていたので、**6は本文の内容と合致しているとわかります**。

STEP 3
解答する

以上、1～6の選択肢を本文に照らし合わせて検討したことで、**本文の内容と合致しているのは、2・6であることがわかりました。**

問題 6 解答

問1 事実から当為は直接導けない。〔1行目〕
問2 1
問3 3
問4 2・6 ※順不同

第6講

要点整理

TIPS

筆者は、読者の注意をひくためにあえて「飛躍」を含む主張をする。「飛躍」を埋める説明を探して、「筆者の主張」を理解しよう。

……本冊236ページ

TIPS

「列挙」のマーカーを手がかりにして、大事なポイントを数えながら読んでいく。

……本冊243ページ

TIPS

「因果関係」を示す言葉に注目して、原因と結果を整理する。

……本冊253ページ

TIPS

「問題提起」があったら、「根拠」を確認しながら「筆者の主張」をつかむ。

……本冊259ページ

第7講

エピソードを読む
随筆文

サクッとわかる!

ダイジェスト・レクチャー

MOVIE

重要ポイントを
ギュッと凝縮した
講義動画にアクセス!

D7-01

LECTURE

「体験談」が多い文章は、どこに注目すればいいの？

TIPS

「体験談（エピソード）」に振り回されずに、「筆者の気持ち（心情）」や「筆者の主張」を最優先でチェックする。

ここからは、文学的文章の読み方について説明していきます。

文学的文章には、「随筆文」と「小説文」があります。今回は**「随筆文」の読み方**を学びましょう。

「随筆文」というのは、筆者の体験や感想などを、自由な形式で書いた文章のことです。「エッセイ」と呼ばれることもありますね。

皆さんも、うれしいことや悲しいことがあったときには、それを誰かに話したくなるのではないでしょうか。「随筆文」の筆者も同じで、ある体験を通して感じたことや考えたことを伝えるために、文章を書くのです。

このように、「体験」という具体的なものを通して自分の気持ちや主張を伝えるのが「随筆文」なのですが、これって、「評論文」の**「具体例」→「まとめ」のカタチ**に似ていると思いませんか？

そうです。「体験談（エピソード）」は、「評論文」で言うところの「具体例」と同じ働きをしているのです。「評論文」では、「具体例」は「筆者の主張」をわかりやすく説明するために挙げられていました。「随筆文」でも同じように、**「体験談（エピソード）」は「筆者の気持ち（心情）」や「筆者の主張」をわかりやすく伝えるために書かれます**。

「随筆文」には「体験談（エピソード）」がたくさん書かれていることが多いので、なんとなくとりとめがないように思われがちですが、「随筆文」の中で最も注目すべきなのは「筆者の気持ち（心情）」や「筆者の主張」なのです。ですから、「体験談（エピソード）」に振り回されることなく、**「筆者の気持ち（心情）」や「筆者の主張」を確実にとらえるようにしましょう**。

それでは、さっそく「随筆文」を読んでいきましょう。

問題
7
解答・解説

問題は
別冊46ページ

読み方

今回の文章には、渥美清主演の『男はつらいよ』という作品に対する筆者の思いが書かれていました。「体験談（エピソード）」を通して筆者が伝えようとしていることを読み取りましょう。

第一意味段落（1〜52行目）

サクッとわかる！
アクティブ・レクチャー
MOVIE
正しい読み方がわかる
講義動画にアクセス！
D7-02

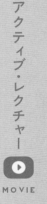

『男はつらいよ』を今まで観《み》たことがなかった。それを恥ずかしいことだと思う人もいれば、思わぬ人もいるであろう。だが、『男はつらいよ』について、私のようなものが今ごろ書くのは、誰が見ても恥ずかしいことかもしれない。恥と知っての一文である。

この部分を読むことで、筆者が『男はつらいよ』という作品について語ろうとしていることがわかります。『男はつらいよ』に対する筆者の思いに注意しながら読み進めていきます。

人にはもって生まれた性格があるとはいえ、その性格とは、果たして、何を指すのか。（具体例 たとえば、プルーストの『失われた時を求めて』ではないが「失われたもの」ばかりを求め、慈しむのも、）もって生まれた性格と言えるのか。それとも、人は育つ過程でそういう性癖を得て行くのか。

ここでは、「人の性格」について「もって生まれた」ものなのかそれとも「育つ過程で」得て行くのかという**「問題提起」**をしています。「筆者の性格」が鍵になるのではないかと考えながら、この先を読んでいきましょう。

（指示語）こんなことを考えるのも、父と母は新しいものを好んだのに、姉も私も、新しいものには拒否反応しか示せず、なんだかんだと「失われたもの」ばかりに拘泥するからである。

この段落の冒頭にある「こんなこと」とはもちろん、直前の段落の「性格」の話を指していますね。そして、ここでは「父と母」の性格と「姉と私」の性格が反対であることが説明されています。

▼エピソード
（新しいもの好きという点で、母はことに極端である。八十半ばになっても、まだ、新しいものへの興味が身体からこんこんと湧き上がるといった感じである。一人ではもう外出もできないので、毎日家で映画を観られるよう、ＤＶＤのレンタル・システムを利用しているが、映画のタイトルを選ぶのは私の役割である。どうせ昔の人間だからと無精して旧《ふる》い映画を適当に選んでおくと、アンタ、ママはあんなんばかりじゃなくて、もっと今の映画が見たいノヨ、と電話してくる。そういえばつい数年前までは、ロードショーを観に、一人で杖をついてひょこひょこと映画館に足を運んでいた。）

この部分は、筆者の母が「新しいもの好き」であることを伝えるための**「エピソード」**ですね。

姉も私もまったく正反対である。画面がざらざらする旧い映画というだけで、ほとんど何でも許してしまう。A二人揃《そろ》って「今」を呪うこと、どんな老女でもかなわない。

ここから、「姉と私」の性格についての説明が始まります。ここでは、筆者と姉が「新しいものが嫌い」な性格であるということがわかればよいでしょう。

どうして両親とこうもちがうのだろうと考えると、一つに時代のちがいがある。父も母も、新しいことがそのまま倫理的な位相をもちえた時代の落とし子である。それに引き替え、姉も私も、並の大学生が近代批判を展開するような時代の落とし子であった。

だが、両親と私たちのちがいには、時代のちがいでは説明し切れないものがある。▼譲歩（遺伝子の悪戯《いたずら》もそこには加わったのかもしれない）が、なにしろ姉も私も親の都合で外国で育ってしまったのである。しかも思春期からである。▼譲歩（自分自身が思春期にあったころは、思春期を特権化するのはもちろん、「多感な」、「傷つきやすい」などの常套句《じょうとうく》にも反発を覚えた。）だが、人生、歳をとって見えてくることがある。思春期はたしかに存在する。それは、敵対、孤立、同化など、形はどうであれ同世代と否応《いやおう》なしに関わり合い、その感触を通じて、現実へのとっかかりを手に入れる時期にほかならない。

ここでは、まず、「姉と私」の性格と「両親」の性格が違う理由に「時代のちがい」を挙げていますが、それだけでは説明し切れないので、筆者は性格がちがう本質的な理由を「思春期」から「外国で育ってしまった」からだと考えています。「思春期」にどのようなことがあったのか気になってきますよね。「思春期」の**「エピソード」**を次の部分で確認していきましょう。

▼エピソード（その思春期に、突然、アメリカ人という異星人の中に放りこまれた私たち姉妹は、現実へのとっかかりを手に入れることができないまま、記憶に残った日本に固執して成長することになった。B姉は姉で狂い、私

も私で狂った。じきに私たちにとっての現実とは、現に生きているアメリカではなく、私たちの心の中で作り上げた日本となっていった。それは記憶に残っている昭和三十年代の日本、異国の孤独の中で読んだ、時代をさらに遡った、旧仮名遣いの日本文学にある日本、折あらば観にいった「オヅ」と「クロサワ」にある日本——黒白の日本映画にある日本である。それが私たちにとっての唯一の現実であり、また、私たちにとっての唯一の日本でもあった。)

この**「エピソード」**のポイントは、思春期に突然、周囲の環境が変わったことで、「現実へのとっかかり」を手に入れることができず、「記憶に残った日本」つまり「心の中で作り上げた日本」にこだわるようになったという点です。「黒白の日本映画にある日本」とあることからもわかるように、これはかなり古い日本ですね。ただ、皆さんにとってはあまりイメージがわかないでしょうから、ひとまず、筆者はこの体験によって「新しいものが嫌い」になったのだなとわかれば大丈夫です。さらに先に進みましょう。

二十年後日本に帰ってきた時、そこに見いだした「今の日本」は、私にとっての現実とも、私にとっての日本とも別の何かであった。私は「今の日本」を慈しむことができなかった。私はますます死んでしまった日本人しか慈しむことができなくなっていった。

ここでようやく、「『今の日本』を慈しむことができない」という「筆者の気持ち（心情）」が書かれました。**「エピソード」と「筆者の気持ち（心情）」をしっかりと結びつけておきましょう。**

TIPS 「エピソード」があったら、「筆者の気持ち（心情）」と結びつける。

（▼譲歩『男はつらいよ』を今まで観たことがなかったのには、もちろんあたりまえの理由が一つ別にあった。それは「中産階級的偏見」とでも呼ぶべきものであろう。私が子供のころ、東京の中産階級は洋画しか観なかった。洋画とは美しい西洋人が美しい服を着て美しい町で恋愛する映画である。私の家は中産階級といえるほどのものではなかったが、それでも両親と共に洋画以外の映画を観た記憶はない。しかも「寅《とら》さん」はたんに日本映画だというだけではなく、「下町」「庶民」「ほのぼの」といった言葉で語られる映画である。今や「中産階級的偏見」という言葉が意味を失った時代だとはいえ、そこには、日本のイデオロギーが、「とらや」の団子の大きな塊となって詰まっているようで、敬遠せざるをえなかった。）

まずは、「もちろん」という**「譲歩」のマーカー**に注目しましょう。ここでは、『男はつらいよ』を今まで観たことがなかった理由として、「中産階級的偏見」を挙げています。「西洋」的なものこそがよいのだという偏った価値観を持っていたために、「日本映画」であり「下町」の「庶民」である「寅さん」が登場する『男はつらいよ』は、敬遠の対象だったのです。

ただし、この部分は「譲歩」にあたるので、この後により重大な理由が書かれるのではないかと考えながら、読み進めていきましょう。

しかし、『男はつらいよ』を今まで観たことがなかった理由はそれだけではない。さらに根底にあるのが、先ほどから言っている、私の狂いである。映画の第一作が封切られたのは今から三十五年以上前、一九六九年のことである。◀譲歩（「寅さん」を慈しんできた人にとって、「寅さん」とは懐かしくも古びたものであろう。）ところがその同じ「寅さん」が私にとっては新しすぎたのである。私が慈しむことができる日本は、自分が日本を去った瞬間に消え去り、そこから先は、昭和であろうと、平成に入ろうと、私にとっては「今の日本」でしかないものが永遠に続いていただけであった。私は「今の日本」が作った映画には興味を覚えられなかった。興味を覚えるべきだと自分に言い聞かせ、努力して観ようとしたが、そのたびにえもいわれぬ失望を味わい、「今の日本」への疎外感をいよいよ深めていった。「寅さん」も所詮その「今の日本」が作った映画でしかなかったのである。

「しかし」とあるので、ここから後の部分に、より重要な**「筆者の気持ち（心情）」**が書かれるのだということがわかりますね。ここでようやく、筆者が『男はつらいよ』を観たことがなかった理由が説明されました。多くの人にとって、「寅さん」は古きよき日本を懐かしむものですが、筆者にとっては、「寅さん」は新しすぎたのです。筆者が慈しむことができる日本は、筆者がアメリカに行く前に見ていた日本です。ですから、筆者は、「今の日本」が作った映画には興味を持つことができず、「失望」を味わい、「疎外感」を深めていったのです。

それでは、ここで第一意味段落の内容をまとめておきましょう。

第一意味段落（1〜52行目）まとめ

話題

『男はつらいよ』を今まで観たことがなかった

エピソード

思春期をアメリカで過ごしたため、記憶に残った日本に固執して、新しいものに「拒否反応」を示すようになった

↓

筆者の気持ち（心情）

「今の日本」が作った映画には興味を覚えられず、「寅さん」を慈しむことができない「失望」を味わい、「疎外感」を深めていった

第一意味段落では、筆者が『男はつらいよ』および「寅さん」に興味を持つことができなかった理由が説明されていました。

ただし、筆者は最終的に『男はつらいよ』を観て、それについて感じたことを書くはずです。今のところは「寅さん」に対してマイナスのイメージを持っていますが、これがきっとどこかで**「変化」**するのだろうと予測しながら、この先を読んでいきましょう。

第二意味段落（53～91行目）

サクッとわかる！
アクティブ・レクチャー
MOVIE
正しい読み方がわかる講義動画にアクセス！
D7-03

きっかけは、渥美清の死である。

この「きっかけは」で始まる一文は、非常に短いですが、ここはあえて短くすることで、読んでいる人の印象に残るようにしています。

ここまでは、「寅さん」を慈しむことはできないというマイナスの心情が語られていました。その心情が変化する**「きっかけ」**が「渥美清の死」だったというのです。

◀エピソード
（渥美清が死んで半年ぐらいすると、新潮社の小冊子『波』に、小林信彦が渥美清のポートレート、『おかしな男』を連載し始めた。渥美清が生きているころなど、あの点々のような奥目を見るだけでなんとなく気分が悪かったのが、死が私を寛容にしたのにちがいない。わずかに拒絶反応を起こしながらも、パラパラと頁を繰った。すると必然的に折々拾い読みする。やがて折々拾い読みするうちに、毎月その頁を探して読むようになった。）

ここでは、渥美清の死後に『おかしな男』というポートレートを読むようになったという**「エピソード」**が書かれています。

見事なポートレートであった。渥美清の狂気がかった芸人としての自信が、時には冷酷な、それでいて公平を欠かない、淡々と距離を置いた文章から立ちのぼってくる。そうか。芸能人ではなく芸人だったのか。そんなあたりまえのことが、まずは衝撃であった。読み進むうちに、渥美清が死んでしまったからこそここまで近しく感じられるのも忘れ、なぜ生きている時に彼を知らなかったのだろうと、恋心さえ抱くようになった。大家に対して失礼だが、山田洋次監督にも初めて興味を覚えるようになった。

筆者は、渥美清のポートレートを「見事」だと感じました。渥美清の「芸人としての自信」にふれて、「恋心」さえ抱くようになります。また、『男はつらいよ』の山田洋次監督にも「興味」を持つようになりました。ここで「筆者の気持ち（心情）」がプラスの方向に変化していることがわかりますね。**心情の変化につながるエピソードは、ていねいに確認していきましょう。**

TIPS
心情の変化につながるエピソードは、ていねいに確認する。

だが、私は老女のように頭が固く、しかも用心深い。『おかしな男』の連載が終わってさらに数年たち、渥美清の死者としての濃度がさらに高まるまで、『男はつらいよ』を観る気がしなかった。◀エピソードC（初編のビデオを借りたのは、今年の春である。そのときも、これまでの失望を胸の中で思い起こし、「今の日本」で作られた映画からは何の期待もすまいと自分に言い聞かせながら、発泡酒を片手にリモコンのスイッチを押したのである。）

この段落の冒頭に「だが」とあることに注目しましょう。先ほどの段落の最後で「筆者の気持ち（心情）」はプラスの方向に変化したはずですが、「頭が固く、しかも用心深い」性格の筆者は、すぐに『男はつらいよ』を観る気にはなりません。ようやく観る段階になっても、「何の期待もすまい」と自分に言い聞かせていました。そしてついに、筆者は『男はつらいよ』を観ます。いったいどういう心情になるのでしょうか。

◀具体例（「桜が咲いております。懐かしい葛飾の桜が今年も咲いております……私、生まれも育ちも葛飾柴又です。帝釈天で産湯をつかい、姓は車、名は寅次郎、人呼んでフーテンの寅と発します。」

例の有名な口上が主題歌へと続く。）

ここには有名な「寅さん」のセリフが書かれています。「寅さん」を観たことがある人はここで「イメージ」ができると思いますが、皆さんの中で「寅さん」を観たことがある人は、正直かなり少ないのではないでしょうか。でも大丈夫です。ここは**「具体例」**にあたる部分ですので、この後の部分で**「筆者の気持ち**

〈心情〉をつかんでいけばよいのです。

私は、驚いた。**そして**、観終わった時、バタ臭い表現で申し訳ないが、D「歓喜」としか言いようもないものが、身体中に溢《あふ》れた。その「歓喜」は、やがて、テレビの熱に蒸された部屋から溢れ出て、小さなマンションとミニ開発が乱立し、これ以上醜くはなりえない東京の町の中へと嵐のように広がっていった――ような気がした。

なんと、あれほど興味のなかった『男はつらいよ』を観て、筆者は「歓喜」しています。この部分が、この文章の中で一番盛り上がるところです。

▼譲歩
（『男はつらいよ』自体が「失われたもの」への郷愁に貫かれた映画だというのは承知である。）**だが**、そのようなことは、あのときの「歓喜」とは本質的には関係がない。自分の無知を棚上げした不遜な言い方だが、あれは、「今の日本」にかくもよいものを作ろうとする精神が存在していたのを知った喜びである。監督、松竹の制作チーム、人気女優を含む俳優さんたち――私にとって「今の日本」の人でしかない人たちが、一丸となり、よりよいものをと、憑《つ》かれたように動いていた。

筆者は、「今の日本」にかくもよいものを作ろうとする精神が存在していたのを知って歓喜したのですね。これは、『男はつらいよ』に郷愁を感じない筆者だからこそ気づいた『男はつらいよ』の素晴らしさです。

E 私は「寅さん」によって変わったと思う。『男はつらいよ』を続けて観るうちに、「今の日本」と和解しつつある自分を見いだすこととなったのである。◀譲歩（人は言うであろう。あれは「今の日本」ではないと。）だが昭和三十年代で時が止まってしまった私にとって、あれで充分に「今の日本」なのである。今までの自分の無知と不遜を恥じるよりも、慈しむことができる対象がこの世に増えて行く喜びの方が大きく、最近はそれで幸せである。

これまでの筆者は「今の日本」を敬遠していましたが、『男はつらいよ』を観たことによって、「今の日本」と「和解」し、「今の日本」を認められるようになったのです。**マイナスの心情からプラスの心情へと「変化」したことがはっきりと読み取れますね。**

◀具体例（それにしても、あの最初のころの渥美清の色っぽさというのは、いったい何なのか。声がいいのは当然として、片肺しかないというのに、肌に脂が乗り、光り輝いている。ことに猪首《いくび》のあたりが、美しい。脇を向くと、太い首の筋肉が斜めに見え、ぞっとする。）

この部分には、渥美清の魅力を伝えるための**「具体例」**が書かれています。

今は二十本目を終えたところである。今ごろ、「寅さん」、だというだけではない。これからもしばらく、「寅さん」――この先、いくらつまらなくなろうと、「寅さん」である。

筆者の「寅さん」への愛が語られて、この文章は終わります。
ここまでの説明を踏まえて、第二意味段落をまとめていきましょう。

第二意味段落（53〜91行目）まとめ

エピソード

渥美清の死後、『おかしな男』というポートレートを読んだ

↓

筆者の気持ち（心情）

- 芸人としての渥美清に「恋心」さえ抱いた
- 『男はつらいよ』の監督にも「興味」を持った

エピソード

『男はつらいよ』を観た

↓

筆者の気持ち（心情）

- 「今の日本」にもよいものを作ろうとする精神が存在していることを知り、「歓喜」した
- 慈しむことができる対象がこの世に増えて行く「喜び」と「幸せ」を感じた

文章の全体像

サクッとわかる！
アクティブ・レクチャー
MOVIE
正しい読み方がわかる講義動画にアクセス！
D7-04

第一意味段落（1～52行目）……話題・エピソード・筆者の気持ち（心情）

話題
『男はつらいよ』を今まで観たことがなかった

エピソード
思春期をアメリカで過ごしたため、記憶に残った日本に固執して、新しいものに「拒否反応」を示すようになった

←

筆者の気持ち（心情）
「今の日本」が作った映画には興味を覚えられず、「寅さん」を慈しむことができない「失望」を味わい、「疎外感」を深めていった

第二意味段落（53〜91行目）……エピソード・筆者の気持ち（心情）

エピソード

渥美清の死後、『おかしな男』というポートレートを読んだ

↓

筆者の気持ち（心情）

- **芸人としての渥美清に「恋心」さえ抱いた**
- **『男はつらいよ』の監督にも「興味」を持った**

エピソード

『男はつらいよ』を観た

↓

筆者の気持ち（心情）

- **「今の日本」にもよいものを作ろうとする精神が存在していることを知り、「歓喜」した**
- **慈しむことができる対象がこの世に増えて行く「喜び」と「幸せ」を感じた**

全体を通して最も注目すべきなのは、「今の日本」に否定的だった筆者が、『男はつらいよ』を観たことによって、「今の日本」を好きになることができたという**「変化」**です。

解き方

問1

サクッとわかる!
アクティブ・レクチャー
MOVIE
正しい解き方がわかる講義動画にアクセス!
D7-05

STEP 1 設問を確認する

傍線部A「二人揃って『今』を呪うこと、どんな老女でもかなわない」のはなぜか。最も適切なものを次の中から一つ選びなさい。

この問題は、**傍線部の「理由」を説明する問題**です。まずは傍線部を含む一文を分析しましょう。

STEP 2 傍線部を含む一文を分析する［文の構造からポイントをつかむ］

A 二人揃《そろ》って「今」を呪うこと、どんな老女でもかなわない。

傍線部Aの『今』を呪う」という部分は**「心情」**表現ですね。「呪う」とあるので、「今」に対してマイナスのイメージを持っていることがわかります。二人（姉と私）の「今」に対する思いが書かれている部分（21〜36行目）を見ていきましょう。

STEP 3 解答の根拠をとらえる［周囲を見る］

だが、両親と私たちのちがいには、時代のちがいでは説明し切れないものがある。（▼譲歩 遺伝子の悪戯《いたずら》もそこには加わったのかもしれない）が、なにしろ姉も私も親の都合で外国で育ってしまったのである。しかも思春期からである。（▼譲歩 自分自身が思春期にあったころは、思春期を特権化するのはもちろん、「多感な」、「傷つきやすい」などの常套句《じょうとうく》にも反発を覚えた。）だが、人生、歳をとって見えてくることがある。思春期はたしかに存在する。それは、敵対、孤立、同化など、形はどうであれ同世代と否応《いやおう》なしに関わり合い、その感触を通じて、現実へのとっかかりを手に入れる時期にほかならない。（▼エピソード その思春期に、突然、アメリカ人という異星人の中に放りこまれた私たち姉妹は、現実へのとっかかりを手に入れることができないまま、記憶に残った日本に固執して成長することになった。B 姉は姉で狂い、私も私で狂った。じきに私たちにとっての現実とは、現に生きているアメリカではなく、私たちの心の中で作り上げた日本となっていった。それは記憶に残っている昭和三十年代の日本、異国の孤独の中で読んだ、時代をさらに遡った、旧仮名遣いの日本文学にある日本、折あらば観にいった「オヅ」と「クロサワ」にある日本――黒白の日本映画にある日本である。それが私たちにとっての唯一の現実であり、また、私たちにとっての唯一の日本でもあった。）

二十年後日本に帰ってきた時、そこに見いだした「今の日本」は、私にとっての現実とも、私にとっての日本とも別の何かであった。私は「今の日本」を慈しむことができなかった。私はますます死んでしまった日本人しか慈しむことができなくなっていった。

ここでは、突然アメリカで暮らすことになった筆者（と姉）が、「記憶に残った日本に固執して成長することになった」というエピソードが書かれていました。その結果、筆者は「今の日本」を慈しむことができなくなったのでしたね。傍線部Aの『今』を呪う」は、この「今の日本」を慈しむことができない気持ちを表現したものです。

STEP 4 解答の根拠をまとめる

先ほど確認したように、筆者が「今の日本」を慈しむことができず、『今』を呪う」ようになった理由は、以下の通りです。

【A】思春期を突然アメリカで過ごすことになったために
【B】記憶に残った日本に固執して成長した

これをもとに、選択肢を見ていきましょう。

STEP 5 解答する

正解は、2の「多感な時期に言語も文化も違う国へ行き、現実の日本から切り離されてしまったために、記憶の中の古い日本に固執するようになっていったから。」です。【A】と【B】のポイントがともに含まれています。

他の選択肢を検討してみましょう。

1は、「両親があまりにも新しいものを好み、古いもの、失われたものを軽視するので」の部分が【A】のポイントと異なります。本文には、両親が新しいもの好きであることも書かれていましたが、それは筆者が『今』を呪う」ようになった理由とは関係ありません。また、選択肢の後半には「その反動で新しいものに対して拒否反応を示すようになった」とありますが、【B】のポイントは「新しいものに対して拒否反応を示す」ということではなく、「記憶に残った（＝古い）日本に固執する」ということです。そのため、1は誤りです。

3は、本文の18〜20行目の部分に書かれている内容ですが、その直後の部分に「だが、両親と私たちのちがいには、時代のちがいでは説明し切れないものがある」とあるため、「時代のちがい」は『今』を呪う」ようになった決定的な理由ではないことがわかります。そのため、正解にはなりません。

4は、「当時最先端のアメリカ人と否応なしに関わったせいで」という部分が本文にない因果関係になっているので、誤りです。

問2

サクッとわかる！

アクティブ・レクチャー

MOVIE

正しい解き方がわかる講義動画にアクセス！

D7-06

STEP 1 設問を確認する

傍線部B「姉は姉で狂い、私も私で狂った」とはどういうことか。最も適切なものを次の中から一つ選びなさい。

これは、**傍線部の「内容」を説明する問題**です。まずは傍線部を含む一文を分析しましょう。

STEP 2 傍線部を含む一文を分析する［文の構造からポイントをつかむ］

B

〈姉は〉（主語）姉で狂い、〈私も〉（主語）私で狂った。

傍線部Bの一文では、「姉」と「私」がそれぞれ主語になっていることがわかります。そして「狂う」というのは**「比喩表現」**ですね。この比喩表現をわかりやすく言い換えるのが今回の問題のポイントです。傍線部Bの周囲を見て、「狂う」を説明するための材料を集めましょう。

STEP 3 解答の根拠をとらえる［周囲を見る］

（エピソード）
（その思春期に、突然、アメリカ人という異星人の中に放りこまれた私たち姉妹は、現実へのとっかかりを手に入れることができないまま、記憶に残った日本に固執して成長することになった。〈姉は〉（主語）姉で狂い、〈私も〉（主語）私で狂った。じきに私たちにとっての現実とは、現に生きているアメリカではなく、私たちの心の中で作り上げた日本となっていった。それは記憶に残っている昭和三十年代の日本、異国の孤独の中で読んだ、時代をさらに遡った、旧仮名遣いの日本文学にある日本、折あらば観にいった「オヅ」と「クロサワ」にある日本——黒白の日本映画にある日本である。それが私たちにとっての唯一の現実であり、また、私たちにとっての唯一の日本でもあった。）

この部分から、「狂う」とは、思春期に「アメリカ人という異星人の中に放りこまれた」結果、「現実へのとっかかりを手に入れることができないまま、記憶に残った日本に固執して成長することになった」ことであるとわかりました。これは、**問1**を解くときに確認した内容でもありますね。

STEP 4 解答の根拠をまとめる

STEP 3でつかんだ「狂う」を説明するためのポイントをまとめます。

> **【A】思春期を突然アメリカで過ごすことになり、現実へのとっかかりを手に入れることができなかった**
>
> **【B】記憶に残った日本が自分たちにとっての日本となった**

これを踏まえて、選択肢を見ていきましょう。

STEP 5 解答する

正解は、1の「異国での生活に適応できなかったために、もはや存在していない過去の日本の中に姉と私とがそれぞれの仮想の現実を求めていたこと。」です。【A】のポイントも【B】のポイントも、ともに説明できていますね。

他の選択肢を検討してみましょう。

2は、前半に「異国での生活を受け入れてしまったため」とありますが、【A】では「現実へのとっかかりを手に入れることができなかった」という点も重要です。姉妹にとっての「現実」は、目の前のアメリカではなかったのです。また、後半には「過去の日本像を、姉も私もそれぞれの仕方でゆがんだものにしてしまっていた」とありますが、【B】のポイントは「古い日本が自分たちにとっての日本となった」というものです。「過去の日本像をゆがめた」わけではないので、誤りです。

3には、「当時のアメリカの中にかろうじて見いだせる日本文化に慰めを求めていた」とありますが、「当時のアメリカの中」ではなく「記憶の中」にある日本に固執していたのです。よって、【B】のポイントが違っているため、誤りです。

4の「姉と二人で異国の生活になじむことができず」という部分は正しいのですが、「精神的に追い込まれてしまい」という部分が本文の説明と異なっていますね。また、「日本の良いものを求め必死にもがいていた」とありますが、姉妹が求めていたのは「記憶に残った日本」なので、【B】のポイントの説明としても正しくありません。

問3

サクッとわかる！

アクティブ・レクチャー

MOVIE

正しい解き方がわかる講義動画にアクセス！

D7-07

STEP 1

設問を確認する

傍線部C「初編のビデオを借りたのは、今年の春である」とあるが、筆者が映画を観るに至った過程を説明したものとして最も適切なものを次の中から一つ選びなさい。

この問題は、**傍線部に至るまでの「過程」を説明する問題**です。文学的文章に特有の問題で、**「時系列」**を整理する必要があります。まずは傍線部を含む一文を分析しましょう。

STEP 2

傍線部を含む一文を分析する［文の構造からポイントをつかむ］

C初編のビデオを借りたのは、今年の春である。

この一文の中に、「今年の春」という**「時間を表す語句」**がありましたね。ここに至るまでのできごとは、これ以前の部分に書かれていました。

STEP 3 解答の根拠をとらえる［周囲を見る］

きっかけは、渥美清の死である。

◀エピソード
（渥美清が死んで半年ぐらいすると、新潮社の小冊子『波』に、小林信彦が渥美清のポートレート、『おかしな男』を連載し始めた。渥美清が生きているころなど、あの点々のような奥目を見るだけでなんとなく気分が悪かったのが、死が私を寛容にしたのにちがいない。わずかに拒絶反応を起こしながらも、パラパラと頁を繰った。すると必然的に折々拾い読みする。やがて折々拾い読みするうちに、毎月その頁を探して読むようになった。）

見事なポートレートであった。

渥美清の狂気がかった芸人としての自信が、時には冷酷な、それでいて公平を欠かない、淡々と距離を置いた文章から立ちのぼってくる。そうか。芸能人ではなく芸人だったのか。そんなあたりまえのことが、まずは衝撃であった。読み進むうちに、渥美清が死んでしまったからこそここまで近しく感じられるのも忘れ、なぜ生きている時に彼を知らなかったのだろうと、恋心さえ抱くようになった。大家に対して失礼だが、山田洋次監督にも初めて興味を覚えるようになった。

だが、私は老女のように頭が固く、しかも用心深い。『おかしな男』の連載が終わってさらに数年たち、渥美清の死者としての濃度がさらに高まるまで、『男はつらいよ』を観る気がしなかった。（▼エピソードC 初編のビデオを借りたのは、今年の春である。そのときも、これまでの失望を胸の中で思い起こし、「今の日本」で作られた映画からは何の期待もすまいと自分に言い聞かせながら、発泡酒を片手にリモコンのスイッチを押したのである。）

この部分は、「読み方」の解説で、筆者が『男はつらいよ』を観るきっかけになった心情の**「変化」**として、すでに確認しましたね。

まずは、「渥美清の死」↓（半年後）↓「『おかしな男』というポートレートを読む」というできごとが書かれていました。その後、「『おかしな男』の連載終了」↓（数年後）↓「『男はつらいよ』を観る」ことになったという説明が続きます。

以上が、『男はつらいよ』の初編のビデオを借りるまでの過程です。**エピソードの中に登場する「時間を表す語句」に注意して、時系列を整理するようにしましょう。**

TIPS 「時間を表す語句」に注意して、エピソードの時系列を整理する。

STEP 4 解答の根拠をまとめる

先ほどのエピソードを時系列に沿ってまとめると、以下のようになります。

【A】渥美清の死
【B】半年後に『おかしな男』というポートレートを読む
【C】『おかしな男』の連載終了
【D】数年後に『男はつらいよ』を観る

これをもとに、選択肢を見ていきましょう。

STEP 5 解答する

正解は、3の「嫌悪感さえ抱いていた渥美清の死後、拒絶反応を感じながらも彼のポートレートを読んだことで親近感を抱くようになり、時間を置いたことで、ようやく彼の映画を観る心境になった。」となります。【A】から【D】のまでの流れがしっかり押さえられていますね。

他の選択肢を検討してみましょう。

1は、「俳優としての彼の姿をすぐにでも観てみたいという気になった」という部分が、【D】が「数年後」のことである点をふまえていません。ちなみに、「彼の公平性を欠かない人間性に感銘を受け」と書かれていますが、「公平性を欠かない」のは小林信彦氏の文章についての説明なので、これも誤りです。

2は、「拒絶反応がなくなったところで彼のポートレートを読んで」という部分が誤りであるとともに、「多少の逡巡《しゅんじゅん》の後、観てみる気になった」という部分も【D】が「数年後」のできごとであることと反するので、誤りです。

４は、「偶然彼の人間性溢れるポートレートを読んでも、彼に対する嫌悪感は払拭できなかった」という部分が、本文の「恋心さえ抱くようになった」という説明と矛盾するため、誤りです。

問４

サクッとわかる！
アクティブ・レクチャー
MOVIE
正しい解き方がわかる講義動画にアクセス！
D7-08

STEP 1 設問を確認する

傍線部Ｄ「『歓喜』としか言いようもないものが、身体中に溢《あふ》れた」のはなぜか。最も適切なものを次の中から一つ選びなさい。

この問題は、**傍線部の「理由」を説明する問題**です。傍線部Ｄの中にある「歓喜」という心情に至った理由を本文中でつかむ必要がありますね。まずは、傍線部を含む一文を分析しましょう。

STEP 2 傍線部を含む一文を分析する［文の構造からポイントをつかむ］

そして、観終わった時、バタ臭い表現で申し訳ないが、D ◀主部《「歓喜」としか言いようもないものが》、身体中に溢《あふ》れた。

傍線部を含む一文の主部は『「歓喜」としか言いようもないものが』ですね。「歓喜」という心情になった理由が書かれている部分を本文で探しましょう。

STEP 3 解答の根拠をとらえる［周囲を見る］

私は、驚いた。そして、観終わった時、バタ臭い表現で申し訳ないが、D ◀主部《「歓喜」としか言いようもないものが》、身体中に溢《あふ》れた。その「歓喜」は、やがて、テレビの熱に蒸された部屋から溢れ出て、小さなマンションとミニ開発が乱立し、これ以上醜くはなりえない東京の町の中へと嵐のように広がっていった――ような気がした。

◀譲歩（『男はつらいよ』自体が「失われたもの」への郷愁に貫かれた映画だというのは承知である。）だが、そのようなことは、あのときの「歓喜」とは本質的には関係がない。自分の無知を棚上げした不遜な言い方だが、あれは、「今の日本」にかくもよいものを作ろうとする精神が存在していたのを知った喜びである。監督、松竹の制作チーム、人気女優を含む俳優さんたち――私にとって「今の日本」の人でしかない人たちが、一丸となり、よりよいものをと、憑《つ》かれたように動いていた。

79行目に「『今の日本』にかくもよいものを作ろうとする精神が存在していたのを知った」と書かれていました。よいものを作るために「今の日本」の人たちが力を合わせていることがわかったので、筆者は「歓喜」したのですね。

STEP 4 解答の根拠をまとめる

筆者が「歓喜」した理由をまとめると、以下のようになります。

【A】よいものを作ろうとするために
【B】「今の日本」の人たちが一丸となって取り組んでいることがわかった

これを踏まえて、選択肢を見ていきましょう。

STEP 5 解答する

正解は、2の「制作者たちが一丸となって質の高いものを作ろうとする意気込みが、映画

の中に満ち溢れていたから。」となります。【A】の「よいものを作ろうとする」というポイントと、【B】の『今の日本』の人たちが一丸となって」というポイントが、ともに入っていますね。

他の選択肢を検討してみましょう。

1には「郷愁に貫かれた古き良き日本を描いた映画である」とありますが、「郷愁」や「古き良き日本」というのは、今回とらえたポイントではないため、誤りです。「郷愁」は「あのときの『歓喜』とは本質的には関係がない」のでしたね。

3には「醜い現実の東京が映画の中で魅力的に描かれていた」とありますが、これも、今回とらえたポイントでないため、誤りです。

4には「日本の今の姿をありのままに描こうとする」とありますが、これは【A】の「よいものを作ろうとする」というポイントと異なりますね。

問5

サクッとわかる！

アクティブ・レクチャー

MOVIE

正しい解き方がわかる講義動画にアクセス！

D7-09

STEP 1 設問を確認する

傍線部E「私は『寅さん』によって変わったと思う」とはどういうことか。最も適切なものを次の中から一つ選びなさい。

この問題は、**傍線部の「内容」を説明する問題**です。まずは傍線部を含む一文を分析しましょう。

STEP 2 傍線部を含む一文を分析する〔文の構造からポイントをつかむ〕

〈私は〉「寅さん」によって変わったと思う。E

「『寅さん』によって」とあるので、「寅さん」が**「変化」の原因**であることがわかります。「寅さん」によって、筆者がどのように「変化」したのかを確認していきましょう。

STEP 3 解答の根拠をとらえる［周囲を見る］

E〈私は〉「寅さん」によって変わったと思う。

『男はつらいよ』を続けて観るうちに、「今の日本」と和解しつつある自分を見いだすこととなったのである。（譲歩 人は言うであろう。あれは「今の日本」ではないと。）だが昭和三十年代で時が止まってしまった私にとって、あれで充分に「今の日本」なのである。今までの自分の無知と不遜を恥じるよりも、慈しむことができる対象がこの世に増えて行く喜びの方が大きく、最近はそれで幸せである。

「『男はつらいよ』を続けて観るうちに、「今の日本」と和解しつつある自分を見いだすこととなった」とあるように、筆者は「寅さん」によって、これまでは好きになれなかった「今の日本」と「和解」することができたのです。これが「変化」の内容です。そして、「慈しむことができる対象がこの世に増えて行く喜びの方が大きく、最近はそれで幸せである」という表現からも、これが**マイナスからプラスへの「変化」**であることがわかります。

STEP 4 解答の根拠をまとめる

筆者の「変化」をまとめると、以下のようになります。

【A】『男はつらいよ』を観るうちに、「今の日本」と和解しつつある自分を見いだす
【B】慈しむことができる対象がこの世に増えて行く喜びと幸せを感じる

これをもとにして、選択肢を見ていきましょう。

STEP 5 解答する

正解は、1の『男はつらいよ』を観るまでは「今の日本」に対して拒絶反応を示してきたが、「今の日本」にも慈しみを感じることのできる対象が増えて、幸せを感じられるようになった。」となります。【A】の「和解」というポイントと【B】の「幸せ」というポイントが入っていますね。

他の選択肢を検討してみましょう。

2は、『男はつらいよ』を観て、日本にいなかった自分の時間的空白が埋められていく喜び」という部分が【B】のポイントと異なるため、誤りです。

3は、「今の日本映画も捨てたものではないと思えるようになった」が【B】とは異なるため、誤りです。

4は、「『男はつらいよ』が昭和三十年代と現在を結ぶ懸け橋になってくれている」が【A】とは異なるため、誤りです。筆者は『男はつらいよ』に「今の日本」のよさを感じたのでした。

問題 7 解答

問1 2
問2 1
問3 3
問4 2
問5 1

要点整理

TIPS

「体験談（エピソード）」に振り回されずに、「筆者の気持ち（心情）」や「筆者の主張」を最優先でチェックする。

……本冊278ページ

TIPS
「エピソード」があったら、「筆者の気持ち（心情）」と結びつける。
……本冊285ページ

TIPS
心情の変化につながるエピソードは、ていねいに確認する。
……本冊289ページ

TIPS
「時間を表す語句」に注意して、エピソードの時系列を整理する。
……本冊306ページ

第8講

人物の心情を読む

小説文

サクッとわかる!

ダイジェスト・レクチャー

MOVIE

重要ポイントを
ギュッと凝縮した
講義動画にアクセス!

D8-01

LECTURE

「小説文」で常に高得点を取るためには、どうすればいいの？

TIPS

「原因」→「心情」→「結果」の「因果関係」をつかんで、文章に書いてある通りに理解する。

今回は、文学的文章の**「小説文」の読み方**を学びます。

小説文は受験生にとって一番の泣きどころです。評論文と比べて、テストの点数が安定せず、できるときとできないときの差が大きく出てしまいます。

でも、それには理由があります。大学入試の小説の読み方がわかっていないと、うまく読めるときもあればうまく読めないときもあるということになってしまい、結果として点数も安定しないのです。

皆さんは、小説を読むのが好きですか？ ふだんの読書では、登場人物に感情移入したり、物語の世界観に没入したり、または、話の展開に驚いたりしながら読んでいくと思います。読み方に決まりはなく、自分なりの楽しみ方をすればよいのです。

一方、大学入試の現代文で小説が出題される場合には、**必ず答えが一つに決められています**。ですから、その答えを導くための読み方をする必要があるのです。

ここで、本書の冒頭で「読み方の大原則」としてお話ししたことを思い出してみましょう。大学入試の現代文では**「文章」の中でどのように書かれているか**ということしか聞かれていないのでしたね。それは、小説文でも同じです。評論文を読むときと同様に、**「文章に書いてある通りに理解する」**ことだけが求められているのです。

これを踏まえて、小説文を「書いてある通りに理解する」ために、気をつけるべきことを説明していきたいと思います。もちろん、これまでに学んだように、文法というルールにしたがって、「主語―述語」の関係や「修飾―被修飾」の関係などに注意して文の内容を整理していくことも大切です。そのうえで、小説文では特に、**「因果関係」をとらえる**ことを重視してほしいのです。

小説文では、登場人物の**「心情」**が読解における最大のポイントになります。しかも、その登場人物の「心情」は、文章の中で**何度も変化していきます**。ですから、まずは、**「心情」**とその「心情」が生まれる**「原因」**となった「事態」や「事情」とをセットにしながら、「心情」をつかんでいくようにします。

また、登場人物の「心情」は、**「結果」**として、人物の「行動」や「反応」や「発言」に表れます。「涙を流した」「身をふるわせて笑った」「そっと目をそらした」などの「行動」や「反応」には、すべて人物の「心情」が表れています。登場人物の「心情」は「行動」や「反応」や「発言」につながっているので、それらをヒントにすることで「心情」をつかむことができます。

ここまでの説明をまとめると、次のようになります。

▼小説文における「因果関係」のイメージ

原因 → **心情** → **結果**

事態　事情　　　　行動　反応　発言

小説文を読む際には、この**「原因」→「心情」→「結果」**の「因果関係」をしっかりとらえるようにしましょう。

そして、この因果関係の把握に欠かせないのが、**「時間」**です。小説文では、前に起こったことが「原因」で、その後に起こったことが「結果」になりますね。ですから、「時間」に注目して時系列を整理することで、「因果関係」を正しくつかむことができるのです。

時系列を整理する際には、「場面」分けをしていくことが有効ですが、**過去にさかのぼっている場面（回想）**には、注意が必要です。

小説文で「場面」分けをする際には、まずは**「時間」**を確認します。「一年前」や「昨夜」など、以前のことが書かれていることがわかる表現が出てきたら、過去にさかのぼっている場面だとすぐにわかりますね。

そのほか、**「場所」**の変化や、**「登場人物」**の入れ替わり（入退場）も、場面をとらえるヒントになります。

これらを合わせて、時系列にそった「因果関係」をとらえられれば、小説文も「書いてある通りに理解する」ことができます。

小説文であっても「文章に書いてある通りに理解する」という大前提に変わりはありませんので、文章中で正しく「因果関係」をつかんだうえで問題に答えていくようにしましょう。

問題
8

解答・解説

問題は別冊56ページ

読み方

今回の文章は、三学期の学級委員の選挙のことが気になって仕方がない少年が主人公の小説です。場面の変化に注意しながら、少年の心情をていねいに読み取っていきましょう。

第一意味段落（1～37行目）

サクッとわかる！
アクティブ・レクチャー
MOVIE
正しい読み方がわかる講義動画にアクセス！
D8-02

1行目から読んでいく前に、**「リード文」**を確認しましょう。この中に、「三学期が始まる直前」という、**「時間を表す語句」**がありましたね。これを踏まえて、本文を読んでいきます。

学級委員は各学期に男女二人ずつ。去年までは男女一人ずつだったが、新しく赴任した校長先生の「一人でも多くの児童にクラスのリーダーの責任感とやりがいを与えたい」という方針で人数が倍に増え、立候補も再選も「なし」になってしまった。

なんだかなあ、といつも思う。中途半端だよそんなの、と文句を言いたい。学級委員をまじめな子に独占させたくないのなら、日直や給食当番みたいに順番でみんなにやらせればいい。それができないのなら、いままでどおり男女一人ずつにしておいてくれたほうがずっと気が楽だ。

クラスの男子は十七人。学級委員は、そのうち六人。三分の一は委員になる計算だ。これ——けっこうキツい。去年までのように年間三人の委員なら、みんなが認めるベストスリーがすんなりと当選する。でも、六人になって、しかも三学期になると、どんぐりの背比べだ。十七人中の五番めと六番めで選ばれたって自慢にはならないし、そのくせ選ばれなかったら、ベストスリーからはずれるよりずっと悔しい。

「あ、でも……」紺野くんは少年を振り向いた。「学級委員、なっちゃうんじゃない?」

「俺?」——声が裏返りそうになった。

「うん、だって、他にもう学級委員やれそうな奴っていないじゃん」

「そんなことないって、なに言ってんだよ、まだたくさんいるよ」

あいつだって、こいつだって、と思いつくまま名前を挙げていった。

でも、少年は知っている。勉強でもスポーツでも遊びでも、自分の位置は、十七人の真ん中よりちょっと上。七番とか、八番とか……九番までは落ちないと思うし、もしかしたら六番とか、意外と五番とか……。

「俺は当選すると思うけどなあ」

うらやましそうに言う紺野くんは、少年のランク付けではクラスの最低。気はいい奴でも、トロくて、勉強もスポーツも全然だめで、顔もよくない。一学期も二学期も、一票も入らなかった。

マジ、俺、当選すると思うぜ、と紺野くんがつづけるのをさえぎって、ゲームをリセットした。「早くやろうぜ早く」とゲームに戻り、あとはもう選挙の話はしなかった。

この場面で、主人公の少年は、三学期の学級委員選挙のことを考えています。「なんだかなあ、といつも思う。中途半端だよそんなの、と文句を言いたい」「クラスの男子は十七人。学級委員は、そのうち六人。三分の一は委員になる計算だ。これ――けっこうキツい」「十七人中の五番めと六番めで選ばれたって自慢にはならないし、そのくせ選ばれなかったら、ベストスリーからはずれるよりずっと悔しい」という部分に、少年の**「心情」**が表れています。「去年までは男女一人ずつ」だった学級委員が「各学期に男女二人ずつ」になったために、クラスの三分の一が学級委員になることになります。少年は、学級委員になりたいわけではないのですが、クラスの三分の一にも選ばれないのは「悔しい」と思っているのです。

このように、小説文を読むときには、「心情」と「できごと」をつかむ必要がありますが、まずは、**「心情」を直接示す表現**に注目するのがその基本です。

「心情」を直接示す表現には、以下のようなものがあります。

▼「心情」を直接示す表現の例

- **心情語（「うれしい」「悲しい」「悔しい」など）**
- **心の中の思いであることを表すもの（「〜気持ち」「〜と思う」「〜と感じる」など）**
- **意志や願望を表すもの（「〜よう」「〜たい」など）**

これらをヒントにして、**直接的な「心情」をチェックしていきましょう**。

TIPS まずは、「心情」を直接示す表現をチェックする。

その後、少年は紺野くんから「学級委員、なっちゃうんじゃない？」と、当選するのではないかと言われますが、選挙のことは考えたくないので、紺野くんの話をさえぎり、その後は選挙の話をしませんでした。

紺野くんが帰ったあと、急に胸がむしゃくしゃしてきた。自転車で町じゅうを走り回っても、まだおさまらない。

学級委員なんてなりたくないのに、学級委員に選ばれたい。できれば当選したあとで「俺、絶対にヤだから」と断ってみたい。

一学期の選挙では二票しか入らなかった。二学期の選挙では六票に増えた。クラスの「上」の四人が抜けた今度の選挙では……「上」って発想、ヤだな、なんか。

人気者になりたい――のとは、違う。勝ち負けというのとも、微妙に、違う。

ただ、どきどきする。むしゃくしゃする。胸の奥で小さな泡が湧いて、はじけて、また湧いて、はじけて……。

俺だけなのかなあ、とつぶやいた。

①こんなこと考えてるのって、クラスで俺だけ、なんだろうか。みんなはもっと余裕で、全然楽勝で、へっちゃらで、選挙のことなんてなにも気にしていない、のだろうか。

こんなことを考えてる俺って、じつは死ぬほどヤな性格の、ヤな奴、なんだろうか。

（◀回想 四年生の頃には思わなかったことだ。たぶん。三年生の頃だと、選挙の前にこんな気分になってしまうなんて、想像すらできなかった、と思う。二年生や一年生の頃のことは、もう思いだせない。）（中略）

まず、「紺野くんが帰ったあと」とあるので、登場人物が一時的に退場したことがわかります。ここで**場面が変わった**と考えることができますね。

そして、「学級委員なんてなりたくないのに、学級委員に選ばれたい。できれば当選したあとで『俺、絶対にヤだから』と断ってみたい」という部分で、少年の少し屈折した心情を読み取ります。先ほども確認したように、少年は、学級委員にはなりたくないのですが、クラスの三分の一には選ばれたいのです。

また、「四年生の頃」「三年生の頃」「二年生や一年生の頃」という言葉をもとに、**過去にさかのぼっている場面（回想）**であることを確認しておきましょう。

それではここで、第一意味段落の内容をまとめます。

第一意味段落（1～37行目）まとめ

原因
学級委員選挙がある（クラスの三分の一は委員になる計算）

↓

心情
学級委員にはなりたくない↕クラスの三分の一には選ばれたい

↓

結果
どきどきする・むしゃくしゃする

少年は、学級委員選挙のことをとても気にしているのですね。これを踏まえて、第二意味段落に進みましょう。

第二意味段落（38〜121行目）

サクッとわかる！
アクティブ・レクチャー
MOVIE
正しい読み方がわかる講義動画にアクセス！
D8-03

体育館での始業式が終わり、教室に戻ると、担任の間宮先生が「今日の『終わりの会』は三学期の学級委員の選挙にします」と言った。

どきどきしたままで、むしゃくしゃしたままの胸が、息ができないほど締めつけられた。列ごとに配られた投票用紙を後ろに回すとき、指がかすかに震えた、ような気がした。

投票するのは、男女二人ずつ。

「好き嫌いや人気投票じゃなくて、クラスにとって誰が委員になってくれたら一番いいのか、よーく考えて投票しなきゃだめよ」

ふだんはスウェット姿がほとんどの先生が、今日は始業式だからスカートとジャケット姿——それだけでなにか、いつもは優しい先生が急に厳しくなったように見える。

少年は投票用紙に向かった。女子の委員は最初から遠藤さんと矢口さんに決めていたのに、名前を書くときにシャープペンシルの芯が折れてしまった。

男子は――最初に梶間くんと榎本くんの名前を並べて書いて、梶間くんを消して、紺野くんの名前に書き換えた。だってあいついい奴だもん、トロいけど優しいし、三学期になってもゼロ票ってかわいそうだし。深呼吸をした。榎本くんの名前も消した。顔を伏せ、両手で壁をつくって、小さく切ったわら半紙の投票用紙を隠した。シャープペンシルを素早く動かして二人めの名前を書き終えたら、すぐに紙を折り畳んだ。

自分の書いた字は見なかった。読まなくてもわかる。いままでに数えきれないほど書いてきて、これからも数えきれないほど書いていくはずの名前だった。

「始業式が終わり」「教室に戻る」という表現から、**場面が変わったことがわかります**。いよいよ選挙が始まるのですね。少年は「どきどきしたままで、むしゃくしゃしたまま」で選挙を迎えます。「指がかすかに震えた」ような気がしたり、先生が「厳しくなったように見え」たり、また、「シャープペンシルの芯」を折ってしまったりしていることから、少年が緊張していることがわかります。

さて、ここで、少年が投票用紙に書いた名前について確認しておきましょう。最初は梶間くんと榎本くんの名前を書いていましたが、梶間くんの名前を紺野くんに書き換え、その後、さらに榎本くんの名前を少年自身の名前に書き換えていました。これは、「いままでに数えきれないほど書いてきて、これからも数えきれないほど書いていくはずの名前」という表現によってわかります。

開票が始まった。

三枚めの投票用紙で、初めて少年の名前が告げられた。「正」の字の上の横棒が黒板に記された。「なんでだよお、誰が入れたんだよ、バカ、なに考えてんだよお」とうっとうしそうに声をあげたら、先生に「開票中は静かにしなさい」と注意された。

また少年の名前が出てきた。「一」に縦棒が加わって、ほどなく三票めも入った。

でも、その時点ですでに榎本くんは「正」の字を完成させていたし、もっと速いペースで票を伸ばしていた梶間くんは、二つめの「正」も残り二票でできあがる。

「カジとエノちゃんでいいじゃん、もう決まったようなもんじゃん、コールド勝ちじゃん」

椅子の前脚を浮かせて言うと、先生に「私語をしないの」と名指しで叱られた。

開票は後半に入った。順調に票を伸ばした梶間くんの当選は確実だったが、二人めの委員は榎本くんと少年が抜きつ抜かれつだった。

投票用紙が残りわずかになると、榎本くんもそわそわしはじめ、「俺、やりたくないって言ってんじゃん」「だめだって、俺、学校やめるから」と無駄口が増えてきた。うるさい。耳障りだ。少年は小さく舌打ちした。さっきの俺も、アレと同じだった？　もう一度舌打ちをして、空《から》あくびをして、あと一票で完成する三つめの「正」から目をそらしたとき、紺野くんの名前が読み上げられた。

初めての得票だった。「紺野」の下に、「正」の横棒が一本。教室のどこかから、くすくす笑う声が聞こえた。やだぁ、と女子の誰かの声も。

同じ投票用紙に書かれたもう一人の名前も、読み上げられた。

少年の、三つめの「正」ができあがった。

ここは、開票中の描写ですね。少年は、クラスの「三分の一」には選ばれたいのですが、いざ自分に票が入ったことがわかると、「うっとうしそう」に声をあげています。ここでのポイントは、「うっとうしい」ではなく「うっとうしそう」と表現されていることです。学級委員になりたいそぶりを見せないように本心を隠していることがわかりますね。

小説文では、このように、**人物が自分の心情を隠そうとしたり、本心を偽ったりする様子が描かれることがあります**。「隠す」「偽る」などと言うと難しく感じるかもしれませんが、本当の心情をつかむための根拠は必ず本文中にあります。ですから、それを確実にチェックするようにしましょう。「ここは、本当は違う気持ちなのかもしれないな……」などという自分勝手な思い込みは絶対に避けなければならないので、**どのような場合にも、必ず本文で「因果関係」をつかむようにします**。

TIPS 本心を隠している描写でも、「因果関係」をつかめば本当の心情がわかる。

その後も、本心を隠している少年の様子が描かれていました。「カジとエノちゃんでいいじゃん、もう決まったようなもんじゃん、コールド勝ちじゃん」という言葉も、椅子の前脚を浮かせて落ち着かない様子で言っていることから、本心ではないことがわかりますね。

そして結局、少年には十五票が入りました。この結果を踏まえて、この後の部分を読み進めていきましょう。

少年は当選した。十五票。榎本くんとは一票差だった。「ちぇっ、一瞬期待して損したじゃんよお、カッコ悪ーう！」と榎本くんは甲高い声で言って、両手をおどけてひらひらさせた。頬が赤い。教室じゅうを見回しているのに、誰とも目を合わせていない。

少年の頬も赤かった。誰とも目を合わせず、黒板に並ぶ「正」やできかけの「正」をじっと、にらむように見つめていた。

エノちゃんもおんなじだったんだ、と思った。あいつも俺とおんなじで、胸が A して、 B していたのかもしれない。ほんとうはカジだって、他の奴らだって、おんなじだったのかもしれない。

「じゃあ、委員になったひとは前に出て、一言ずつ挨拶してください」と先生が言った。

女子の二人と梶間くんに遅れて、少年はのろのろと席を立った。当選して断るなんて、やっぱりできない。そんなの最初からできるわけなかったんだよバーカバーカ、死ねバーカ、と自分をなじった。

うつむいて歩きだしたら、紺野くんの顔がちらりと目に入った。結局一票だけで終わった紺野くんは、こっちを見て、やったね、というふうに笑っていた。三つの「正」の中には、紺野くんが入れてくれた一票も含まれているのだろう、きっと。

少年は梶間くんたちと並んで黒板の前に立ち、みんなと向き合った。榎本くんを見られない。もしかしたら字の書き癖で……と思うと、怖くて、先生のほうも向けない。選挙が終わった瞬間には荷物を下ろしたように軽くなった気分が、いまはまた重い。さっきよりずっと重くて、苦くて、悔しくて、悲しい。

少年は当選しました。「自分をなじった」「うつむいて歩きだした」という表現から、当選を喜んでいないことがわかります。また、「榎本くんを見られない」「怖くて、先生のほうも向けない」「選挙が終わった瞬間には荷物を下ろしたように軽くなった気分が、いまはまた重い。さっきよりずっと重くて、苦くて、悔しくて、悲しい」の部分に注目しましょう。なぜ少年は当選したのに**マイナスの心情**になってしまっているのでしょうか。

それは、梶間くんと榎本くんの名前を消して、紺野くんと自分の名前に書き換えたことが原因です。少年は、榎本くんと一票差で当選したのですが、もし少年が榎本くんの名前を自分の名前に書き換えていなければ、少年ではなく榎本くんが当選したのです。少年は、自分の一票で自分と同じような気持ちでいたであろう榎本くんを落選させてしまったために、「重くて、苦くて、悔しくて、悲しい」気持ちになったのです。

続きを確認していきましょう。

梶間くんは「三学期は短いけど、一所懸命がんばるから、みんなも協力してください」と胸を張って、大きな声で挨拶をした。

少年は横を向いて、「②ぼくも同じです」とだけ言った。

「それだけ?」

先生の声に、思わずひるんで振り向いた。先生は窓を背にして立っていた。外の陽射しがまぶしくて顔がよく見えない。

「当選したひとは『正しい』がたくさんあったんだから、挨拶も、きちんと、正しい挨拶にしなさい」

意味のわかった何人かが笑った。少年にもわかったから――逃げるように正面を向いた。

榎本くんはもうふだんの調子に戻って、隣の女子の浅井さんと小声でおしゃべりしていた。紺野くんもいる。挨拶のあとの拍手に備えて、相撲の土俵入りみたいに手を開いて、少年と目が合うと、すげえーっ、カッコいーい、と口だけ動かして、また笑った。

少年は目をそらす。気をつけをして、軽くつま先立って、息を吐きながら踵《かかと》を下ろした。いつか先生に教わった、緊張しないで挨拶をするときのコツだ。

「③ぼくも……一所懸命、がんばります」

ちゃんと言えた。

「よろしくお願いします」と頭を下げると、先生が「はい、新しい学級委員に拍手ーっ」と言った。みんなの拍手に包まれると、急に胸が熱くなって、涙が出そうになった。

ここでも、少年の心情をていねいに確認していきましょう。先ほども説明したように、少年はマイナスの心情になっているので、クラスのみんなに顔向けできず、挨拶もきちんとできません。しかし、先生に「当選したひとは『正しい』がたくさんあったんだから、挨拶も、きちんと、正しい挨拶にしなさい」と注意され、「ぼくも……一所懸命、がんばります」「よろしくお願いします」と挨拶しました。みんなに拍手されますが、まだ後ろめたくつらい気持ちは残っているので、少年は「胸が熱くなって、涙が出そう」になり、自分の気持ちを持て余しています。

「じゃあ、みんなはこれで下校でーす、学級委員の初仕事、黒板の字を消してくださーい」

教室は椅子を引く音やランドセルの蓋を閉める音やおしゃべりの声で騒がしくなった。黒板消しを手にした少年は、まっさきに自分の名前と三つの「正」を消した。次に、紺野くんの名前を消し、「一」を消した。

榎本くんの名前の前に立って、あと一本あれば完成していた三つめの「正」の、④ほんとうなら最後の横棒が入っていたところをしばらく見つめてから、名前と「正」をまとめてひと拭きで消した。

先生に名前を呼ばれた。軽くてやわらかな、歌うような口調だった。

振り向くと、さっきと同じ場所に立っていた先生は、「学級委員の仕事、しっかりがんばりなさいよ」と笑った。

少年は黙ってうなずいた。笑い返したかったが、頬の力を抜いたら、違う顔になってしまいそうだった。

教卓のそばまで、紺野くんが来た。「終わったら、一緒に帰ろうぜ」と少年に言った。

今度も、なにも応えられなかった。⑤黒板に向き直って、自分の名前があった場所を、また黒板消しで拭いた。何度も何度も拭いた。

書記をつとめた日直の藍原くんがよほど強く書いたのだろう、三つめの「正」は、どんなに拭いても、いつまでもうっすらと跡が残っていた。

少年は、学級委員の初仕事として黒板の字を消しています。

まっさきに「自分の名前と三つの『正』を消した」という部分からは、自らの行動に対する後悔の心情が読み取れます。その後に紺野くんの名前と榎本君の名前を消しているときも同じ心情ですね。

さらにその後、先生や紺野くんに話しかけられてもうまく対応することができません。そして、少年は自分の名前を何度も何度も拭いていました。

そして、最後の段落に「三つめの『正』は、どんなに拭いても、いつまでもうっすらと跡が残っていた」とありますね。これは、選挙のときの自分の行為を消そうとしてももう元には戻らないことや、少年の心の中に消えようもない後悔の念が残っていることなどを暗に示していると考えることができます。

ただし、このような**「暗示」**は解釈が難しいことが多いので、設問で問われていないのであれば、積極的にその意味を明らかにしなくてもかまいません。たしかに、この部分は、この文章の中で最も味わいのある箇所ではあるのですが、この直前の部分で、自らの行為を後悔している少年の心情が読み取れていれば、「因果関係」は十分につかめていますので、**「文章に書いてある通りに理解する」ことを優先しましょう。**

TIPS 「暗示」を解釈することよりも、確実に読み取れる「因果関係」をつかむことを重視する。

それでは、第二意味段落の内容をまとめていきます。

第二意味段落（38〜121行目）まとめ

原因①

投票用紙に書いた梶間くんと榎本くんの名前を、紺野くんと自分の名前に書き換えた

←

原因②

一票差で少年が当選し、榎本くんが落選した

←

心情

重くて、苦くて、悔しくて、悲しい

←

結果

- クラスのみんなに顔を向けられない
- 黒板に書かれた自分の名前を消す（消したくても消せない行為をしてしまった）

続いて、この文章全体の流れを確認していきましょう。

文章の全体像

サクッとわかる！

アクティブ・レクチャー

MOVIE

正しい読み方がわかる講義動画にアクセス！

D8-04

第一意味段落（1〜37行目）……学級委員選挙の前

原因 学級委員選挙がある（クラスの三分の一は委員になる計算）

←

心情 学級委員にはなりたくない↕クラスの三分の一には選ばれたい

←

結果 どきどきする・むしゃくしゃする

第二意味段落（38〜121行目）……学級委員選挙当日

原因①

投票用紙に書いた梶間くんと榎本くんの名前を、紺野くんと自分の名前に書き換えた

↓

原因②

一票差で少年が当選し、榎本くんが落選した

↓

心情

重くて、苦くて、悔しくて、悲しい

↓

結果

- **クラスのみんなに顔を向けられない**
- **黒板に書かれた自分の名前を消す（消したくても消せない行為をしてしまった）**

全体をまとめて見てみると、クラスの三分の一に選ばれたいと思うあまり、投票用紙に自分の名前を書いて選挙の結果を変えてしまったことで、少年が後悔の念にさいなまれるという流れが見えてきますね。

解き方

問1

サクッとわかる!
アクティブ・レクチャー
MOVIE
正しい解き方がわかる講義動画にアクセス!
D8-05

STEP 1 設問を確認する

傍線部①「こんなこと考えてるのって、クラスで俺だけ、なんだろうか」について、「こんなこと」を端的に表現した段落を見つけ、その冒頭五字を答えなさい。

この問題は、**傍線部の「内容」を説明する問題**です。「こんな」という指示語が指し示す内容を答えることが求められているので、まずは傍線部のある一文を分析しましょう。

STEP 2 傍線部を含む一文を分析する［文の構造からポイントをつかむ］

①◀指示語
こんなこと考えてるのって、クラスで俺だけ、なんだろうか。

「こんなこと」が少年の考えている内容だということをヒントにして、これより前の部分を見て指示語が指し示している内容を探していきましょう。

STEP 3 解答の根拠をとらえる［周囲を見る］

学級委員なんてなりたくないのに、学級委員に選ばれたい。できれば当選したあとで「俺、絶対にヤだから」と断ってみたい。

一学期の選挙では二票しか入らなかった。二学期の選挙では六票に増えた。クラスの「上」の四人が抜けた今度の選挙では……「上」って発想、ヤだな、なんか。

人気者になりたい——のとは、違う。勝ち負けというのとも、微妙に、違う。

ただ、どきどきする。むしゃくしゃする。胸の奥で小さな泡が湧いて、はじけて、また湧いて、はじけて……。

俺だけなのかなあ、とつぶやいた。

①◀指示語
こんなこと考えてるのって、クラスで俺だけ、なんだろうか。みんなはもっと余裕で、全然楽勝で、

――へっちゃらで、選挙のことなんてなにも気にしていない、のだろうか。

指示内容を探すために前の部分を見てみましょう。少年は、学級委員に選ばれるかどうかについて考えていたのでしたね。「学級委員なんてなりたくないのに、学級委員に選ばれたい。できれば当選したあとで『俺、絶対にヤだから』と断ってみたい」とあります。「たい」は**願望の表現**なので、ここが少年の考えていることにあたります。

STEP 4 解答の根拠をまとめる

先ほど確認したように、少年は学級委員選挙について、以下のように考えていました。

> **学級委員なんてなりたくないのに、学級委員に選ばれたい。できれば当選したあとで「俺、絶対にヤだから」と断ってみたい**
>
> → **こんなこと考えてるのって、クラスで俺だけ、なんだろうか**

これをもとに、解答していきましょう。

STEP 5 解答する

正解は、「学級委員な」［25行目］です。

ここ以外で紛らわしい部分としては、「一学期の選挙では二票しか入らなかった。二学期の選挙では六票に増えた。クラスの『上』の四人が抜けた今度の選挙では……『上』って発想、ヤだな、なんか。」などがありますが、設問に『こんなこと』を端的に表現した段落」という条件がついています。「端的」とは、「はっきりしている」「明白」という意味ですから、「学級委員」に対する少年の気持ちがはっきり表れている段落を答えます。

問2

サクッとわかる！
アクティブ・レクチャー
MOVIE
正しい解き方がわかる
講義動画にアクセス！
D8-06

STEP 1 設問を確認する

空欄 A と B に当てはまる適切な言葉を、本文中から探してそれぞれ答えなさい。

この問題は、**空欄にふさわしい言葉を抜き出す問題**です。「言葉」とあるので、「単語」で答えを探していきますが、まずは、空欄を含む一文を分析しましょう。

STEP 2 空欄を含む一文を分析する［文の構造からポイントをつかむ］

あいつ[も]俺と[おんなじ]で、胸が A して、 B していたのかもしれない。

「あいつも俺とおんなじで」というのは**「類似」のカタチ**ですね。「あいつ」つまり榎本くんも少年と同じ心情だったのかもしれないということですから、選挙のことを考えている少年の心情を探しましょう。

STEP 3

解答の根拠をとらえる［周囲を見る］

体育館での始業式が終わり、教室に戻ると、担任の間宮先生が「今日の『終わりの会』は三学期の学級委員の選挙にします」と言った。

どきどきしたままで、むしゃくしゃしたままの胸が、息ができないほど締めつけられた。列ごとに配られた投票用紙を後ろに回すとき、指がかすかに震えた、ような気がした。

学級委員選挙当日の少年の心情は、「どきどきしたままで、むしゃくしゃしたままの胸」という部分に書かれていますね。

STEP 4

解答の根拠をまとめる

先ほど確認したのは、次の二つの心情です。

「どきどき」したままで「むしゃくしゃ」したままの胸

STEP 5 解答する

正解は、「どきどき」と「むしゃくしゃ」「40行目など」ですね。

ちなみに、先ほどの問1の問題では**「段落」**を探すことが求められており、今回の問2では**「言葉（＝単語）」**を探すことが求められていました。

その他にも、抜き出し問題では、**「一文」**や**「部分」**などの条件がつけられることがあります。「一文」は句点（。）の後から次の句点までを指します。そして、「部分」は少しやっかいで、一文の中の特定の箇所だけを指すこともありますが、複数の文の集合を「部分」と呼ぶこともあります。

いずれにしても、抜き出す「単位」を誤ると正解にならないので、慎重に確認するようにしましょう。

問3

サクッとわかる！
アクティブ・レクチャー
MOVIE
正しい解き方がわかる
講義動画にアクセス！
D8-07

STEP 1 設問を確認する

「少年」の当選挨拶が、傍線部②「ぼくも同じです」から傍線部③「ぼくも……一所懸命、がんばります」に変化したのはなぜか。その心境変化に影響を与えた要因に触れながら五十字程度で説明しなさい。

この問題は、**傍線部の「心情」を説明する問題**です。「心境変化」とその「要因」が問われているので、**「心情」**と変化の**「原因」**をとらえる必要がありますね。まずは傍線部を含む一文を分析しましょう。

STEP 2 傍線部を含む一文を分析する［文の構造からポイントをつかむ］

少年は横を向いて、「②ぼくも同じです」とだけ言った。

「③ぼくも……一所懸命、がんばります」

傍線部②と③は、ともに少年の発言ですね。「発言」は「結果」にあたるので、「原因」と「心情」を本文で確認していきましょう。

少年は梶間くんたちと並んで黒板の前に立ち、みんなと向き合った。榎本くんを見られない。もしかしたら字の書き癖で……と思うと、怖くて、先生のほうも向けない。選挙が終わった瞬間には荷物を下ろしたように軽くなった気分が、いまはまた重い。さっきよりずっと重くて、苦くて、悔しくて、悲しい。

梶間くんは「三学期は短いけど、一所懸命がんばるから、みんなも協力してください」と胸を張って、大きな声で挨拶をした。

少年は横を向いて、「②ぼくも同じです」とだけ言った。

「それだけ？」

先生の声に、思わずひるんで振り向いた。先生は窓を背にして立っていた。外の陽射しがまぶしくて顔がよく見えない。

「当選したひとは『正しい』がたくさんあったんだから、挨拶も、きちんと、正しい挨拶にしなさい」

意味のわかった何人かが笑った。少年にもわかったから――逃げるように正面を向いた。

榎本くんはもうふだんの調子に戻って、隣の女子の浅井さんと小声でおしゃべりしていた。紺野くんもいる。挨拶のあとの拍手に備えて、相撲の土俵入りみたいに手を開いて、少年と目が合うと、すげえーっ、カッコいーい、と口だけ動かして、また笑った。

少年は目をそらす。気をつけをして、軽くつま先立って、息を吐きながら踵《かかと》を下ろした。いつか先生に教わった、緊張しないで挨拶をするときのコツだ。

「ぼくも……一所懸命、がんばります」

ちゃんと言えた。

「よろしくお願いします」と頭を下げると、先生が「はい、新しい学級委員に拍手ーっ」と言った。みんなの拍手に包まれると、急に胸が熱くなって、涙が出そうになった。

「読み方」の解説でも確認したように、少年は榎本くんの名前を自分の名前に書き換えたことで当選したため、榎本くんを見ることができません。また、その行為が先生にばれているのではないかと思い、先生の方も向けません。この時の少年の心情は「怖くて」「重くて、苦くて、悔しくて、悲しい」というようにマイナスの心情が入り乱れています。ですから、ちゃんと挨拶ができないのです。

しかしその後、「当選したひとは『正しい』がたくさんあったんだから、挨拶も、きちんと、正しい挨拶にしなさい」と先生に言われました。ここで、先生の言っていることの意味がわかった少年は「逃げるように正面を向」きます。そして、「ぼくも……一所懸命、がんばります」と挨拶をしなおしたのです。

それでは、このシーンで少年は前向きな気持ちになっているのでしょうか？　じつは、少年はまだ後ろ向きな気持ちでいます。先生に注意された後も「逃げるように正面を向いた」「少年は目をそらす」などと書かれていますから、前向きな気持ちにはなっていません。

ですから、自分の行為に対してうしろめたい気持ちを持っていることに変わりはないのですが、先生に「正しい挨拶」するように言われたため、自分にできるだけのことは言おうと考えたのです。傍線部③の直後に「ちゃんと言えた」とあることからも、少年が「正しい挨拶」をしようと努力したことがわかります。

STEP 4 解答の根拠をまとめる

この問題で答えるべき解答のポイントは、以下の二点です。

【A】きちんと正しい挨拶をするように先生に言われた
【B】正しい挨拶をしようと思った

これをもとに、解答を記述していきましょう。

STEP 5 解答する

解答例は、「先生に当選者としてきちんと正しい挨拶をするように言われ、少年も正しい挨拶をしようと思ったから。」（四十七字）となります。

この問題では【B】の要素を書くのが難しいのですが、部分点を確実に取るために、【A】の要素は必ず書くようにしましょう。

問4・1

サクッとわかる!
アクティブ・レクチャー
MOVIE
正しい解き方がわかる
講義動画にアクセス!
D8-08

この問4は、傍線部④「ほんとうなら最後の横棒が入っていたところ」について、1と2の問題に答えるというものです。

まずは、1から見ていきましょう。

STEP 1 設問を確認する

1 最後の横棒はなぜ書かれないままとなったのか、「少年」が考える理由の説明となるよう、以下の文の空欄［Ⅰ］と空欄［Ⅱ］を埋めなさい。

「少年」は、男子の二人めについては［Ⅰ］つもりだったが、最終的には［Ⅱ］から。

この問題は、**設問につけられた説明の空欄を埋める問題**です。傍線部④についての説明なので、まずは傍線部を含む一文を分析しましょう。

STEP 2 傍線部を含む一文を分析する［文の構造からポイントをつかむ］

榎本くんの名前の前に立って、あと一本あれば完成していた三つめの「正」の、④ほんとうなら最後の横棒が入っていたところをしばらく見つめてから、名前と「正」をまとめてひと拭きで消した。

傍線部を含む一文を見てみると、榎本くんの投票結果について書かれていることがわかります。榎本くんの三つめの「正」に「最後の横棒」が入らなかったのは、一票足りなかったからですね。その一票が足りない原因がわかる部分を見ていきましょう。

STEP 3 解答の根拠をとらえる［周囲を見る］

男子は――最初に梶間くんと榎本くんの名前を並べて書いて、梶間くんを消して、紺野くんの名前に書き換えた。だってあいつ、いい奴だもん、トロいけど優しいし、三学期になってもゼロ票ってかわいそうだし。深呼吸をした。榎本くんの名前も消した。顔を伏せ、両手で壁をつくって、小さく切ったわら半紙の投票用紙を隠した。シャープペンシルを素早く動かして二人めの名前を書き終えたら、すぐに紙を折り畳んだ。自分の書いた字は見なかった。読まなくてもわかる。いままでに数えきれないほど書いてきて、これからも数えきれないほど書いていくはずの名前だった。

「読み方」の解説でも確認したように、少年は、最初に書いた榎本くんの名前を消して自分の名前を書いたのでしたね。これをもとにして解答の根拠をまとめましょう。

STEP 4 解答の根拠をまとめる

【A】榎本くんの名前を消した
【B】自分の名前を書いた

あとはこれを、空欄 Ⅰ と空欄 Ⅱ に当てはまるように調整していきます。

STEP 5 解答する

解答例は、Ⅰが「榎本くんに投票する」、Ⅱが「自分（自身）に投票した」となります。

サクッとわかる!
アクティブ・レクチャー
MOVIE
正しい解き方がわかる講義動画にアクセス!
D8-09

STEP 1 設問を確認する

2 投票結果について「少年」は負い目を感じてもいる。その心情が表れた箇所を十字以内で抜き出しなさい。

この問題は、**少年の「心情」を抜き出す問題**です。まずは、本文で「投票結果」がわかる一文を探しましょう。

STEP 2 解答の条件になっている一文を分析する［文の構造からポイントをつかむ］

少年は当選した。

この一文は、本文の74行目にありました。これが「投票結果」ですので、74行目の周辺で、少年が「負い目」を感じていることがわかる表現を探していきましょう。

STEP 3 解答の根拠をとらえる［周囲を見る］

少年は当選した。十五票。榎本くんとは一票差だった。「ちぇっ、一瞬期待して損したじゃんよお、カッコ悪ーう！」と榎本くんは甲高い声で言って、両手をおどけてひらひらさせた。頬が赤い。教室じゅうを見回しているのに、誰とも目を合わせていない。

少年の頬も赤かった。誰とも目を合わせず、黒板に並ぶ「正」やできかけの「正」をじっと、にらむように見つめていた。

人物の心情は「結果」として「行動」「反応」「発言」に表れるのでしたね。少年の「行動」や「反応」としては、「頬も赤かった」「誰とも目を合わせず」「にらむように見つめて」などがあります。

ちなみに、この部分には榎本くんの心情も書かれていますが、解答しなければならないのは少年の心情です。混同しないように気をつけましょう。

STEP 4 解答の根拠をまとめる

先ほど確認した表現の中から、「負い目」という心情につながるものを選びます。

「負い目」↓「誰とも目を合わせず」

STEP 5 解答する

正解は、「誰とも目を合わせず」［77行目・九字］ですね。

「頬も赤かった」は、恥ずかしさを表しています。また、「にらむように見つめて」は、自分自身の行いに対する怒りを表していると考えられます。

問5

サクッとわかる！
アクティブ・レクチャー
MOVIE
正しい解き方がわかる講義動画にアクセス！
D8-10

STEP 1 設問を確認する

傍線部⑤「黒板に向き直って、自分の名前があった場所を、また黒板消しで拭いた。何度も何度も拭いた」について、「少年」の心情を説明した以下の選択肢のうち、ふさわしくないものを一つ選びなさい。

この問題は、**少年の「心情」を説明する問題**です。選択肢の中から「ふさわしくないもの」を選ぶという条件にも注意が必要ですね。まずは傍線部を含む一文を分析しましょう。

STEP 2 傍線部を含む一文を分析する［文の構造からポイントをつかむ］

⑤黒板に向き直って、自分の名前があった場所を、また黒板消しで拭いた。何度も何度も拭いた。

傍線部⑤には少年の「行動」が書かれています。「自分の名前があった場所」を何度も何度も黒板消しで拭いているという行動に至るまでの「原因」と「心情」を確認し、**「因果関係」**をつかみます。周囲に視野を広げていきましょう。

STEP 3 解答の根拠をとらえる［周囲を見る］

先生に名前を呼ばれた。軽くてやわらかな、歌うような口調だった。振り向くと、さっきと同じ場所に立っていた先生は、「学級委員の仕事、しっかりがんばりなさいよ」と笑った。

少年は黙ってうなずいた。笑い返したかったが、頬の力を抜いたら、違う顔になってしまいそうだった。

教卓のそばまで、紺野くんが来た。「終わったら、一緒に帰ろうぜ」と少年に言った。

今度も、なにも応えられなかった。⑤黒板に向き直って、自分の名前があった場所を、また黒板消しで拭いた。何度も何度も拭いた。

書記をつとめた日直の藍原くんがよほど強く書いたのだろう、三つめの「正」は、どんなに拭いても、いつまでもうっすらと跡が残っていた。


この部分で、少年の心情がわかる表現を確認していきましょう。

まず、先生に「学級委員の仕事、しっかりがんばりなさいよ」と言われた後に「黙ってうなずいた」とあります。「笑い返したかったが、頬の力を抜いたら、違う顔になってしまいそうだった」とも書かれていることから、先生に笑って返事をすることができないのだということがわかります。続いて、紺野くんからも話しかけられますが、「今度も、なにも応えられなかった」とあるように、紺野くんにも返事をすることができずにいます。これらはもちろん、自分の行いに対する「うしろめたさ」という**マイナスの心情**の表れです。

その次に、傍線部⑤の行動から心情を読み取っていきます。「自分の名前があった場所」には、自分自身に投票したという証拠が残っているので、それを何度も何度も黒板消しで拭くという行動には、やはり少年の「うしろめたさ」が表れています。また、証拠を消そうとしているということは、自分の行いを誰にも知られたくないということでもありますね。

STEP 4 解答の根拠をまとめる

先ほど確認したように、ここでは少年のマイナスの心情がポイントになります。

【A】自分自身に投票して当選したことが
【B】うしろめたい
【C】誰にも知られたくない

これを踏まえて、選択肢を見ていきましょう。

正解は、イ「選挙で勝利したことに感動し、胸が熱くなるような思い」です。これだけがプラスの心情になっていることから、ふさわしくないとわかります。

他の選択肢を検討してみましょう。

アの「自分が誰に投票したかをみんなに悟られたくないという気持ち」は、【C】のポイントにあたります。何度も何度も文字を消そうとしている行動から読み取ることのできる心情ですね。

ウの「紺野くんに自分の表情を見られたくないという気持ち」は、【B】のポイントになりますね。うしろめたさから紺野くんに対して返事ができなかったことから、少年の心情の説明としてふさわしいことがわかります。

エの「学級委員になったことを受け入れ、覚悟を決める思い」は、本文中に確実な根拠がないので、少し迷った人もいるかもしれませんが、先生に「学級委員の仕事、しっかりがんばりなさいよ」と言われて「黙ってうなずいた」とあることから、自分自身の行いによって学級委員になったという結果を受け入れているのだと解釈することができます。イと比べてみると、イのほうが明らかにプラスの心情の説明になっているので、このエはふさわしいものと判断します。

オは「緊張と不安を打ち消したいという気持ち」とありますが、「緊張」も「不安」もマイナスの心情であり、「うしろめたさ」とともに感じていたものなので、少年の心情の説明としてふさわしいと言えます。

問題8 解答

問1 学級委員な〔25行目〕

問2 A どきどき〔40行目など〕 B むしゃくしゃ〔40行目など〕 ※順不同

問3 先生に当選者としてきちんと正しい挨拶をするように言われ、少年も正しい挨拶をしようと思ったから。〔四十七字〕

問4 1 Ⅰ 榎本くんに投票する Ⅱ 自分（自身）に投票した

2 誰とも目を合わせず〔77行目・九字〕

問5 イ

要点整理

TIPS

「原因」→「心情」→「結果」の「因果関係」をつかんで、文章に書いてある通りに理解する。

……本冊318ページ

TIPS

まずは、「心情」を直接示す表現をチェックする。

……本冊325ページ

TIPS

本心を隠している描写でも、「因果関係」をつかめば本当の心情がわかる。

……本冊331ページ

TIPS

「暗示」を解釈することよりも、確実に読み取れる「因果関係」をつかむことを重視する。

……本冊336ページ

巻末付録1――「文の成分」

✓ 文の成分（五種類）

文節や連文節が、文を組み立てるときの役割を「文の成分」といいます。文の成分には、次の五種類があります。

1 **主語（主部）　文の主題を示す**
2 **述語（述部）　主題を説明する**
3 **修飾語（修飾部）　他の部分（被修飾語・被修飾部）を詳しく説明する**
4 **接続語（接続部）　前後の文や文節をつないで、それらの関係を示す**
5 **独立語（独立部）　他の部分から独立して呼びかけや感動などを表す**

✓「語」と「部」の違い

一文節から成るものを「〜語」と呼び、連文節から成るものを「〜部」と呼びます。

✓ 文の成分をとらえるコツ

まずは、省略されづらい「述語（述部）」をチェックし、そのうえで、文の中で意味のまとまりのある部分をつかんでいくと、文の成分を上手にとらえることができます。

巻末付録2　「指示語」「接続表現」

指示語

名詞や説明を指すもの	より広い範囲の説明を指すもの
これ・この・こう・それ・その・そう・あれ・あの・ああ	このような・こういう・そのような・そういう・あのような・ああいう

接続表現

働き	例	解説
説明	言わば・言い換えれば・すなわち	前の内容を説明する
要約	つまり・要するに・結局	前の内容をまとめる
例示	たとえば・とりわけ	具体例を示したり一部を強調したりする
理由	なぜなら・というのも	前の内容に対する理由を説明する
順接	だから・したがって・ゆえに・よって	結論や結果を示す
補足	ただし・もっとも	前の内容を補足する
選択	または・あるいは・もしくは・それとも	いずれか一方（もしくは両方）を選ぶ
逆接	しかし・ところが・だが・けれども	前の内容とは逆のことを述べる
転換	さて・ところで	前の主張・主題・話題を転換する
添加 並列	さらに・しかも・また・そのうえ・かつ	前の内容に別の内容をつけ加えたり並べたりする

巻末付録3 「レトリック」

覚えておきたいレトリック

問題提起	疑問文の形で読者に問いかけたあと、自らの主張を述べる。問題提起があったら、それに対する「答え」を探しながら読むようにする。
具体例 エピソード	自らの主張をわかりやすく説明するために挙げられる。「具体例」や「エピソード」そのものよりも、その前後にある「筆者の主張」が重要。
引用	自分の文章の中に他者の文や文章を入れ込むこと。引用部分の前後に書かれている「筆者の主張」を確認して、引用の意図をつかむ。
譲歩	一般論や反対意見にあえて一歩譲り、その後の部分でそれを否定する。自らの主張の説得力を増す効果がある。
比喩	あるものを別のものにたとえてわかりやすく説明する。「〜ようだ」「〜ごとし」を使うものが「直喩（明喩）」で、使わないものが「隠喩（暗喩）」。
論証	「根拠」から「主張」を導くこと。「前提」と「帰結」の間にある「飛躍」を埋める説明を探すことで、「根拠」をつかむようにする。

おわりに

「映像授業」と「参考書」のいいとこ取りをした「クロスレクチャー」の体験は、いかがでしたか？

「映像授業」で概要を把握した後に「参考書」で復習するという本書のコンセプトは、ぼく自身が受験生の時に行っていた勉強法をもとにしたものです。当時は１９９０年代でしたが、その頃は映像授業が予備校の教室で放送されていました。ぼくはその映像授業を視聴し、家に帰って同じ先生の参考書を読んで復習していました。映像授業は、「わかる」ためにとても有効な手段ですが、それを自分自身で「できる」ようにするためには、しっかりと復習をして定着させることが必要です。「クロスレクチャー」は、その両方を最も効率よく行えるように工夫しています。皆さんが本書を徹底的に活用して、「わかる」を「できる」に変えてくれたら、著者としてこれほどうれしいことはありません。

今後は、本書で学んだことを使って問題集や過去問に取り組んでいくことになりますが、もしも現代文の問題を解いていて「最近スランプだな」と思ったら、いつでも「クロスレクチャー」に戻ってきてください。正しい「目の動かし方」や「手の動かし方」を確認したいときには「映像授業」が、ポイントをていねいに確認したいときには「参考書」が、皆さんの学習をベストな形でサポートします。

また、本書のシリーズである「解法編」では、どんな問題でも「同じように読み解く」ことができるようになる方法を伝えています。

「解法編」の「クロスレクチャー」でも、一緒に「わかる」を「できる」に変えていきましょう。

出典一覧

外山滋比古　『「読み」の整理学』筑摩書房
加藤秀俊　『情報行動』中央公論新社
ハナムラチカヒロ　『まなざしのデザイン―〈世界の見方〉を変える方法』NTT出版
伊藤亜紗　『手の倫理』講談社
寺田寅彦　「科学者と芸術家」（『科学と文学』所収）KADOKAWA
苫野一徳　『はじめての哲学的思考』筑摩書房
水村美苗　「今ごろ、『寅さん』」（『日本語で読むということ』所収）筑摩書房
重松清　「正」（『小学5年生』所収）文藝春秋

著者紹介

柳生　好之（やぎゅう・よしゆき）

リクルート「スタディサプリ」現代文講師。難関大受験専門塾「現論会」代表。

早稲田大学第一文学部総合人文学科日本文学専修卒業。

「文法」「論理」という客観的ルールに従った読解法を提唱し、誰でも最短で現代文・小論文ができるようになる授業を行う。その極めて再現性の高い読解法により、東大など最難関大学を志望する受験生から現代文が苦手な受験生まで、幅広く支持されている。

自身が代表を務める難関大受験専門塾「現論会」では、「最小の努力で、最大の結果を。」を教育理念に掲げ、オンライン映像授業や参考書などの効果的な活用方法を指導。志望校合格に向かって伴走するコーチング塾として、全国の受講生から高い評価を獲得している。

主な著書に、『大学入試問題集 柳生好之の現代文ポラリス１基礎レベル・２標準レベル・３発展レベル』（KADOKAWA）、『ゼロから覚醒 はじめよう現代文』（かんき出版）、『入試現代文の単語帳 BIBLIA2000 現代文を「読み解く」ための語彙 × 漢字』（Gakken）などがある。

現論会　https://genronkai.com/

□本文デザイン・DTP　高橋明香（おかっぱ製作所）
□編集協力　㈱オルタナプロ　足達研太
□動画編集　㈱アート工房
□カバーデザイン　OKIKATA
□写真撮影　榊智朗

シグマベスト
柳生好之の
現代文クロスレクチャー
読解編

著　者　柳生好之
発行者　益井英郎
印刷所　株式会社加藤文明社
発行所　株式会社文英堂
〒601-8121　京都市南区上鳥羽大物町28
〒162-0832　東京都新宿区岩戸町17
(代表)03-3269-4231

●落丁・乱丁はおとりかえします。

Σ BEST シグマベスト

大学入試

柳生好之の

現代文

CROSS LECTURE

クロスレクチャー

読解編

別冊問題

文英堂

CONTENTS

柳生好之の 現代文クロスレクチャー 読解編
別冊問題

問題1 外山滋比古『「読み」の整理学』……4
問題2 加藤秀俊『情報行動』……10
問題3 ハナムラチカヒロ『まなざしのデザイン ――〈世界の見方〉を変える方法』……18
問題4 伊藤亜紗『手の倫理』……26
問題5 寺田寅彦「科学者と芸術家」……34
問題6 苫野一徳『はじめての哲学的思考』……38
問題7 水村美苗「今ごろ、『寅さん』」……46
問題8 重松清「正」……56

問題

1

目安時間
20分

解答・解説は本冊25ページ

次の文章を読んで、後の問いに答えなさい。

1 かれこれ二十年も前のことだが、ワープロという夢のような機械があらわれて、若い人を中心にわれもわれもとワープロを使い出した。しばらくすると、はがきや手紙までワープロで打つのが流行するようになる。はじめは、そんなものを、とバカにしていたうるさ型の人たちも使い始めるようになった。

2 そんなときである。ある公的研究機関の評議員会が開かれていた。外部の委員が集まって、その研究所の業務などについて報告を受けたり、助言を行ったりする会議である。

3 あるとき、その評議員会が終わって、昼食をしながら一同歓談ということになった。メンバーは、言語、文章、国語などの権威者ばかりである。

4 ひとりの声の大きな評議員が、

「ワープロを始めたのですが、使い方がわからず往生しました。もちろんマニュアルはついているのですが、これが役に立たないのです。いくら読んでも、さっぱりわからない。しまいには腹が立ってきました」

と言うと、それが口火になって、ほかの人たちが、そうだ、そうだ、と相槌《あいづち》をうつ。同じような思いをしていたのであろう。はじめの評議員が、

「技術者は技術にはもちろん詳しいでしょうが、文章の書き方を知らないのです。自分たちにわかっているから、一応のことを説明すればわかると思っているのでしょう。正しく、わかるように書くことを教えないといけません。ああいうマニュアルは欠陥品です」

とやる。それにつづいて、理科系の人がいかにことばを粗末にするか、文章の書けないのが多いか、などがこもごも話し合われ、ついには国語教育の不備というところに落ち着いた。

5 十数名の評議員のだれひとり、マニュアルがわからないのは、読む側に読む力がないからである、と言った人はいない。みんな、マニュアルを書いた技術者の悪文、不親切な表現のせいにしたのである。ことばについて一家言どころか、専門家としての見識と教養をもっているひとたちである。まさか、自分たちに読めない文章があるとは思わない。読めなければ、書いた方が悪い。文章が文章でないからだ。^A^そう考える。

6 マニュアルは商品についているいわば売りものである。わけのわからぬものを作って客に読ませるわけがない。書き方は上手でないかもしれないが、ワープロを動かすことのできる情報は伝えているはずで、そうでなければ、メーカーの内部でもチェックされるに違いない。実際、大多数の使用者は、そのマニュアルで何とか操作を覚えて使っている。その人たちは、わかりにくい、とは思ったかもしれないが、文章が書けない人が作ったとは考えない。わからないところがあれば何度も読みかえし、実地に機械をうごかしてみて、動かすことができるようになる。

7 ところが、ことばの専門家で、もちろん読書力にも自信をもっている研究所評議員たちは、自分たちに読めないものはない、という^B^根拠のない自負をもっている。われわれに読めないのなら、文章がいけない、と勝手にきめてしまう。自分たちの読み方が足りないのではないかと反省するだけの謙虚さに欠ける。

8 文学作品や評論のようなものを読んで、文章が読める、というのは、いわば、錯覚である。科学、技術などの文章はほとんど読んだことがないから、詩を読むようなつもりで、マニュアルを読むという誤りをおかして平気でいられる。マニュアルを読むには、小説を読むのと違った頭のはたらきが必要である。それをことばの専門家でもご存じないらしいことを暴露したのが、さきの評議員会の雑談である。学者、評論家といわれる人たちのことばの教養を疑わしめる、情けないエピソードである。

9 未知のこと、ほぼ完全に未経験なことがらをのべた文章というものは、読み手にとって暗号のようなものである。ざっと一読してわかるように考えたら大違いである。想像力をはたらかせ、筋道を見つけ、意味を判断するという高度の知的作業が求められる。昔の人は、そういうとき「読書百遍、意おのずからあらわる」と言ったが、百遍くりかえしてもわからないものはわからない、ということがすくなくない。ましてや、自分の教養、知識を鼻にかけて、読んでわからないと、文章が悪いからだと言うのは、思い上がりである。

（中略）

10 もともと、わかり切ったことなど、読んでも役に立たない。わかっているものを読んでおもしろいのは別の頭のはたらきである。

11 未知のものを読んでわかってこそ、はじめて、ものを読む甲斐《かい》があるというものであるが、本当は、わからないことを書いてある文章を読んで、わかるというのは大変困難で、わかれば幸運といったくらいのものである。そういうことを一度も考えずに、自分はものが読めるように考えるのは誤っているが、それに気づかない。

12 われわれは、すこし間違った、あるいは、おくれた読み方を身につけてしまっているのかもしれない。真に文章、ことばを読むということは、どういうことか。どうすれば、Dそういう読み方ができるようになるか。われわれは、一度も真剣に考えたことがない。一度もいわゆる読書ということに疑問をいだかない教育をうけて、知識人、ホモサピエンスのように考えているとしたら、すこし滑稽《こっけい》ではないか。

（外山滋比古『「読み」の整理学』による）

問1 傍線部A「そう考える」とあるが、その具体的な内容を説明したものとして、最も適当なものを、次の中から一つ選びなさい。

① ことばの専門家たちは、マニュアルがわからないのは読む側に読む力がないからだと考えること
② マニュアルがわかりづらいのは理科系の人の表現力が乏しく、国語教育の不備だと考えること
③ ワープロの使用者は、熟達するまでマニュアルを何度でも読み返すことが必要だと考えること
④ ことばの専門家たちは、自分たちに読めない文章があれば、それは書いた方が悪いと考えること
⑤ 自分のわかっていることを人に伝えるには、読む側に立った文章を書く必要があると考えること

問2 傍線部B「根拠のない自負」とあるが、具体的にどのような自負なのか、最も適当なものを、次の中から一つ選びなさい。

① 研究所評議員たちのもっている、マニュアルが読めないのは文章が悪いと考える自負
② 自分たちに読めない文章が書かれるのは、国語教育の不備が原因だと考える自負
③ 研究所評議員たちの、文学作品や評論などが読めれば、文章を読む力があると考える自負
④ ことばの専門家たちの、ワープロのマニュアルなどは読めなくともよいと考える自負
⑤ 研究所評議員たちのもっている、自分たちに読めないものはないと考えている自負

問3 傍線部C「学者、評論家といわれる人たちのことばの教養を疑わしめる、情けないエピソードである」とあるが、どのような点で「情けない」のか、最も適当なものを、次の中から一つ選びなさい。

① 科学、技術などの文章を読むには、文学作品を読むのとは違った頭のはたらきが必要であることに気づかない点
② ワープロを動かすにはマニュアルに頼るのではなく、実地に機械を動かしてみることが必要であることに気づかない点
③ ことばの専門家たちが、書かれた文章を読み取るには何回も読み返せば理解できるという初歩を忘れている点
④ 文章を書くには、読む側の立場に立って、わかりやすく書く必要があるということに気づかない点
⑤ ことばの教養というものは、文学作品のみならず、理系の文章も理解する能力が求められていること

に気づかない点

問4 傍線部D「そういう読み方」とあるが、具体的にどのような読み方か、最も適当なものを、次の中から一つ選びなさい。

① わかり切ったことを読んでも役に立たないと気づくような読み方
② 真に知識人、ホモサピエンスになるために必要なものを選ぶ読み方
③ ことばを読むとはどういうことか、深く考えながら読む読み方
④ 未知のものを読んでも理解することができるような読み方
⑤ 科学や技術の文章など、日ごろ手にしないものを意識的に読む読み方

次の文章を読んで、後の問いに答えなさい。

1 夏目漱石《そうせき》の『吾輩《わがはい》は猫である』の書き出しの部分には、有名な「吾輩は猫である。名前はまだない」という一節があるが、ネコの世界には、名前がないのである。ネコは、環境の一部に、たとえばイワシだのカツオだのという名前をつけているわけではない。ネコは、その嗅覚だの視覚だのによって、食べものの存在を、実在として識別できるとしても、ネコにとって、環境とは、無言の実在世界そのものなのだ。ましてや、みずからに名前をつけることなど、ネコには、できた相談でない。ミケとかタマとか、人間が勝手につけた名前を、ひとつの信号音としてききとることはできるだろうけれども、それがじぶんの名前である、などとネコが自覚しているわけではないのである。

2 人間は、まさしく、ことばを獲得することによって、実在世界から離脱したのである。われわれは、たとえば、山をみたり、花をたのしんだり、というときには、「もの」の世界とかかわりあっているのだ、と主観的にはかんがえる。しかし、山には、すでに山という名前をあたえられている以上、もはや、素朴な実在ではない。人間は、たしかに山をみる。だが、それは、人間のあたまのなかにある「山」というシンボルをいったん通過したうえでの行動なのである。野に咲く一輪の花をみても、われわれは、それをタンポポだ、と識別する。われわれの精神のなかには、タンポポだとか、スミレだとか、かぎりなくたくさ

問題
2

目安時間
20分

解答・解説は本冊67ページ

んの「名前」が、「概念」として蓄積されており、その概念を経由してでなければ外界の事物の認識ができないのだ。われわれは、タンポポという名で呼ばれる花をみるのであって、虚心にその植物じたいをみるのではない。よしんば、タンポポという名前は知らなくても、それを、「花」の一種としてみてしまうのである。名前も、観念もない、無心なすがたでA人間が物理的な実在としての環境に向きあうことができるのは、おさない子どものころ以外にない。

3 とにかく、これまで一万年ほどの人類の歴史のなかで、われわれは、環境のすべての部分に名前をつけ、概念化を進行させてしまったのである。ラフカディオ・ハーンの『怪談』に登場する「耳なし芳一」は、悪霊から身をまもるために、からだの隅々まで呪文をいれずみのように書きこんだが、われわれをとりまく環境のすべては、いま、ぎっしりとことばで埋めつくされているかのようにもみえる。空にかがやく無数の星は、天文学の発達によって、順々に記録され、特定の固有名詞だの番号だのによって呼ばれるようになった。いま、人間によって名前をつけられていない星は、ひとつもない。もちろん、すべての星が発見されているわけではなく、毎年、いくつかのあたらしい星が見つけられている。しかし、見つけられたとたんに、人間はその所在を記録し、名前をつけてしまう。文学的ないいかたをするなら、いまや天上には、いささかのすきまもなく、ことばが書きこまれ、われわれをとりまく巨大な環境としての宇宙すらもが、完全に概念化されてしまっているのである。

4 地球そのものも、ことばによって塗りつぶされた。一五世紀以来の「発見の時代」は、まず第一に、地球がまるいことを発見し、つぎつぎに大陸や島を発見した。手あたりしだいに名前がついた。太平洋にちらばる無数の島は海図に記載され、アフリカや南アメリカの内陸部ふかくにはいりこんだ探検家や地理学者は、それまで空白だった地図のうえに、いろんなことを書きこんだ。いまや地球上のすべての場所は、それぞれに名前をもたされてしまったのである。名前のないものは、いまわれわれの環境のなかにはひとつもない。ひとつひとつのものやできごとに、われわれは丹念にことばのレッテルを、びっしりと貼りつけてしまったのである。地球ぜんたいが、巨大な「耳なし芳一」なのだ。いや、「耳なし芳一」は、耳だけに呪文を書き忘れたために、耳がなくなってしまったのだが、地球の表面には、もはや書き忘れられた部分は、なにものこっていないようにみえる。

5 B シンボルの世界は、実在の世界のうえにかぶさった密度の高い皮膜のようなものなのだ、といってもよい。そして、その皮膜は、それじしんの運動法則を獲得した。いっさいの実在に、いっこうにかかわりあうことなく、シンボルの世界は自由にその独自の運動をはじめる。ひとつの花にタンポポと名前をつける、といったようなばあいには、実在と名前ないしシンボルとのあいだに対応関係があるけれども、同時に人間は、非実在的な概念をも続々とつくりはじめた。たとえば、「神」の概念などがそのいい例だ。われわれは、神というものを実在として知覚し、あるいは認識することはできない。神というのは、人間の頭脳がつくりだした抽象的で超越的な概念だ。それは、実在の世界から完全に離脱してしまっている。しかし、それにもかかわらず、われわれは神についてかんがえ、神についての理論体系をつくることもできる。

6 マンガ映画によくあらわれるギャグのひとつに、人物がガケのあるのに気づかず、空中を遊歩する、という場面がある。それまで地に足をつけて歩いてきた人物は、ガケにさしかかっても、足もとに地面がなくなったことをすっかり忘れて、そのまま空中を歩きつづけるのだ。そういうばあい、その人物はふと足もとを見て、足が地についていないことを発見し、その瞬間に、まっさかさまに谷底に落ちてゆくのである。われわれにとって、シンボルというのはそれに似ている。いつのまにか、対応する実在がなくなっているのに、ことばのほうは、どんどんと中空を歩きつづけ、すこしもたじろいだりしないのである。たじろがないから谷底におちることもない。C われわれは、ことばをつかうことによって、堂々と空中を闊歩《かっぽ》しているのだ。

7 人間は、ことばによって環境を知る、というのは、ある意味では正しいが、ある意味ではまちがっている。なぜなら、人間にとっては、すでに、ことばじたいが環境であるからだ。われわれにとっての環境とは、べつなことばでいえば、シンボル環境なのである。われわれは、シンボルにたいして鋭敏に反応する。「実在」の世界になまのままのかたちでわれわれがかかわりあうことは、すでに現実的に不可能になっているのではないか。実在の物理的環境のことを一次的環境、シンボル環境のことを二次的環境、と呼ぶ学者もいるが、われわれは、ことばを獲得することによって、一次的環境の住民であることをゆるされなくなったのだ。

（加藤秀俊『情報行動』による）

問1　傍線部Ａ「人間が物理的な実在としての環境に向きあうことができるのは、おさない子どものころ以外にない」の理由として最もふさわしいものを、次の中から一つ選びなさい。

ア　おさない子どものころは、ことばを獲得していないため、実在世界に拘泥してしまうから

イ　おさない子どものころは、ものの名前や概念を蓄積することが不可能な状態にあるため、ものをものとして認識できないから

ウ　おさない子どものころは、ことばを獲得していないため、実在世界と未分化の状態にいるから

エ　おさない子どものころは、山をみたり花をたのしんだりして情操を豊かに育んでいく時期であるから

オ　おさない子どものころは、ものの名前や概念を多く蓄積していないため、ものの世界を感じとるという主観が未発達であるから

問2　傍線部Ｂ「シンボルの世界は、実在の世界のうえにかぶさった密度の高い皮膜のようなものなのだ」の説明として最もふさわしいものを、次の中から一つ選びなさい。

ア　シンボルの世界は、環境すべてに名前をつけて概念化したものであり、環境の巨大化を促進しているということ

イ　シンボルの世界は、「耳なし芳一」の呪文と同じで、実在の世界を保護するために書き込まれた概念であるということ

ウ　シンボルの世界は、あらゆるものに名前をつけて概念化していき、概念自体が独自の運動をはじめているということ

エ　シンボルの世界は、宇宙や地球をも完全に概念化してしまったため、実在を破壊して概念が表面を覆いつくしているということ

オ　シンボルの世界は、宇宙や地球の探査・調査によって獲得された多くの概念であるが、未踏査の土地や場所はまだ多く残されているということ

問3　傍線部C「われわれは、ことばをつかうことによって、堂々と空中を闊歩《かっぽ》しているのだ」の説明として最もふさわしいものを、次の中から一つ選びなさい。

ア　われわれは、シンボルの世界を素朴な実在と切り離して使いこなしているだけでなく、非実在的な概念をもつくり出し、独自の環境を構築するようになっているということ

イ　われわれは、シンボルの世界と実在世界との対応関係を保ちつつことばを使っているが、そのことで非実在的な概念が宙に浮くように独自に存在しているということ

ウ　われわれは、シンボルの世界に存在している非実在的な概念を発見し、その運動法則を獲得したことによって、それを実在世界においても自由に活用しているということ

エ　われわれは、神のつくりだしたシンボルの世界が抽象的で超越的な概念であったため、その理論体系を整理して、非実在的な概念を見出していったということ

オ　われわれは、シンボルの世界が実在世界から離脱し、次第に独自の運動法則を獲得して科学をも超越する活動を始めてしまったのを、ただ見ているしかないということ

問4　問題文の内容としてふさわしいものを、次の中から二つ選びなさい。

ア　耳なし芳一の呪文と空にかがやく無数の星は、概念化された実在世界という点で共通している。

イ　一次的環境と二次的環境の差異は、ことばの獲得がゆるされるかどうかで大きく変わってくるものである。

ウ　ネコであれ一輪の花であれ、名前がつけられることで事物としての認識がなされ、実在として識別される。

エ　「神」の概念というシンボルの世界は、実在と対応関係はないが、理論体系をつくることで対応させることも可能である。

オ　一五世紀以来の「発見の時代」は空白だった地図のうえに名前を書きこむことで、実在世界から離脱する時代につながっていった。

カ　タンポポもスミレも、名前がつけられ概念化したことで、実在と切り離した存在としてたんなる花の一種と認識されるようになった。

問題
3

目安時間
20分

解答・解説は本冊112ページ

次の枠内の文章を踏まえて本文を読み、後の問いに答えなさい。

> ランドスケープデザイン（LANDSCAPE DESIGN）という言葉を知っているだろうか。ランドスケープは日本語にすると「風景」で、デザインは設計という意味である。しかし風景を設計すると聞いても、一体何をどうするのか曖昧で、いま一つピンと来ないかもしれない。

1 風景と聞くと、どこか①観光地や名所のような場所に行かないと見ることができないものだと思うかもしれない。しかし観光地を出た瞬間に目の前から風景が消えてしまうわけではなく、そこにはまた別の風景があり、今度はそれを見ている。私たちの目には絶えず何かが映されていて、ずっと途切れることなく何かを眺めているのである。そんな目に入ってくる様々な物事の中で、風景とは時々ふと現れては消えるものなのではないか。私たちは一日の生活の中で様々な風景を見ている。

2 布団の上で目を開けると、ぼんやりと浮かび上がる天井。冷たい水で洗った顔を上げた鏡の中。駅のホームの対岸に立つ人々。雑踏にのまれ、街路樹をくぐりながら通り過ぎる街並み。オフィスの階段を上りきった先の長い廊下。身を預けた椅子から見る部屋。開こうと手を伸ばした本の表紙。ペンを手に取り、紙を引き寄せ、三〇cmの距離で見る文字。窓で切り取られた沈みかけの太陽。灯り始めた街のネオン。モニターに映された海。テーブルに並べられた食事の湯気。寝室の薄明かりに浮かび上がる枕の輪郭。……

3 朝目覚めてから夜眠るまで、私たちの目に飛び込む連続した眺め。その中から、ワンシーンとして私たちが捉えた眺めを風景と呼ぶ方がしっくりとくる。風景は特別な場所だけにあるのではなく、私たちの日常生活の中であたりまえに見ているものである。

4 しかしそうだとすれば、風景のデザインとは一体何をすればいいのだろうか。風景がどこにでもあるとすれば、それは「世界」と同義語になるぐらいの広がりを持つことになる。私たちは目を開けている限り、自分を取り巻く無数のものから逃れることができない。それらすべてをデザインすることなど不可能である。

5 ②それを考えるヒントが、ランドスケープ（LANDSCAPE）という言葉の成り立ちの中にある。この言葉は《土地や場所》を表すランド（LAND）という言葉と、《眺め》を意味するスケープ（SCAPE）という言葉が合わさって一つの単語になっている。つまり「風景＝場所（客体）＋眺め（主体）」という図式になる。この「眺め」というのが、風景を考えるうえで実は鍵になるのである。

6 通常は風景という言葉を使う時には、場所や対象物を指すことがほとんどである。「机にペンが置かれている風景」「犬が通りを歩いている風景」「山に雲がかかっている風景」。このように物事の方だけを指して風景と呼ぶのが一般的な言葉の使い方だ。

7 しかし本当は少し違う。そこに見えているものの背後にはすべて、それを眺めている〈私〉が隠れているのである。つまり正確に表現すると、「机にペンが置かれているのを眺める私」「犬が通りを歩いているのを眺める私」「山に雲がかかっているのを眺める私」となる。だが多くの場合、それを眺めている〈私〉という主体の存在はいちいち意識されない。

8 誰かが眺めるから風景になるというのは、当たり前すぎる事実なのでつい見過ごされがちだ。しかし、誰がどのように世界を眺めるのかの方が風景を考えるうえで本質的である。もしもある場所が、誰にも眺められることなくどこかにひっそりとあっても、それは風景とは呼べない。誰かに眺められるからこそ、風景が生まれたと言える。つまり土地や場所の状態は風景の半分であり、もう半分はそれを眺める誰かの目なのである。ここではその眺めている誰かの目のことを「まなざし」と呼ぶことにしたい。

9 風景を見るということは、窓枠で外の山並みを生け捕るように、私たちのまなざしの中にその対象を捉えることである。③世界には無数の物事があるが、まなざしから外れているものは風景にはならない。だから、まなざしをどこにどのように向けるのかが風景を生みだしていて、見えているものの背後には、それを見ているまなざしがある。そしてそのまなざしのあり方によって、風景は様々な形で変化するのである。

10 本来私たちが目にする様々なものは、常にある制約の中で見ているものにすぎない。私たちの風景とは見えない枠がはめられていて、無意識にその枠からまなざしは向けられている。だが私たちは自分の見方に枠があると思わずに普段は生きている。私たちの目は様々なものを映しだすことで確かに視覚的には《見て》はいる。しかしそれがちゃんと《見えて》いるとは限らない。

11 例えば、毎日通るような道の眺め。家から駅までの道や、駅から職場までの道。よく通る道は何度も目にしている眺めである。しかしずっと同じ道を通っていると、だんだんその道を「風景」として見なくなる。変化があった時、例えば引越したばかりや、あるいは道沿いに新しい店ができたりした時には風景が変わったと意識するかもしれない。しかしまた時間が経って慣れてくると、その眺めは次第に当たり前になっていき、改めてその道を意識して眺めることはなくなってしまう。

12 あるいは毎日触っているもの。例えばペンやコップといった身の回りの生活用品なども、ずっと使っていると新鮮さがなくなってしまい、最初買ってきた頃のようにしげしげと見つめることが少なくなってしまう。慣れると共に次第に意識が薄れていって、やがて空気のように見えなくなってしまう。

13 このような経験は誰しもが持っているだろう。場所であっても物体であっても、人はずっとそれに接しているうちに時間と共に慣れてしまう。そして慣れてくると、それに対する自分の見方は同じパターンに固定化してくるのである。そのこと自体は、行動のストレスを減らすための環境への適応能力であり、私たちに必要なことである。

14 しかし一方で、いつも見方が同じパターンを辿《たど》るということは、他の捉え方をできなくなるということでもある。そうなると視覚的にも風景として見えなくなってしまう。このように慣れすぎてしまい、風景が見えなくなってしまう状態を専門的な言葉では、《馴致《じゅんち》》とか《自動化》と呼ぶ、ここでは「まなざしの固定化」と呼ぶことにしたい。

15 まなざしが固定化するとは、いわゆる《モノの見方が凝り固まる》と呼ばれる状態である。そうなると、新しい発見がなくなるだけでなく、自分がどのような見方をしているのかにも意識が届かなくなる。④そうして風景は次第に見えなくなってしまう。

16 何かが風景として見えてくるというのは、視線が向くだけではなく意識が向けられた時である。だから視界には入っていなかった風景が、急に見え始めた時に、自分の見方が変わったことにも意識が向く。そしてその見方が変わった時に、自分がこれまでどのような見方をしていたのかにも初めて気づくのだ。

（ハナムラチカヒロ『まなざしのデザイン――〈世界の見方〉を変える方法』による）

問1　傍線部①「観光地や名所」の言い換えとなっている表現を、本文中から五字以内で抜き出しなさい。

問2　傍線部②「それ」が指す内容として最も適切なものを、次の中から一つ選びなさい。

1　風景とはどのようなものであるか。
2　風景をデザインするとはどのようなことか。
3　自分を取り巻く無数のものから逃れるにはどうすればよいか。
4　眺めたものすべてをデザインすることは不可能かどうか。
5　風景について考えるうえでの鍵は何か。

問3　傍線部③とあるが、「まなざしから外れているものは風景にはならない」のはなぜか。その説明として最も適切なものを、次の中から一つ選びなさい。

1　風景はそれを眺める誰かがいてはじめて生まれるものだから。
2　誰かが眺めなければ土地や場所の状態を確かめることもできないから。

3　私たちが風景として眺めているのは世界の半分でしかないから。

4　風景の本質は見えているものの背後にこそ潜んでいるから。

5　世界を眺めることで風景をデザインしているのは私たちのまなざしだから。

6　風景とは一般に場所や対象物を指して使われる言葉だから。

問4　傍線部④「そうして風景は次第に見えなくなってしまう」について、次のAとBの二つの問いに答えなさい。

A　見えていた風景が見ているだけの眺めに変わってしまうのはなぜか。それを説明した次の文の空欄 Ⅰ に当てはまる適切な表現を、十五字以上二十字以内で答えなさい。ただし、「時間」という語を必ず用いること。

私たちは Ⅰ から。

B　筆者は私たちが見る風景は何によって変わると述べているか。それを説明した次の文の空欄 Ⅱ および Ⅲ に当てはまる適切な表現を、空欄 Ⅱ は三字以上五字以内で、空欄 Ⅲ は六字以上十字以内でそれぞれ本文中から抜き出しなさい。

私たちは常に Ⅱ から対象を眺めており、そこから向けられる Ⅲ によって風景は変わっていく。

問5　本文の内容と合致するものを、次の中から一つ選びなさい。

1　風景とは私たちが当たり前に眺めている物事のことであり、視界に入ったすべてのものが風景になり得る。

2　風景をより良くデザインするために、私たちは〈私〉という主体を意識しながら暮らしていくべきである。

3　まなざしが固定化してしまわぬように、私たちは新しい発見を求めて風景を主体的に探さなければならない。

4　風景は日々の生活の中でふと現れてはすぐに消えてしまうものであるため、観光地に本当の風景はない。

5　客体に過ぎない「場所」を風景だと考えるのは一般的な誤りであり、「眺め」こそが風景そのものだと言える。

解答・解説は本冊159ページ

次の文章を読んで、後の問いに答えなさい。

日本語には、触覚に関する二つの動詞があります。

① さわる

② ふれる

英語にするとどちらも「touch」ですが、それぞれ微妙にニュアンスが異なっています。

たとえば、怪我をした場面を考えてみましょう。傷口に「さわる」というと、何だか痛そうな感じがします。さわってほしくなくて、思わず患部を引っ込めたくなる。

では、「ふれる」だとどうでしょうか。傷口に「ふれる」というと、状態をみたり、薬をつけたり、さすったり、そっと手当てをしてもらえそうなイメージを持ちます。A痛いかもしれないけど、ちょっと我慢してみようかなという気になる。

虫や動物を前にした場合はどうでしょうか。「怖くてさわれない」とは言いますが、「怖くてふれられない」とは言いません。物に対する触覚も同じです。スライムや布地の質感を確かめてほしいとき、私たちは

「さわってごらん」と言うのであって、「ふれてごらん」とは言いません。

不可解なのは、気体の場合です。部屋の中の目に見えない空気を、「さわる」ことは基本的にできません。ところが窓をあけて空気を入れ替えると、冷たい外の空気に「ふれる」ことはできるのです。

抽象的な触覚もあります。会議などで特定の話題に言及することは「ふれる」ですが、すべてを話すわけではない場合には、「さわりだけ」になります。あるいは怒りの感情はどうでしょう。「逆鱗にふれる」というと怒りを爆発させるイメージがありますが、「神経にさわる」というと必ずしも怒りを外に出さず、イライラと腹立たしく思っている状態を指します。

つまり私たちは、「さわる」と「ふれる」という二つの触覚に関する動詞を、状況に応じて、無意識に使い分けているのです。もちろん曖昧な部分もたくさんあります。「さわる」と「ふれる」の両方が使える場合もあるでしょう。けれども、そこに私たちは微妙な意味の違いを感じとっている。同じ触覚なのに、いくつかの種類があるのです。

哲学の立場からBこの違いに注目したのが、坂部《さかべ》恵《めぐみ》です。坂部は、その違いをこんなふうに論じています。

> 愛する人の体にふれることと、単にたとえば電車のなかで痴漢が見ず知らずの異性の体にさわることとは、いうまでもなく同じ位相における体験ないし行動ではない。
>
> 一言でいえば、Cふれるという体験にある相互嵌入《かんにゅう》の契機、ふれることは直ちにふれ合うことに通じるという相互性の契機、あるいはまたふれるということが、いわば自己を超えてあふれ出て、他者のいのち

にふれ合い、参入するという契機が、さわるということの場合には抜け落ちて、ここでは内―外、自―他、受動―能動、一言でいってさわるものとさわられるものの区別がはっきりしてくるのである。

「ふれる」が相互的であるのに対し、「さわる」は一方的である。ひとことで言えば、これが坂部の主張です。

言い換えれば、「ふれる」は人間的なかかわり、「さわる」は物的なかかわり、ということになるでしょう。そこにいのちをいつくしむような人間的なかかわりがある場合には、それは「ふれる」であり、おのずと「ふれ合い」に通じていきます。逆に、物としての特徴や性質を確認したり、味わったりするときには、そこには相互性は生まれず、ただの「さわる」にとどまります。

重要なのは、相手が人間だからといって、必ずしもかかわりが人間的であるとは限らない、ということです。坂部があげている痴漢の例のように、相手の同意がないにもかかわらず、つまり相手を物として扱って、ただ自分の欲望を満足させるために一方的に行為におよぶのは、「さわる」であると言わなければなりません。傷口に「さわる」のが痛そうなのは、それが一方的で、さわられる側の心情を無視しているように感じられるからです。そこには「ふれる」のような相互性、つまり相手の痛みをおもんぱかるような配慮はありません。

もっとも、人間の体を「さわる」こと、つまり物のように扱うことが、必ずしも「悪」とも限りません。たとえば医師が患者の体を触診する場合。お腹の張り具合を調べたり、しこりの状態を確認したりする場合には、「さわる」と言うほうが自然です。触診は、医師の専門的な知識を前提とした触覚です。ある意味で、医師は患者の体を科学の対象として見ている。この態度表明が「さわる」であると考えられます。
同じように、E相手が人間でないからといって、必ずしもかかわりが非人間的であるとは限りません。物であったとしても、それが一点物のうつわで、作り手に思いを馳せながら、あるいは壊れないように気をつけながら、いつくしむようにかかわるのは「ふれる」です。では「外の空気にふれる」はどうでしょう。対象が気体である場合には、ふれようとするこちらの意志だけでなく、実際に流れ込んでくるという気体側のアプローチが必要です。この出会いの相互性が「ふれる」という言葉の使用を引き寄せていると考えられます。

人間を物のように「さわる」こともできるし、物に人間のように「ふれる」こともできる。このことが示しているのは、「ふれる」は容易に「さわる」に転じうるし、逆に「さわる」のつもりだったものが「ふれる」になることもある、ということです。

相手が人間である場合には、この違いは非常に大きな意味を持ちます。たとえば、障害や病気とともに生きる人、あるいはお年寄りの体にかかわるとき。冒頭に出した傷に「ふれる」はよいが「さわる」は痛い、という例は、より一般的な言い方をすれば「ケアとは何か」という問題に直結します。

ケアの場面で、「ふれて」ほしいときに「さわら」れたら、勝手に自分の領域に入られたような暴力性を感じるでしょう。逆に触診のように「さわる」が想定される場面で過剰に「ふれる」が入ってきたら、その感情的な湿度のようなものに不快感を覚えるかもしれません。ケアの場面において、「ふれる」と「さわる」を混同することは、相手に大きな苦痛を与えることになりかねないのです。

あらためて気づかされるのは、私たちがいかに、接触面のほんのわずかな力加減、波打ち、リズム等のうちに、相手の自分に対する「態度」を読み取っているか、ということです。相手は自分のことをどう思っているのか。あるいは、どうしようとしているのか。「さわる」「ふれる」はあくまで入り口であって、そこから「つかむ」「なでる」「ひっぱる」「もちあげる」など、さまざまな接触的動作に移行することもあるでしょう。こうしたことすべてをひっくるめて、接触面には「人間関係」があります。

この接触面の人間関係は、ケアの場面はもちろんのこと、子育て、教育、性愛、スポーツ、看取りなど、人生の重要な局面で、私たちが出会うことになる人間関係です。そこで経験する人間関係、つまりさわり方/ふれ方は、その人の幸福感にダイレクトに影響を与えるでしょう。

（伊藤亜紗『手の倫理』による）

問1 傍線部A「痛いかもしれないけど、ちょっと我慢してみようかなという気になる」とあるが、なぜそのような気になると考えられるか、その理由として最も適切なものを次の中から一つ選びなさい。

ア　専門的な知識をもって適切に処置してもらえそうだから
イ　ある程度の痛みも我慢しないと治療にならないから
ウ　親切を拒否するのは相手に申し訳ないと思うから
エ　自分に対する相手の理解と愛情を感じられるから
オ　こちらの痛みに相手が配慮してくれると感じるから

問2 傍線部B「この違い」とあるが、「ふれる」が使われる場合とは主にどのような場合か、三十五字以内で【「ふれる」は】に始まり【場合に使われる】につながる形で答えなさい。

問3 傍線部C「ふれるという体験にある相互嵌入《かんにゅう》の契機」とあるが、この部分の説明として最も適切なものを次の中から一つ選びなさい。

ア　接触することによって、自分と相手とが人間的に深くかかわるようになるかも知れないこと
イ　接触面を通じて、相手と自分を区別なく対等に扱うようなきっかけを得ること
ウ　接触したことによって、自分よりも相手を尊重するような態度を身につけること
エ　接触するということは、相手のいのちに触れてたがいの幸福感に影響を与えるということ
オ　接触してしまった後には、自分と相手は好悪にかかわらず結びつけられてしまうということ

問4 傍線部D「物のように扱うことが、必ずしも『悪』とも限りません」とあるが、この場合の例として**適切ではないもの**を次の中から一つ選びなさい。

ア　歯科衛生士による予防処置
イ　柔道の試合における組み手
ウ　運動選手に対するマッサージ
エ　服をあつらえるための採寸
オ　空港の保安検査でのボディチェック

問5 傍線部E「相手が人間でないからといって、必ずしもかかわりが非人間的であるとは限りません」とあるがそれはなぜか、その理由として最も適切なものを次の中から一つ選びなさい。

ア 物であっても人に対するときのように大切に扱うことはあるから
イ 物を慎重に扱おうとするかどうかに人間性の有無が問われるから
ウ 物のむこうにはつねに作り手の存在が透視されるから
エ いつくしみをもって対すれば事物もそれに応えようとするから
オ 非人間的なかかわりは相手が人間であっても成り立つから

問題
4

問題

5

目安時間

20分

解答・解説は本冊201ページ

次の文章を読んで、後の問いに答えなさい。

1　芸術家にして科学を理解し愛好する人も無いではない。また科学者で芸術を鑑賞し享楽する者もずいぶんある。しかし芸術家の中には科学に対して無頓着《むとんちゃく》であるか、あるいは場合によっては一種の反感をいだくものさえあるように見える。また多くの科学者の中には芸術に対して冷淡であるか、あるいはむしろ嫌《けん》忌《き》の念をいだいているかのように見える人もある。場合によっては芸術を愛する事が科学者としての堕落であり、また恥辱であるように考えている人もあり、あるいは文芸という言葉からすぐに不道徳を連想する潔癖家さえまれにはあるように思われる。

2　科学者の天地と芸術家の〔　A　〕とはそれほど相いれぬものであろうか、これは自分の年来の疑問である。

3　夏目漱石《そうせき》先生がかつて科学者と芸術家とは、その職業と嗜好《しこう》を完全に一致させうるという点において共通なものであるという意味の講演をされた事があると記憶している。〔　B　〕芸術家も時として衣食のために働かなければならぬと同様に、科学者もまた時として同様な目的のために自分の嗜好に反した仕事に〔　C　〕なければならぬ事がある。しかしそのような場合にでも、その仕事の中に自分の天与の嗜好に逢着《ほうちゃく》して、いつのまにかそれが仕事であるという事を忘れ、無我の境に入りうる機会も少なくないようである。いわんや衣食に〔　D　〕、仕事に追われぬ芸術家と科学者が、それぞれの製作と研究とに没頭している時の特殊な心的状態は、その間になんらの区別をも見いだしがたいように思われる。しかしそれだけのことならば、あるいは芸術家と科学者のみに限らぬかもしれない。天性の猟師が獲物をねらっている瞬間に経験する機微な享楽も、※樵夫《しょうふ》が大木を倒す時に味わう一種の本能満足も、これと類似の点がないとはいわれない。〔　Ⅰ　〕

4 しかし科学者と芸術家の生命とするところは創作である。〔　Ⅱ　〕もちろん両者の取り扱う対象の内容には、それは比較にならぬほどの差別はあるが、そこにまたかなり共有な点がないでもない。科学者の研究の目的物は自然現象であってその中になんらかの未知の事実を発見し、未発の新見解を見いだそうとするのである。芸術家の使命は多様であろうが、その中には広い意味における天然の事象に対する見方とその表現の方法において、なんらかの新しいものを求めようとするのは疑いもない事である。〔　Ⅲ　〕また科学者がこのような新しい事実に逢着した場合に、その事実の実用的価値には全然無頓着に、その事実の奥底に徹底するまでこれを突き止めようとすると同様に、少なくも純真なる芸術が一つの新しい観察創見に出会うた場合には、その実用的の価値などには顧慮する事なしに、その深刻なる描写表現を試みるであろう。〔　Ⅳ　〕古来多くの科学者がこのために迫害や愚弄《ぐろう》の焦点となったと同様に、芸術家がそのために悲惨な境界に沈淪《ちんりん》せぬまでも、世間の〔　E　〕を買うた例は少なくあるまい。このような科学者と芸術家とが相会うて肝胆相照らすべき機会があったら、二人はおそらく会心の握手をかわすに躊躇《ちゅうちょ》しないであろう。二人の目ざすところは同一な真の半面である。

（寺田寅彦「科学者と芸術家」による）

（語注）
※樵夫《しょうふ》＝山林の樹木の伐採を業とする人。

問1　空欄〔　A　〕～〔　E　〕に入る語句として最も適当なものを、それぞれ下の①～④の中から一つ選びなさい。

〔A〕①　生活圏　②　世界　③　境地　④　住居
〔B〕①　たとえ　②　もし　③　もちろん　④　たぶん
〔C〕①　もろ手をあげ　②　しのぎを削ら　③　あぐらをかか　④　骨を折ら
〔D〕①　おごらず　②　窮せず　③　執せず　④　走らず
〔E〕①　憐憫《れんびん》　②　同情　③　反感　④　賛同

問2　次の《　》内の一文の入るべき箇所として最も適当なものを、本文中の〔　Ⅰ　〕～〔　Ⅳ　〕の中から一つ選びなさい。
《他人の芸術の模倣は自分の芸術でないと同様に、他人の研究を繰り返すのみでは科学者の研究ではない。》

問3　傍線部「肝胆相照らすべき機会」のここでの意味として最も適当なものを、次の中から一つ選びなさい。

① 肝臓と胆嚢《たんのう》のように、相互に深い関係にある者同士が話し合うことができるような機会。
② 同一物から枝分かれした両者が再会し、旧交をあたためることができるような機会。
③ 考えや立場が全く異なっていて仲の良くない者でも、自由に主張が展開できるような機会。
④ 互いに心の底まで打ち明けて親しく交わることができるような機会。

問4　本文の主題として最も適当なものを、次の中から一つ選びなさい。

① 科学は客観的な学問であるため、そこに科学者自身の嗜好が働くことは一切ない点で芸術とは大きく異なる。
② 芸術と科学は人間の高度な技術を必要とするものであるから、世間で考えられているほどに両者の差は大きくない。
③ 科学者の仕事は人間の理性によるところが生命で、芸術家の仕事は個人の独創性によるところが生命である。
④ 科学者と芸術家とは物の見方、とらえ方が正反対だと考えられているが、観察や創見などを生命とする点などに、多くの共通点が見られる。

問題 5

問題

6

目安時間
20
分

解答・解説は
本冊240ページ

次の文章を読んで、後の問いに答えなさい。

《～すべし》は、ちょっとむずかしい言葉で「当為《とうい》」と呼ばれている。事実から当為は直接導けない。これは哲学にかぎらず、あらゆる学問における初歩的な常識だ。

ところが、実は学者の中にさえ、この常識をしばしば忘れてしまう人たちがいる。

たとえば、こんなことを大まじめに主張している科学者が実際にいる。

「重大犯罪者の脳には、ある共通した特徴が見出《みいだ》せる（その可能性がある）。それゆえ社会は、子どもたちの脳を検査して、犯罪者脳の特徴を持つ人間を前もって収容、あるいは矯正教育をほどこすべきである」

「事実」から「当為」を直接導く誤りを犯した、まるでお手本のような論法だ。

なぜこの論法が誤りなのか？　理由は大きく三つある。

第一の理由は、ここで述べられている「事実」と「当為」との間に、論理的なつながりなんてどこにもないという点だ。

なぜ、犯罪者の脳に共通点があるという「事実」が、そうした人たちの収容を直接要請することにつながるのか？　この論法に従えば、むしろそうした子どもたちを「見守ろう」とか、あるいは「治療薬を開発せよ」とかいう理屈だってなり立つだろう。「臓器移植のドナーにしてしまえ」なんていう、ＳＦホラーばりの恐ろしい理屈だって、その気になれば成り立つかもしれない。

要するに、ある事実から特定の「当為」だけを導くなんてことはできないのだ。

二つ目の理由は、※ニーチェがいったように、「まさしく事実なるものはなく、あるのはただ解釈のみ」という点にある。

何度もいってきたように、絶対的な事実なんてあり得ない。だから、重大犯罪者の脳に万が一ある共通点が見つかったとしても、それが犯罪者だけに特有の特徴といえるかどうかは分からない。もしかしたら、天才的頭脳の持ち主にだって共通した特徴かもしれないし、心が純粋な人にも共通した特徴であるかもしれないのだ。

にもかかわらず、「この脳の特徴を持った人間はみんな犯罪者予備軍だ」と、まるでそれが絶対の事実であるかのように主張するのは、やっぱりあまりに乱暴なことなのだ。

三つ目の理由は、この論法が、「犯罪者脳」の持ち主とされた人たちの《欲望》をまったく考慮していない点にある。

収容なんてされたくない。そう思う人たちの気持ちを、この論法は無慈悲にも切り捨てるのだ。「お前たちは犯罪者脳の持ち主なんだから、収容されて当然だ」などと主張して。

二〇世紀、人類は、このような論法を根拠にした数々の残酷な事件を目撃してきた。口にするのもはばかられるけど、一つの実例をあげよう。

ヒトラーはいった。

「ユダヤ人は劣等民族である。したがって殲滅《せんめつ》されるべきである」

……今からすれば、こんな恐ろしいことを本気でいえた人間たちの気が知れない。過去の過ちを、人類は改めて十分反省するべきだろう。

でも実をいうと、これほど凶悪な思想ではないにしても、現代の僕たちも、論理的にはしばしば同じような誤りを犯しているのだ。

たとえば、読者のみなさんは次のような主張を耳にしたことはないだろうか？

「最近の若者は、就職してもイヤなことがあるとすぐ仕事を辞めてしまう。だから、もっと幼い頃からスパルタ教育をするべきだ」

「飲酒運転による死亡事故が多発している。だから、飲酒運転をもっと厳罰処分にするべきだ」

数え上げれば、こうした例はキリがない。

でも、もしこの論法に従うなら、僕たちは次のような別の「べし」だって、いくらでも主張することができてしまうのだ。

「最近の若者は、就職してもイヤなことがあるとすぐ仕事を辞めてしまう。だから、会社はもっと若者たちの心のケアに力を入れるべきだ」

「飲酒運転による死亡事故が多発している。だから、アルコールを検出したらエンジンがかからない自動車を開発するべきだ」

何度もいってきたように、ある事実を根拠に、どれかひとつの「べし」を特権的に導き出すことなんてできないのだ。

［　A　］このことを、僕たちはつねに肝に銘じておく必要がある。

じゃあ、B僕たちはいったいどうやって「べし」を導き出すことができるのだろう？

互いの「欲望」の次元にまでさかのぼること。これこそ「当為」を導くための一番根本的な方法なのだ。

信念とは実は欲望の別名なのだ。

これは当為についてもまったく同じだ。というか、そもそも信念というのは、それぞれの人が信じている「～すべし」（当為）のことにほかならない。だから当為もまた、実は僕たち自身の欲望によって作り上げられたものなのだ。

犯罪者脳の子どもを収容せよと主張する人は、おそらくそのような欲望を心の奥底に持っている。同じように、スパルタ教育をせよと主張する人も、そのような欲望をおそらくいくらか持っているのだ。

つまり彼らは、客観的な「事実」に依拠して「当為」を導いているように見せかけて、実は自身の「欲望」に都合のいいように「事実」を利用しているだけなのだ。だからこそ、彼らはある［X］から特定の［Y］だけを選び出して、これこそ［Z］だと主張するのだ。

でも、僕たちが当為を導くにあたって本当に考えるべきなのは、それぞれの欲望を互いに投げかけ合い、そしてその上で、できるだけみんなが納得できる「べし」を見出し合うことなのだ。

犯罪者脳を持った子どもを収容することを、僕たちは本当に欲するのか？　……僕たちはそうやって、お互いの欲望を交換し合い問い合う必要がある。

絶対的な「当為」なんてない。だからこそ僕たちは、右のような対話を通して、《共通了解》可能な当為を見出しつづける必要があるのだ。

以上の話を応用して、ここで少し「なぜ人を殺してはならないのか？」という問いについて考えることにしたいと思う。

よく知られた話だけど、一九九七年、神戸連続児童殺傷事件が起こった際、テレビ討論番組で、「なぜ人を殺してはならないのか?」という質問が中学生から投げかけられたことがあった。出演していた知識人たちは、その時だれ一人としてこの問いに答えることができなかったという。

でも実をいうと、哲学的にはこの問いの答えははっきりしているのだ。

まず、絶対に正しい「当為」などというものはない。だから僕たちは、「人を殺してはならない」という当為を、絶対に正しいことというわけにはいかない。

実際、僕たちの社会では、たとえば正当防衛が認められているし、死刑だってある。戦争になれば人が殺されるし、しかもそれは必ずしも悪とは見なされない。つまり、「人を殺してはならない」という当為は、現代においてさえ絶対の正義とは見なされていないのだ。

過去においてはなおそうだ。太古の昔には生贄《いけにえ》もあった。中世や近世には切腹もあった。主君が死んだ時には、家来が殉死させられることだってあった。人の命は、今より圧倒的に軽いものだったのだ。

だから僕たちは、「人を殺してはならない」という当為を、時代や文化を超えた絶対的な当為というわけにはいかないのだ。

でも、それでもなお、この現代社会において、僕たちは「人を殺してはならない」という当為を大原則として認めなければならない。

なぜか?

それは、この原則が、僕たち人類が長い争いの末についにつかみ取った《ルール》だからだ。

人類は「自由」への欲望を叶《かな》えるために果てしなく戦争をつづけてきた。そしてその一万年以上におよぶ戦いの末に、ついに「自由の相互承認」という原理を考え出したのだ。

「自由の相互承認」における一番大事なルール、それは「人を殺さない」ということだ。命がなくなったら、自由も何もあったものじゃない。

それはまさに、人びとがお互いの欲望をすり合わせて作り上げたルール（当為）だったといっていい。だれもが自由に生きたいという欲望を持っている。だから人類は、この欲望を満たすために、お互いの自由を侵害しないという約束を相互に取りかわしたのだ。

これが、「なぜ人を殺してはならないのか？」という問いの答えだ。

人を殺してはならないのは、神様がそう決めたからでも、人間が生まれながらに神聖な存在であるからでもない。かわいそうだからとか、残酷だからとかいった、純粋に感情的な理由によるのでもない。

人を殺してはならない最も根本的な理由、それは、「人を殺さない」ということが、長い戦争の歴史の果てに、人類がついに見出し合った《ルール》だからなのだ。いい換えるなら、もし僕たちが「自由の相互承認」を土台とした社会で暮らしたいと願うのなら、そのかぎりにおいて、僕たちは「人を殺してはならない」のだ。

（苫野一徳『はじめての哲学的思考』による）

（語注）

※ニーチェ＝ドイツの哲学者。

問1 空欄 A にあてはまる最も適切な一文を十四字で本文から抜き出しなさい。ただし句読点や各種記号類も一字とする。

問2 空欄 X ・ Y ・ Z にあてはまる語の組み合わせとして最も適切なものを、次の中から一つ選びなさい。

1 X＝事実 Y＝当為 Z＝当為
2 X＝事実 Y＝欲望 Z＝事実
3 X＝当為 Y＝事実 Z＝事実
4 X＝欲望 Y＝当為 Z＝事実
5 X＝欲望 Y＝事実 Z＝当為

問3 傍線部B「僕たちはいったいどうやって『べし』を導き出すことができるのだろう?」とあるが、その問いへの答えについて、筆者の考えと合致しないものを次の中から一つ選びなさい。

1 互いに欲望の次元までさかのぼること
2 対話を通して共通の了解を得ること
3 相互に不干渉で立ち入らないこと
4 互いの自由を認めて侵害しないこと
5 相互の自由と欲望を承認し合うこと

問4 次の1〜6の各文について、本文の内容と合致するものを二つ選びなさい。

1 学者の中には、《事実》から《〜すべし》を導かない、という広く世間で知られている常識ともいえるようなことをしばしば忘れてしまい、大まじめに自らの主張をする人たちが実際にいるのだ。

2 絶対に正しい「当為」などというものはないからこそ、僕たちは、「本当にそれを欲するのか」と互いに問い合い、欲望を交換し合いながら、互いの欲望をすり合わせることが必要だろう。

3 「なぜ人を殺してはならないのか?」という問いに対して、知識人でさえ答えることができないのは、哲学的思考に慣れておらず、「信念」とか「欲望」といった視点から考えられないからだ。

4 「飲酒運転による死亡事故が多発している。だから、アルコールを検出したらエンジンがかからない自動車を開発するべきだ」という論法は、みんなが納得できる《〜べし》を導きだしている。

5 「人を殺してはならない」という当為は、時代や文化を超えた絶対的な当為とはなり得ない。なぜなら、現代においてさえ、その当為は絶対の正義とは見なされていない事実があるからだ。

6 世の中には絶対の事実なんてあり得ず、ある事実は単なる解釈にすぎないのだから、ある事実を根拠にして特定の《〜すべし》だけを導くことは乱暴であり、そんなことは不可能である。

問題 6

問題

7

目安時間

20分

解答・解説は本冊280ページ

次の文章を読んで、後の問いに答えなさい。

※『男はつらいよ』を今まで観《み》たことがなかった。それを恥ずかしいことだと思う人もいれば、思わぬ人もいるであろう。だが、『男はつらいよ』について、私のようなものが今ごろ書くのは、誰が見ても恥ずかしいことかもしれない。恥と知っての一文である。

人にはもって生まれた性格があるとはいえ、その性格とは、果たして、何を指すのか。たとえば、プルーストの『失われた時を求めて』ではないが「失われたもの」ばかりを求め、慈しむのも、もって生まれた性格と言えるのか。それとも、人は育つ過程でそういう性癖を得て行くのか。

こんなことを考えるのも、父と母は新しいものを好んだのに、姉も私も、新しいものには拒否反応しか示せず、なんだかんだと「失われたもの」ばかりに拘泥するからである。

新しいもの好きという点で、母はことに極端である。

八十半ばになっても、まだ、新しいものへの興味が身体からこんこんと湧き上がるといった感じである。一人ではもう外出もできないので、毎日家で映画を観られるよう、ＤＶＤのレンタル・システムを利用しているが、映画のタイトルを選ぶのは私の役割である。どうせ昔の人間だからと無精して旧《ふる》い映画を適当に選んでおくと、アンタ、ママはあんなんばかりじゃなくて、もっと今の映画が見たいノヨ、と電話してくる。

そういえばつい数年前までは、ロードショーを観に、一人で杖をついてひょこひょこと映画館に足を運んでいた。

姉も私もまったく正反対である。画面がざらざらする旧い映画というだけで、ほとんど何でも許してしまう。A二人揃《そろ》って「今」を呪うこと、どんな老女でもかなわない。

どうして両親とこうもちがうのだろうと考えると、一つに時代のちがいがある。父も母も、新しいことがそのまま倫理的な位相をもちえた時代の落とし子である。それに引き替え、姉も私も、並の大学生が近代批判を展開するような時代の落とし子であった。

だが、両親と私たちのちがいには、時代のちがいでは説明し切れないものがある。遺伝子の悪戯《いたずら》もそこには加わったのかもしれないが、なにしろ姉も私も親の都合で外国で育ってしまったのである。しかも思春期からである。自分自身が思春期にあったころは、思春期を特権化するのはもちろん、「多感な」、「傷つきやすい」などの常套句《じょうとうく》にも反発を覚えた。だが、人生、歳をとって見えてくることがある。思春期はたしかに存在する。それは、敵対、孤立、同化など、形はどうであれ同世代と否応《いやおう》なしに関わり合い、その感触を通じて、現実へのとっかかりを手に入れる時期にほかならない。

その思春期に、突然、アメリカ人という異星人の中に放りこまれた私たち姉妹は、現実へのとっかかりを手に入れることができないまま、記憶に残った日本に固執して成長することになった。B姉は姉で狂い、私も私で狂った。じきに私たちにとっての現実とは、現に生きているアメリカではなく、私たちの心の中で作り上げた日本となっていった。それは記憶に残っている昭和三十年代の日本、異国の孤独の中で読んだ、時代をさらに遡った、旧仮名遣いの日本文学にある日本、折あらば観にいった※「オヅ」と「クロサワ」にある日本――黒白の日本映画にある日本である。それが私たちにとっての唯一の現実であり、また、私たちにとっての唯一の日本でもあった。

二十年後日本に帰ってきた時、そこに見いだした「今の日本」は、私にとっての現実とも、私にとっての日本とも別の何かであった。私は「今の日本」を慈しむことができなかった。私はますます死んでしまった日本人しか慈しむことができなくなっていった。

『男はつらいよ』を今まで観たことがなかったのには、もちろんあたりまえの理由が一つ別にあった。それは「中産階級的偏見」とでも呼ぶべきものであろう。私が子供のころ、東京の中産階級は洋画しか観なかった。洋画とは美しい西洋人が美しい服を着て美しい町で恋愛する映画である。私の家は中産階級といえるほどのものではなかったが、それでも両親と共に洋画以外の映画を観た記憶はない。しかも「寅《とら》さん」はたんに日本映画だというだけではなく、「下町」「庶民」「ほのぼの」といった言葉で語られる映画である。今や「中産階級的偏見」という言葉が意味を失った時代だとはいえ、そこには、日本のイデオロギーが、※「とらや」の団子の大きな塊となって詰まっているようで、敬遠せざるをえなかった。

しかし、『男はつらいよ』を今まで観たことがなかった理由はそれだけではない。さらに根底にあるのが、先ほどから言っている、私の狂いである。映画の第一作が封切られたのは今から三十五年以上前、一九六九年のことである。「寅さん」を慈しんできた人にとって、「寅さん」とは懐かしくも古びたものであろう。ところがその同じ「寅さん」が私にとっては新しすぎたのである。私が慈しむことができる日本は、自分が日本を去った瞬間に消え去り、そこから先は、昭和であろうと、平成に入ろうと、私にとっては「今の日本」でしかないものが永遠に続いていただけであった。私は「今の日本」が作った映画には興味を覚えられなかった。興味を覚えるべきだと自分に言い聞かせ、努力して観ようとしたが、そのたびにえもいわれぬ失望を味わい、「今の日本」への疎外感をいよいよ深めていった。「寅さん」も所詮その「今の日本」が作った映画でしかなかったのである。

きっかけは、渥美清の死である。

渥美清が死んで半年ぐらいすると、新潮社の小冊子『波』に、小林信彦が渥美清のポートレート、『おかしな男』を連載し始めた。渥美清が生きているころなど、あの点々のような奥目を見るだけでなんとなく気分が悪かったのが、死が私を寛容にしたのにちがいない。わずかに拒絶反応を起こしながらも、パラパラと頁を繰った。すると必然的に折々拾い読みする。やがて折々拾い読みするうちに、毎月その頁を探して読むようになった。

見事なポートレートであった。

渥美清の狂気がかった芸人としての自信が、時には冷酷な、それでいて公平を欠かない、淡々と距離を置いた文章から立ちのぼってくる。そうか。芸能人ではなく芸人だったのか。そんなあたりまえのことが、まずは衝撃であった。読み進むうちに、渥美清が死んでしまったからこそここまで近しく感じられるのも忘れ、なぜ生きている時に彼を知らなかったのだろうと、恋心さえ抱くようになった。大家に対して失礼だが、山田洋次監督にも初めて興味を覚えるようになった。

だが、私は老女のように頭が固く、しかも用心深い。『おかしな男』の連載が終わってさらに数年たち、渥美清の死者としての濃度がさらに高まるまで、『男はつらいよ』を観る気がしなかった。C初編のビデオを借りたのは、今年の春である。そのときも、これまでの失望を胸の中で思い起こし、「今の日本」で作られた映画からは何の期待もすまいと自分に言い聞かせながら、発泡酒を片手にリモコンのスイッチを押したのである。

「桜が咲いております。懐かしい葛飾の桜が今年も咲いております……私、生まれも育ちも葛飾柴又です。帝釈天で産湯をつかい、姓は車、名は寅次郎、人呼んでフーテンの寅と発します。」

例の有名な口上が主題歌へと続く。

私は、驚いた。そして、観終わった時、バタ臭い表現で申し訳ないが、D「歓喜」としか言いようもないものが、身体中に溢《あふ》れた。その「歓喜」は、やがて、テレビの熱に蒸された部屋から溢れ出て、小さなマンションとミニ開発が乱立し、これ以上醜くはなりえない東京の町の中へと嵐のように広がっていった――ような気がした。

『男はつらいよ』自体が「失われたもの」への郷愁に貫かれた映画だというのは承知である。だが、そのようなことは、あのときの「歓喜」とは本質的には関係がない。自分の無知を棚上げした不遜な言い方だが、あれは、「今の日本」にかくもよいものを作ろうとする精神が存在していたのを知った喜びである。監督、松竹の制作チーム、人気女優を含む俳優さんたち――私にとって「今の日本」の人でしかない人たちが、一丸となり、よりよいものをと、憑《つ》かれたように動いていた。

E私は「寅さん」によって変わったと思う。

『男はつらいよ』を続けて観るうちに、「今の日本」と和解しつつある自分を見いだすこととなったのである。人は言うであろう。あれは「今の日本」ではないと。だが昭和三十年代で時が止まってしまった私にとって、あれで充分に「今の日本」なのである。今までの自分の無知と不遜を恥じるよりも、慈しむことができる対象がこの世に増えて行く喜びの方が大きく、最近はそれで幸せである。

それにしても、あの最初のころの渥美清の色っぽさというのは、いったい何なのか。声がいいのは当然として、片肺しかないというのに、肌に脂が乗り、光り輝いている。ことに猪首《いくび》のあたりが、美しい。脇を向くと、太い首の筋肉が斜めに見え、ぞっとする。

今は二十本目を終えたところである。今ごろ、「寅さん」、だというだけではない。これからもしばらく、「寅さん」――この先、いくらつまらなくなろうと、「寅さん」である。

（水村美苗「今ごろ、『寅さん』」による）

（語注）

※『男はつらいよ』＝山田洋次監督、渥美清主演の映画。「寅さん」こと車寅次郎と、その家族や周囲の人々との交流を描く人情喜劇（一九六九年から一九九五年まで四十八作）。

※「オヅ」と「クロサワ」＝映画監督の小津安二郎（一九〇三―一九六三）と黒澤明（一九一〇―一九九八）のこと。

※「とらや」＝「寅さん」の実家の団子屋。

問1　傍線部A「二人揃《そろ》って『今』を呪うこと、どんな老女でもかなわない」のはなぜか。最も適切なものを次の中から一つ選びなさい。

1　両親があまりにも新しいものを好み、古いもの、失われたものを軽視するので、その反動で新しいものに対して拒否反応を示すようになったから。

2　多感な時期に言語も文化も違う国へ行き、現実の日本から切り離されてしまったために、記憶の中の古い日本に固執するようになっていったから。

3　両親が育った時代は新しいものこそが進歩の象徴であったが、自分たちの育った時代は近代的な考えを否定し古いものに価値を置くようになっていたから。

4　多感な時期に両親の都合でアメリカへわたり、当時最先端のアメリカ人と否応なしに関わったせいで、新しいものに拒否反応を示すようになったから。

問2　傍線部B「姉は姉で狂い、私も私で狂った」とはどういうことか。最も適切なものを次の中から一つ選びなさい。

1　異国での生活に適応できなかったために、もはや存在していない過去の日本の中に姉と私とがそれぞれの仮想の現実を求めていたこと。

2　異国での生活を受け入れてしまったために、過去の日本像を、姉も私もそれぞれの仕方でゆがんだものにしてしまっていたこと。

3　姉と二人で同世代の若者との交流が持てなかった寂しさから、当時のアメリカの中にかろうじて見いだせる日本文化に慰めを求めていたこと。

4　姉と二人で異国の生活になじむことができず、精神的に追い込まれてしまい、日本の良いものを求め必死にもがいていたこと。

問3　傍線部C「初編のビデオを借りたのは、今年の春である」とあるが、筆者が映画を観るに至った過程を説明したものとして最も適切なものを次の中から一つ選びなさい。

1　渥美清が亡くなった後に、面白半分で彼のポートレートを読んでみると、彼の公平性を欠かない人間性に感銘を受け、俳優としての彼の姿をすぐにでも観てみたいという気になった。

2　嫌悪感さえ抱いていた渥美清が亡くなり、拒絶反応がなくなったところで彼のポートレートを読んでみると、恋心さえ抱くようになり、多少の逡巡《しゅんじゅん》の後、観てみる気になった。

3　嫌悪感さえ抱いていた渥美清の死後、拒絶反応を感じながらも彼のポートレートを読んだことで親近感を抱くようになり、時間を置いたことで、ようやく彼の映画を観る心境になった。

4　渥美清が亡くなった後に、偶然彼の人間性溢れるポートレートを読んでも、彼に対する嫌悪感は払拭できなかったが、あの特徴ある顔を一目見たいという誘惑からついに観てみようとした。

問題 7

問4　傍線部Ｄ「『歓喜』としか言いようもないものが、身体中に溢《あふ》れた」のはなぜか。最も適切なものを次の中から一つ選びなさい。

1　郷愁に貫かれた古き良き日本を描いた映画であることがわかり、心を揺さぶられたから。

2　制作者たちが一丸となって質の高いものを作ろうとする意気込みが、映画の中に満ち溢れていたから。

3　映画の内容もさることながら、醜い現実の東京が映画の中で魅力的に描かれていたから。

4　映画の中に、日本の今の姿をありのままに描こうとする精神が全制作者たちに感じられたから。

問5　傍線部Ｅ「私は『寅さん』によって変わったと思う」とはどういうことか。最も適切なものを次の中から一つ選びなさい。

1　『男はつらいよ』を観るまでは「今の日本」に対して拒絶反応を示してきたが、「今の日本」にも慈しみを感じることのできる対象が増えて、幸せを感じられるようになった。

2　「今の日本」の作品には全く慈しみを感じることはなかったが、『男はつらいよ』を観て、日本にいなかった自分の時間的空白が埋められていく喜びを感じられるようになった。

3　『男はつらいよ』を観るまでは日本の映画に全く関心がなかったが、こんな素晴らしい作品と出会えて、今の日本映画も捨てたものではないと思えるようになった。

4　「今の日本」の作品には全く興味を抱かなかったのに、『男はつらいよ』が昭和三十年代と現在を結ぶ懸け橋になってくれていると思えるようになった。

問題
7

問題

8

目安時間

20分

解答・解説は本冊322ページ

次の文章は小学五年生の「少年」が主人公の話である。三学期が始まる直前、「少年」は友達の紺野くんと自宅でゲームをしながらも、以前から気になっていた学級委員選挙に話題をふる。これを読んで、後の問いに答えなさい。

学級委員は各学期に男女二人ずつ。去年までは男女一人ずつだったが、新しく赴任した校長先生の「一人でも多くの児童にクラスのリーダーの責任感とやりがいを与えたい」という方針で人数が倍に増え、立候補も再選も「なし」になってしまった。

なんだかなあ、といつも思う。中途半端だよそんなの、と文句を言いたい。学級委員をまじめな子に独占させたくないのなら、日直や給食当番みたいに順番でみんなにやらせればいい。それができないのなら、いままでどおり男女一人ずつにしておいてくれたほうがずっと気が楽だ。

クラスの男子は十七人。学級委員は、そのうち六人。三分の一は委員になる計算だ。これ——けっこうキツい。去年までのように年間三人の委員なら、みんなが認めるベストスリーがすんなりと当選する。でも、六人になって、しかも三学期になると、どんぐりの背比べだ。十七人中の五番めと六番めで選ばれたって自慢にはならないし、そのくせ選ばれなかったら、ベストスリーからはずれるよりずっと悔しい。

「あ、でも……」紺野くんは少年を振り向いた。「学級委員、なっちゃうんじゃない？」

「俺？」――声が裏返りそうになった。

「うん、だって、他にもう学級委員やれそうな奴っていないじゃん」

「そんなことないって、なに言ってんだよ、まだたくさんいるよ」

あいつだって、こいつだって、と思いつくまま名前を挙げていった。

でも、少年は知っている。勉強でもスポーツでも遊びでも、自分の位置は、十七人の真ん中よりちょっと上。七番とか、八番とか……九番までは落ちないと思うし、もしかしたら六番とか、意外と五番とか……。

「俺は当選すると思うけどなあ」

うらやましそうに言う紺野くんは、少年のランク付けではクラスの最低。気はいい奴でも、トロくて、勉強もスポーツも全然だめで、顔もよくない。一学期も二学期も、一票も入らなかった。

マジ、俺、当選すると思うぜ、と紺野くんがつづけるのをさえぎって、ゲームをリセットした。「早くやろうぜ早く」とゲームに戻り、あとはもう選挙の話はしなかった。

紺野くんが帰ったあと、急に胸がむしゃくしゃしてきた。自転車で町じゅうを走り回っても、まだおさまらない。

学級委員なんてなりたくないのに、学級委員に選ばれたい。できれば当選したあとで「俺、絶対にヤだから」と断ってみたい。

一学期の選挙では二票しか入らなかった。二学期の選挙では六票に増えた。クラスの「上」の四人が抜けた今度の選挙では……「上」って発想、ヤだな、なんか。

人気者になりたい――のとは、違う。勝ち負けというのとも、微妙に、違う。

ただ、どきどきする。むしゃくしゃする。胸の奥で小さな泡が湧いて、はじけて、また湧いて、はじけて……。

俺だけなのかなあ、とつぶやいた。

①こんなこと考えてるのって、クラスで俺だけ、なんだろうか。みんなはもっと余裕で、全然楽勝で、へっちゃらで、選挙のことなんてなにも気にしていない、のだろうか。

こんなことを考えてる俺って、じつは死ぬほどヤな性格の、ヤな奴、なんだろうか。

四年生の頃には思わなかったことだ。たぶん。三年生の頃だと、選挙の前にこんな気分になってしまうなんて、想像すらできなかった、と思う。二年生や一年生の頃のことは、もう思いだせない。（中略）

体育館での始業式が終わり、教室に戻ると、担任の間宮先生が「今日の『終わりの会』は三学期の学級委員の選挙にします」と言った。

どきどきしたままで、むしゃくしゃしたままの胸が、息ができないほど締めつけられた。列ごとに配られた投票用紙を後ろに回すとき、指がかすかに震えた、ような気がした。

投票するのは、男女二人ずつ。

「好き嫌いや人気投票じゃなくて、クラスにとって誰が委員になってくれたら一番いいのか、よーく考えて投票しなきゃだめよ」

ふだんはスウェット姿がほとんどの先生が、今日は始業式だからスカートとジャケット姿——それだけでなにか、いつもは優しい先生が急に厳しくなったように見える。

少年は投票用紙に向かった。女子の委員は最初から遠藤さんと矢口さんに決めていたのに、名前を書くときにシャープペンシルの芯が折れてしまった。

男子は——最初に梶間くんと榎本くんの名前を並べて書いて、梶間くんを消して、紺野くんの名前に書き換えた。だってあいついい奴だもん、トロいけど優しいし、三学期になってもゼロ票ってかわいそうだし。

深呼吸をした。榎本くんの名前も消した。顔を伏せ、両手で壁をつくって、小さく切ったわら半紙の投票用紙を隠した。シャープペンシルを素早く動かして二人めの名前を書き終えたら、すぐに紙を折り畳んだ。

自分の書いた字は見なかった。読まなくてもわかる。いままでに数えきれないほど書いてきて、これからも数えきれないほど書いていくはずの名前だった。

開票が始まった。

三枚めの投票用紙で、初めて少年の名前が告げられた。「正」の字の上の横棒が黒板に記された。「なんでだよお、誰が入れたんだよ、バカ、なに考えてんだよお」とうっとうしそうに声をあげたら、先生に「開票中は静かにしなさい」と注意された。

また少年の名前が出てきた。「一」に縦棒が加わって、ほどなく三票めも入った。

でも、その時点ですでに榎本くんは「正」の字を完成させていたし、もっと速いペースで票を伸ばしていた梶間くんは、二つめの「正」も残り二票でできあがる。

「カジとエノちゃんでいいじゃん、もう決まったようなもんじゃん、コールド勝ちじゃん」

椅子の前脚を浮かせて言うと、先生に「私語をしないの」と名指しで叱られた。

開票は後半に入った。順調に票を伸ばした梶間くんの当選は確実だったが、二人めの委員は榎本くんと少年が抜きつ抜かれつだった。

　投票用紙が残りわずかになると、榎本くんもそわそわしはじめ、「俺、やりたくないって言ってんじゃん」「だめだって、俺、学校やめるから」と無駄口が増えてきた。うるさい。耳障りだ。少年は小さく舌打ちした。さっきの俺も、アレと同じだった？　もう一度舌打ちをして、空《から》あくびをして、あと一票で完成する三つめの「正」から目をそらしたとき、紺野くんの名前が読み上げられた。

　初めての得票だった。「紺野」の下に、「正」の横棒が一本。教室のどこかから、くすくす笑う声が聞こえた。やだぁ、と女子の誰かの声も。

　同じ投票用紙に書かれたもう一人の名前も、読み上げられた。

　少年の、三つめの「正」ができあがった。

　少年は当選した。十五票。榎本くんとは一票差だった。「ちぇっ、一瞬期待して損したじゃんよお、カッコ悪ーう！」と榎本くんは甲高い声で言って、両手をおどけてひらひらさせた。頬が赤い。教室じゅうを見回しているのに、誰とも目を合わせていない。

　少年の頬も赤かった。誰とも目を合わせず、黒板に並ぶ「正」やできかけの「正」をじっと、にらむように見つめていた。

　エノちゃんもおんなじだったんだ、と思った。あいつも俺とおんなじで、胸が［A］して、［B］していたのかもしれない。ほんとうはカジだって、他の奴らだって、おんなじだったのかもしれない。

「じゃあ、委員になったひとは前に出て、一言ずつ挨拶してください」と先生が言った。

　女子の二人と梶間くんに遅れて、少年はのろのろと席を立った。当選して断るなんて、やっぱりできない。そんなの最初からできるわけなかったんだよバーカバーカ、死ねバーカ、と自分をなじった。

うつむいて歩きだしたら、紺野くんの顔がちらりと目に入った。結局一票だけで終わった紺野くんは、こっちを見て、やったね、というふうに笑っていた。三つの「正」の中には、紺野くんが入れてくれた一票も含まれているのだろう、きっと。

少年は梶間くんたちと並んで黒板の前に立ち、みんなと向き合った。榎本くんを見られない。もしかしたら字の書き癖で……と思うと、怖くて、先生のほうも向けない。選挙が終わった瞬間には荷物を下ろしたように軽くなった気分が、いまはまた重い。さっきよりずっと重くて、苦くて、悔しくて、悲しい。

梶間くんは「三学期は短いけど、一所懸命がんばるから、みんなも協力してください」と胸を張って、大きな声で挨拶をした。

少年は横を向いて、「②ぼくも同じです」とだけ言った。

「それだけ?」

先生の声に、思わずひるんで振り向いた。先生は窓を背にして立っていた。外の陽射しがまぶしくて顔がよく見えない。

「当選したひとは『正しい』がたくさんあったんだから、挨拶も、きちんと、正しい挨拶にしなさい」

意味のわかった何人かが笑った。少年にもわかったから——逃げるように正面を向いた。

榎本くんはもうふだんの調子に戻って、隣の女子の浅井さんと小声でおしゃべりしていた。紺野くんもいる。挨拶のあとの拍手に備えて、相撲の土俵入りみたいに手を開いて、少年と目が合うと、すげえーっ、カッコいーい、と口だけ動かして、また笑った。

少年は目をそらす。気をつけをして、軽くつま先立って、息を吐きながら踵《かかと》を下ろした。いつか先生に教わった、緊張しないで挨拶をするときのコツだ。

「③ぼくも……一所懸命、がんばります」

ちゃんと言えた。

「よろしくお願いします」と頭を下げると、先生が「はい、新しい学級委員に拍手ーっ」と言った。みんなの拍手に包まれると、急に胸が熱くなって、涙が出そうになった。

「じゃあ、みんなはこれで下校でーす、学級委員の初仕事、黒板の字を消してくださーい」

教室は椅子を引く音やランドセルの蓋を閉める音やおしゃべりの声で騒がしくなった。

黒板消しを手にした少年は、まっさきに自分の名前と三つの「正」を消した。次に、紺野くんの名前を消し、「一」を消した。

榎本くんの名前の前に立って、あと一本あれば完成していた三つめの「正」の、④ほんとうなら最後の横棒が入っていたところをしばらく見つめてから、名前と「正」をまとめてひと拭きで消した。

先生に名前を呼ばれた。軽くてやわらかな、歌うような口調だった。

振り向くと、さっきと同じ場所に立っていた先生は、「学級委員の仕事、しっかりがんばりなさいよ」と笑った。

少年は黙ってうなずいた。笑い返したかったが、頬の力を抜いたら、違う顔になってしまいそうだった。

教卓のそばまで、紺野くんが来た。「終わったら、一緒に帰ろうぜ」と少年に言った。

今度も、なにも応えられなかった。⑤黒板に向き直って、自分の名前があった場所を、また黒板消しで拭いた。何度も何度も拭いた。

書記をつとめた日直の藍原くんがよほど強く書いたのだろう、三つめの「正」は、どんなに拭いても、いつまでもうっすらと跡が残っていた。

（重松清「正」による）

問1　傍線部①「こんなこと考えてるのって、クラスで俺だけ、なんだろうか」について、「こんなこと」を端的に表現した段落を見つけ、その冒頭五字を答えなさい。

問2　空欄［A］と［B］に当てはまる適切な言葉を、本文中から探してそれぞれ答えなさい。

問3　「少年」の当選挨拶が、傍線部②「ぼくも同じです」から傍線部③「ぼくも……一所懸命、がんばります」に変化したのはなぜか。その心境変化に影響を与えた要因に触れながら五十字程度で説明しなさい。

問4 傍線部④「ほんとうなら最後の横棒が入っていたところ」について、次の1・2の問いに答えなさい。

1 最後の横棒はなぜ書かれないままとなったのか、「少年」が考える理由の説明となるよう、以下の文の空欄 Ⅰ と空欄 Ⅱ を埋めなさい。

「少年」は、男子の二人めについては Ⅰ つもりだったが、最終的には Ⅱ から。

2 投票結果について「少年」は負い目を感じてもいる。その心情が表れた箇所を十字以内で抜き出しなさい。

問5 傍線部⑤「黒板に向き直って、自分の名前があった場所を、また黒板消しで拭いた。何度も何度も拭いた」について、「少年」の心情を説明した以下の選択肢のうち、ふさわしくないものを一つ選びなさい。

ア 自分が誰に投票したかをみんなに悟られたくないという気持ち
イ 選挙で勝利したことに感動し、胸が熱くなるような思い
ウ 紺野くんに自分の表情を見られたくないという気持ち
エ 学級委員になったことを受け入れ、覚悟を決める思い
オ 緊張と不安を打ち消したいという気持ち